2023

COORDENADORES
FABIO GARCIA **BARRETO**
NATASCHA **TRENNEPOHL**
WALTER A. **POLIDO**

RISCOS E DANOS AMBIENTAIS

Aspectos Práticos dos
Instrumentos de Prevenção
e Reparação

Ana Carolina **Neves**
Carlos Eduardo **Sato**
Eliane P. R. **Poveda**
Fabio Garcia **Barreto**
Flávia P. **Nunes**
João Daniel de **Carvalho**
Marco **Ferreira**
Natascha **Trennepohl**
Nathalia **Gallinari**
Roberto Brandão **Araújo**
Rochana Grossi **Freire**
Walter A. **Polido**

Dados Internacionais de Catalogação na Publicação (CIP) de acordo com ISBD

R595

    Riscos e danos ambientais: aspectos práticos dos instrumentos de prevenção e reparação / Ana Carolina Neves...[et al.] ; coordenado por Fabio Garcia Barreto, Natascha Trennepohl, Walter A. Polido. - Indaiatuba, SP : Editora Foco, 2023.

    200 p. ; 16cm x 23cm.

      Inclui bibliografia e índice.

      ISBN: 978-65-5515-667-6

        1. Direito Ambiental. 2. Danos ambientais. 3. Instrumentos de prevenção e reparação. I. Neves, Ana Carolina. II. Sato, Carlos Eduardo. III. Poveda, Eliane P. R. IV. Barreto, Fabio Garcia. V. Nunes, Flávia P. VI. Carvalho, João Daniel de. VII. Ferreira, Marco. VIII. Trennepohl, Natascha. IX. Gallinari, Nathalia. X. Araújo, Roberto Brandão. XI. Freire, Rochana Grossi. XII. Polido, Walter A. XIII. Título.

2022-3567   CDD 341.347   CDU 34:502.7

Elaborado por Odilio Hilario Moreira Junior - CRB-8/9949

Índices para Catálogo Sistemático:

1. Direito Ambiental 341.347

2. Direito Ambiental 34:502.7

COORDENADORES

FABIO GARCIA **BARRETO**
NATASCHA **TRENNEPOHL**
WALTER A. **POLIDO**

RISCOS E DANOS AMBIENTAIS

Aspectos Práticos dos Instrumentos de Prevenção e Reparação

Ana Carolina **Neves**
Carlos Eduardo **Sato**
Eliane P. R. **Poveda**
Fabio Garcia **Barreto**
Flávia P. **Nunes**
João Daniel de **Carvalho**
Marco **Ferreira**
Natascha **Trennepohl**
Nathalia **Gallinari**
Roberto Brandão **Araújo**
Rochana Grossi **Freire**
Walter A. **Polido**

2023 © Editora Foco

Coordenadores: Fábio Barreto, Natascha Trennepohl e Walter Polido

Autores: Ana Carolina Neves, Carlos Eduardo Sato, Eliane P. R. Poveda, Fabio Garcia Barreto, Flávia P. Nunes, João Daniel de Carvalho, Marco Ferreira, Natascha Trennepohl, Nathalia Gallinari, Roberto Brandão Araújo, Rochana Grossi Freire e Walter A. Polido

Diretor Acadêmico: Leonardo Pereira

Editor: Roberta Densa

Assistente Editorial: Paula Morishita

Revisora Sênior: Georgia Renata Dias

Revisora: Simone Dias

Capa Criação: Leonardo Hermano

Diagramação: Ladislau Lima e Aparecida Lima

Impressão miolo e capa: FORMA CERTA

DIREITOS AUTORAIS: É proibida a reprodução parcial ou total desta publicação, por qualquer forma ou meio, sem a prévia autorização da Editora FOCO, com exceção do teor das questões de concursos públicos que, por serem atos oficiais, não são protegidas como Direitos Autorais, na forma do Artigo 8º, IV, da Lei 9.610/1998. Referida vedação se estende às características gráficas da obra e sua editoração. A punição para a violação dos Direitos Autorais é crime previsto no Artigo 184 do Código Penal e as sanções civis às violações dos Direitos Autorais estão previstas nos Artigos 101 a 110 da Lei 9.610/1998. Os comentários das questões são de responsabilidade dos autores.

NOTAS DA EDITORA:

Atualizações e erratas: A presente obra é vendida como está, atualizada até a data do seu fechamento, informação que consta na página II do livro. Havendo a publicação de legislação de suma relevância, a editora, de forma discricionária, se empenhará em disponibilizar atualização futura.

Erratas: A Editora se compromete a disponibilizar no site www.editorafoco.com.br, na seção Atualizações, eventuais erratas por razões de erros técnicos ou de conteúdo. Solicitamos, outrossim, que o leitor faça a gentileza de colaborar com a perfeição da obra, comunicando eventual erro encontrado por meio de mensagem para contato@editorafoco.com.br. O acesso será disponibilizado durante a vigência da edição da obra.

"As opiniões dos coautores, expressas nesta publicação, são de cunho acadêmico. Elas não refletem, necessariamente, a opinião das empresas nas quais atuam".

Impresso no Brasil (11.2022) – Data de Fechamento (11.2022)

2023

Todos os direitos reservados à

Editora Foco Jurídico Ltda.

Avenida Itororó, 348 – Sala 05 – Cidade Nova

CEP 13334-050 – Indaiatuba – SP

E-mail: contato@editorafoco.com.br

www.editorafoco.com.br

PREFÁCIO

A celeridade nas comunicações e a facilidade na divulgação quase instantânea de informações de interesse coletivo marcam um novo normal nas relações humanas e obrigam os *players* globais a dedicar cada vez mais atenção a fatores que até pouco tempo eram considerados supérfluos ou de menor importância na tomada de decisões estratégicas das empresas.

Compliance ambiental, avaliação de riscos e desenvolvimento de práticas de ESG (*Environmental/Social/Governance)* precisam fazer parte do cotidiano das grandes empresas, com destaque semelhante ao que a regularidade fiscal ou as relações de trabalho ocupavam há uma década.

São exigências novas, mas que vem adquirindo uma importância muito grande nas relações cada vez mais globalizadas. E, justamente por serem novas, muitas ainda estão em fase de normatização adequada ou de estratificação das regras existentes.

A responsabilidade por danos ao meio ambiente é muito abrangente, podendo resultar em sanções econômicas diretas, como multas administrativas, embargos, interdições, proibição de venda de produtos ou multas e restrições de direitos aplicados em processos criminais. As sanções penais podem atingir tanto as pessoas jurídicas quanto seus diretores ou gerentes.

A responsabilidade civil, prevista tanto na lei que criou a Política Nacional do Meio Ambiente quanto na própria Constituição Federal, obriga a reparação dos danos causados ao meio ambiente independente da comprovação de culpa ou dolo. E esta responsabilidade é objetiva, isto é, sua caracterização independe de ação ou omissão, bastando que seja estabelecido um nexo causal entre um fato e um resultado adverso.

Há mais de uma década se discute a necessidade de seguros por danos causados ao meio ambiente. A recuperação dos danos não é matéria fácil. Começa pela dificuldade de mensurá-los, muitas vezes com um número enorme de variáveis envolvidas. Assim também o sucesso de ações destinadas a corrigir esses danos não pode ser estabelecido concretamente em razão do número de fatores naturais que podem influenciar seu resultado.

De igual sorte, a valoração dos danos causados aos recursos naturais ou ao meio ambiente ecologicamente equilibrado é muito difícil e não se dispõe de uma metodologia definitiva para este cálculo. Por essa razão, as ações judiciais buscando a reparação ou compensação dos danos ambientais costumam ser bastante onerosas.

Todos esses riscos, muitas vezes imprevisíveis, podem resultar em elevados custos financeiros para as atividades produtivas. Podem, e devem, portanto, ser levados em consideração no planejamento estratégico de qualquer empreendimento ou atividade.

Em boa hora vem a lume este trabalho coordenado por Fábio Barreto, Natascha Trennepohl e Walter Polido, profissionais que há anos trabalham com *compliance* ambiental e seguros ambientais. A obra traz, ainda, contribuições valiosas de renomados especialistas sobre os riscos decorrentes de danos ambientais e importantes orientações sobre como evitar, diminuir ou recuperar, bem como o papel do seguro.

Trata-se de leitura obrigatória não somente para operadores do Direito como também para aqueles que planejam, decidem ou dirigem empresas que utilizam recursos naturais ou cujas atividades podem interferir com eles.

São Paulo, novembro de 2022.

Curt Trennepohl

Sócio do escritório Trennepohl Advogados.

Ex-Procurador Federal.

Ex-Presidente do IBAMA.

APRESENTAÇÃO

O mundo pós-pandêmico suscita reflexões de toda a ordem, muitas delas de temas esquecidos, mas que sempre estiveram presentes na contemporaneidade, até porque a Covid19 não foi a primeira pandemia mundial. Prevenção sobre as consequências de eventos previsíveis é um deles, com destaque. No relógio mundial, as mudanças climáticas adiantaram os prognósticos e todos os países já sentem os efeitos nefastos, inquestionavelmente. Impressiona o fato de que ainda pode repercutir no Brasil, nos diversos segmentos – econômicos e políticos, dúvidas sobre o caminho que deve ser percorrido, sobre as políticas ambientais que precisam ser adotadas. O Brasil não está solitário nesse dilema. Simplesmente listar os "culpados" pelo *status quo* não resolverá as questões. É preciso avançar nessa discussão, proativamente.

O fator ESG – *Environmental/ Social/ Governance* – ocupa a ordem do dia e cresce em importância nas discussões acerca das políticas ambientais que visam a sustentabilidade das atividades empresariais do *homo economicus*. Essa realidade metodológica trabalha com ferramentas exequíveis, perfeitamente objetivas e que produzem resultados efetivos. Não há outro meio, na medida em que a terra não voltará ao seu estado natural. O desenvolvimento é contínuo e, por isso mesmo, deve ser pautado por mecanismos sustentáveis. Não há paliativos. Além da prevenção há que ser consideradas, inquestionavelmente, também as ferramentas de remediação do meio ambiente que é agredido em razão da produção industrial. Os sinistros acontecem.

Quais são os instrumentos que podem interferir na atividade humana de maneira positiva ou mesmo mitigadora dos possíveis danos? Qual a efetividade de cada modelo? Como o mercado de seguros pode interferir neste processo, oferecendo respaldo a interesses legítimos? Os seguros ambientais podem ser vistos sob a condição de garantias financeiras, dentre outras, com efetiva contribuição na prevenção de riscos e na remediação de danos ambientais ocorridos? De que forma?

Com base em todos esses tópicos multidisciplinares e transversais na proteção do meio ambiente, pensamos na produção dessa obra coletiva e com o objetivo de apresentar um vasto leque de temas, cujos textos, elaborados por diferentes especialistas, pudessem chegar a um denominador comum: *oferta de garantia financeira efetiva a empreendedores preocupados com as questões ambientais.*

Esta obra não é um compêndio técnico de seguros, mesmo porque o objetivo dela sempre foi, desde a sua concepção, mais abrangente do que isso. Ela traz temas conexos e busca atingir o gestor de riscos empresariais, justamente o responsável pela escolha e implantação de ferramentas que lhe dê respaldo financeiro, eventualmente sobrevindo uma ocorrência ambiental, com repercussão de danos complexos. O seguro ambiental é apenas uma delas. Com esse escopo, temas como "gerenciamento dos riscos ambientais industriais", "valoração econômica de ativos ambientais", "instrumentos para solução de conflitos ambientais", "seguro ambiental como instrumento de minimização dos riscos em transações econômicas", "geração, compra e venda de créditos de carbono florestal", "seguros ambientais como instrumento de prevenção e de reparação de danos", "aspectos práticos diante do ajustamento de sinistros ambientais", foram introduzidos na obra.

A somatória dessa rica reflexão trazida pelos diferentes textos pode subsidiar os gestores de riscos e também os operadores do Direito, com elementos teóricos e práticos necessários à compreensão dos *instrumentos econômicos* de eficácia comprovada na proteção ambiental. O *contrato de seguro ambiental*, dentre eles, está nomeado na Lei 6.938, de 31 de agosto de 1981, da Política Nacional de Meio Ambiente (PNMA), no artigo 9º, inciso XIII.

Fábio Garcia Barreto

Natascha Trennepohl

Walter A. Polido

Coordenadores

SUMÁRIO

PREFÁCIO

Curt Trennepohl V

APRESENTAÇÃO

Fábio Garcia Barreto, Natascha Trennepohl e Walter A. Polido VII

VALORAÇÃO DE DANOS AMBIENTAIS – ASPECTOS TEÓRICOS E PRÁTICOS

Flávia P. Nunes, Ana Carolina Neves e Roberto Brandão Araújo 1

GERENCIAMENTO DOS RISCOS AMBIENTAIS INDUSTRIAIS: INVESTIGANDO POTENCIAIS IMPACTOS POSITIVOS DA IMPLEMENTAÇÃO DA P+L (PRODUÇÃO MAIS LIMPA) NA ACEITAÇÃO DE RISCOS AMBIENTAIS POR SEGURADORAS

Marco Ferreira 17

VALORAÇÃO ECONÔMICA DE ATIVOS AMBIENTAIS: A LÓGICA INVERSA AO DANO – ESTUDO DE CASO: METODOLOGIA APLICADA AO BIOMA MATA ATLÂNTICA

Rochana Grossi Freire 35

AS RELAÇÕES "PODER-DEVER" – INSTRUMENTOS PARA SOLUÇÕES DE CONFLITOS AMBIENTAIS

Eliane P. R. Poveda 53

SEGURO AMBIENTAL COMO INSTRUMENTO ECONÔMICO DE PREVENÇÃO E DE REPARAÇÃO DO DANO AMBIENTAL

Walter A. Polido 69

ASPECTOS INDENIZATÓRIOS DA COBERTURA DE SEGURO DE DANOS AMBIENTAIS – COMPARAÇÃO ENTRE O MODELO LATINO-AMERICANO (*POLLUTION CONDITION*) E O MODELO EUROPEU (*NON-POLLUTION CONDITION*)

Nathalia Gallinari 93

RISCOS E DANOS AMBIENTAIS

TRANSAÇÕES IMOBILIÁRIAS DE ÁREAS CONTAMINADAS NO ESTADO DE SÃO PAULO: SEGURO AMBIENTAL COMO INSTRUMENTO ECONÔMICO PARA MINIMIZAÇÃO DOS RISCOS AMBIENTAIS DO NEGÓCIO JURÍDICO

Fabio Garcia Barreto 103

SEGUROS EM CONTRATOS DE GERAÇÃO, COMPRA E VENDA DE CRÉDITOS DE CARBONO FLORESTAL

Natascha Trennepohl e João Daniel de Carvalho 155

SINISTROS EM SEGUROS AMBIENTAIS – ASPECTOS GERAIS E PRÁTICOS

Carlos Eduardo Sato... 167

VALORAÇÃO DE DANOS AMBIENTAIS – ASPECTOS TEÓRICOS E PRÁTICOS

Flávia P. Nunes

Bióloga, mestre e doutora em Ecologia e pós-doutora em Restauração Ambiental. É coordenadora do MBA em Perícia Ambiental da PUC-Minas e sócia fundadora do Instituto Gestão Verde.

Ana Carolina Neves

Pós-doutora em Ecologia (UFMG), com pesquisa em serviços ambientais. É Bióloga (UFMG), Mestre em Ecologia e Conservação (UFMS) e Doutora em Ecologia Conservação e Manejo da Vida Silvestre (UFMG). Tem ainda treinamento em liderança ambiental pela University of California at Berkeley e é professora de valoração de danos ambientais nos cursos da PUC-Minas.

Roberto Brandão Araújo

Mestre em Relações Internacionais pela PUC-Minas. Professor de pós-graduação da PUC-Minas. Presidente da Comissão de Educação Jurídica da OAB-MG, triênio 2022-2024. Advogado especialista em Direito Ambiental e Urbanístico e Direito Público.

Sumário: 1. O dano ambiental como óbice à proteção do meio ambiente – 2. Dos impactos aos danos ambientais – 3. A importância dos serviços ecossistêmicos para a valoração dos danos ambientais – 4. Aplicação prática da valoração dos danos ambientais – 5. Valoração dos danos ambientais: um importante aliado à gestão de riscos ambientais – 6. A valoração dos danos ambientais no processo criminal: os crimes ambientais – 7. Referências.

1. O DANO AMBIENTAL COMO ÓBICE À PROTEÇÃO DO MEIO AMBIENTE

O desenvolvimento sustentável é o mote central da Política Nacional de Meio Ambiente, que, a partir de 1981, determinou que todas as atividades potencialmente poluidoras e que utilizem recursos naturais sejam submetidas ao Licenciamento e Avaliação de Impactos Ambientais, de forma a controlar os seus impactos e evitar danos ao Meio Ambiente. Essa premissa corrobora o compromisso nacional com a sustentabilidade, que deve orientar todas as atividades econômicas, assegurando o direito de utilizar os recursos naturais para o desenvolvimento econômico da atual geração, mas garantindo, da mesma forma, o não exaurimento para que possam também subsidiar as necessidades das gerações vindouras firmando o Pacto

Intergeracional e os objetivos do Desenvolvimento Sustentável apregoados pela Comissão Mundial sobre Meio Ambiente e Desenvolvimento das Nações Unidas.

No entanto, não é possível ignorar que todos os recursos naturais são finitos, cuja disponibilidade está inversamente relacionada à demanda de uso sobre eles, exigindo, prementemente, uma nova abordagem para o desenvolvimento econômico sustentável, que deve então, se dar, com alicerces atrelados à conservação do meio ambiente. É matéria polêmica, já que é comum a afirmação de que é impossível o desenvolvimento sustentável, pois estes conceitos seriam essencialmente divergentes em sua essência e que exigem abordagens antagônicas. No entanto, ao se considerar a necessidade do uso controlado dos recursos naturais, limitando sua utilização em função da necessidade de controlar os impactos resultantes das atividades econômicas, além de promover obrigatoriamente a reparação de qualquer dano causado, é fato que o desenvolvimento sustentável está sendo praticado, refletindo em limitações ao desenvolvimento econômico impostas pela necessidade de proteção ao meio ambiente. Porém, ainda assim, as ameaças continuam, representadas por atividades realizadas à margem da legalidade, ou não devidamente controladas, que resultam na degradação ambiental, comprometimento de biodiversidade e de ecossistemas, alterações nas dinâmicas socioambientais e impactos severos ao patrimônio natural.

Cabe ressaltar que o uso de recursos naturais, com a consequente intervenção no meio ambiente, é inerente à sociedade, e, de forma alguma, impede o desenvolvimento sustentável. Obviamente é essencial que as sociedades utilizem recursos materiais (vegetais, animais, minerais), para finalidades que variam desde a subsistência até o lazer, com funções econômicas, recreativas, culturais, científicas, psicológicas e espirituais. No entanto, vale destacar que em localidades cuja economia ainda é pautada em atividades extrativistas, tais como mineração, extração madeireira e pesca, o que obviamente demanda uma cautela ainda maior em relação aos potenciais impactos e danos ambientais. Para estes casos, a gestão de riscos ambientais precisa estar continuamente associada à prevenção de danos ao meio ambiente, como prática constante em qualquer organização, como princípio fundamental almejando a efetiva sustentabilidade.

Além dos instrumentos prévios de controle ambiental voltados ao desenvolvimento sustentável, tais como o Licenciamento Ambiental, que controla as intervenções ambientais, evitando, dessa forma, que os impactos da atividade possam resultar em danos ao meio ambiente, os instrumentos fiscalizadores e corretivos desempenham importantíssimo papel. A Fiscalização Ambiental, que garante a regularidade ambiental das atividades frente às obrigações imputadas pela legislação ambiental, aliada à obrigatoriedade de recuperação de áreas degradas e reparação de danos ambientais causados, são instrumentos de máxima importância estabelecidos pela Política Nacional de Meio Ambiente, através do princípio do poluidor/pagador. Ainda, os instrumentos corretivos, como a Lei de Crimes Ambientais, que trouxe a responsabilização pelos danos causados ao patrimônio ambiental, asseguram que a proteção do meio ambiente seja aplicada, mesmo em face das atividades já regularizadas.

Mas como os impactos e danos ambientais estão relacionados? Embora, teoricamente, seja de fácil explicação a relação entre impactos e danos ambientais, no âmbito aplicado, sua identificação e controle toma uma dimensão complexa e, quando não, subjetiva. É sabido que todas as atividades humanas resultam em impactos ambientais, mas é bastante tênue o limite entre a incidência de impactos e o surgimento do dano ambiental. Ainda mais complexo é o desafio de identificar, em sua totalidade, o dano ambiental causado em um ambiente ou ecossistema, de forma a possibilitar a correta valoração do prejuízo ambiental causado e a devida reparação dos componentes ambientais comprometidos ou afetados. Porém, é fundamental para a consecução da efetiva proteção do meio ambiente e conservação dos recursos naturais, atingindo a tão almejada sustentabilidade.

Mas de que se trata o Dano Ambiental na prática? É pacífico o entendimento que qualquer prejuízo ou lesão ao meio ambiente ou em qualquer um de seus componentes, se caracteriza como um dano ambiental. Deste dano, temos como resultado a degradação ambiental, que demandará ações para recuperação e reparação dos componentes afetados. No entanto, o dano ambiental tem consequências mais amplas e complexas que o comprometimento do ambiente natural, uma vez que resulta em comprometimento dos serviços ecossistêmicos e ambientais, relacionados àquela porção territorial degradada.

2. DOS IMPACTOS AOS DANOS AMBIENTAIS

Os Aspectos Ambientais estão relacionados a todos os empreendimentos e atividades realizadas, que podem se relacionar com o meio ambiente local, podendo resultar em impactos ao meio ambiente. Cada aspecto ambiental poderá resultar em geração de impacto ambiental, que pode ser significativo ou não significativo, além de positivos ou negativos. Nesse momento, faz-se primordial a realização das ações de controle ambiental, uma vez que o impacto ambiental significativo e negativo, sem o devido controle, poderá resultar em dano ambiental, cuja magnitude está intimamente associada à capacidade ecológica de resiliência dos ecossistemas naturais afetados.

A classificação dos danos ambientais pode ser feita da seguinte forma:

- Quanto ao interesse do envolvido e a sua reparabilidade: dano ambiental privado – também chamado de dano de reparabilidade direta, é aquele que viola interesses pessoais e reflete apenas ao meio ambiente considerado como um microbem; ou dano ambiental público – também chamado de dano de reparabilidade indireta, é aquele causado ao meio ambiente globalmente considerado, correlacionado a interesses difusos e coletivos;

- Quanto à extensão dos bens protegidos: ecológico puro – quando for o bem ambiental tratado em sentido estrito, considerando-se apenas os componentes naturais do ecossistema; lato sensu – quando abrange todos os componentes do meio ambiente – inclusive o patrimônio cultural – sendo o bem ambiental visualizado numa concepção unitária; individual ou reflexo – quando ligado à esfera individual, mas correlacionado ao meio ambiente;

- Quanto aos interesses objetivados: interesse individual – quando a pessoa é individualmente afetada; interesse homogêneo – quando decorre de fato comum que causa prejuízo a vários particulares; coletivo – quando os titulares são grupos de pessoas ligadas por uma relação jurídica, como moradores de uma comunidade; difuso – quando os titulares são pessoas indeterminadas, que não podem ser identificadas individualmente, mas ligadas por circunstâncias de fato;

- Quando à extensão: patrimonial – quando há perda ou degeneração – total ou parcial – dos bens materiais, causando à vítima prejuízos de ordem econômica; moral ou extrapatrimonial – quando há ofensa a um bem relacionado com valores de ordem espiritual ou moral.

Em relação ao Dano Ambiental, a Lei Federal 6.938/81 (Política Nacional de Meio Ambiente) determinou a obrigação de imputar ao poluidor ou causador de dano ambiental, a obrigação de recuperar e/ou indenizar em função dos prejuízos ambientais causados. Nesse sentido, a responsabilidade ambiental se refere, primordialmente, à manutenção do meio ambiente preservado, como um direito fundamental de todos.

Tipos de Responsabilidades:

- Administrativa: resultante de infração a certas normas administrativas, sendo as sanções: multa simples, advertência, interdição de atividades, suspensão de benefícios, entre outras.

- Criminal: Infrações penais ambientais, estão divididas em: crimes contra a fauna, crimes contra a flora, poluição e outros crimes e crimes contra a Administração Ambiental.

- Civil: Essa responsabilidade impõe ao infrator a obrigação de ressarcir o prejuízo causado por sua conduta ou atividade. Tem como fundamento jurídico os arts. 225, § 3º da CF/88 e a Lei 6.938/81, art. 14, § 1º.

De toda forma, faz-se necessário a recuperação das áreas degradadas, de forma a possibilitar o retorno do ambiente submetido ao dano, ao seu estado ambiental original. Ainda que sob a ótica ecológica este retorno seja um grande desafio, até mesmo utópico, as características originais dos ambientes afetados devem embasar todas as estratégias de reparação, de forma a possibilitar a maior proximidade possível a situação ambiental original.

A reparação do dano ambiental causado poderá se dar de duas formas; I- Recuperação da Área Degradada ou Restauração Ambiental; II- Indenização Econômica pelo dano causado.

Enquanto a Restauração Natural tem como intuito possibilitar o retorno dos componentes ambientais a um estado estável e semelhante ao estado original, de forma a reintegrar o meio ambiente local ao seu entorno, a compensação ambiental também pode ser feita de forma a possibilitar a preservação de uma área semelhante à que foi degradada. Em contrapartida, a previsão da Indenização Econômica se aplica em casos de Dano Ambiental, onde não há a possibilidade de restauração natural dos ambientes degradados.

Fica claro que toda a lógica da proteção ambiental se refere à gestão dos impactos ambientais potencialmente resultantes das atividades utilizadoras dos recursos naturais, que necessitam ser controlados, evitando-se os danos ao meio ambiente. É necessário destacar também que o controle dos impactos ambientais deve ser realizado e previsto em todos os processos de licenciamento ambiental, bem como ser monitorado em todas as etapas do empreendimento, para promover o controle permanente e efetivo, desde o início da implantação do empreendimento até a sua finalização.

Para tanto, é premissa fundamental no que tange o desenvolvimento sustentável, que todas as atividades produtivas e interventivas façam um planejamento ambiental considerando todas as fases da vida útil do empreendimento, incluindo instrumento para avaliar se as previsões de impactos e as medidas de prevenção e controle sugeridas nos estudos ambientais mostram-se adequadas, durante a implantação e operação do empreendimento. Além de possibilitar o controle dos impactos ambientais, o correto planejamento fornece instrumentos que possibilitam identificar inconformidades e falhas na gestão ambiental, que podem resultar também danos ao meio ambiente.

Assim, mesmo que sejam realizadas medidas de controle ambiental, estas precisam ser constantemente acompanhadas e monitoradas, para garantir a sua eficácia e eficiência. Além disso, cabe destacar que os impactos de determinada atividade, mesmo que controlados, podem ser intensificados em decorrência de impactos sinérgicos e cumulativos ocorrentes em uma mesma região. Com isso, há a possibilidade de termos danos ambientais, mesmo com as medidas de controle dos impactos significativos e negativos devidamente realizados. Por isso, não é demais afirmar que o maior fator de segurança para minimizar os riscos ambientais de qualquer atividade ou empreendimento é sempre o monitoramento ambiental, realizado de forma ampla, constante, contínua e comprometida.

3. A IMPORTÂNCIA DOS SERVIÇOS ECOSSISTÊMICOS PARA A VALORAÇÃO DOS DANOS AMBIENTAIS

Os Serviços Ecossistêmicos ou Serviços Ambientais são benefícios fornecidos de forma direta ou indireta pela natureza à humanidade, que em conjunto possibilitam a vida no planeta. Aqui cabe diferenciar os serviços ecossistêmicos dos serviços ambientais; enquanto os primeiros são providos integralmente pela natureza, o segundo grupo resulta de. ações de manejo sobre os ecossistemas naturais.

Dentre os imprescindíveis serviços ambientais e ecossistêmicos, que podem ser comprometidos por Danos Ambientais, cabe destacar:

- ✓ Manutenção da variabilidade genética e o equilíbrio das espécies;
- ✓ Regulação climática, conservação da água e dos solos;
- ✓ Prestação de serviços à qualidade ambiental, como polinização, fertilidade, adubação, entre outros;
- ✓ Provisão de insumos à indústria, como borracha, medicamentos, fonte de energia, recursos alimentares, produtos químicos, farmacêuticos e cosméticos;
- ✓ Fornecimento de insumos para a manipulação de materiais genéticos e a bioprospecção tecnológica.

Mesmo não sendo possível definir com precisão o real valor monetário de um serviço ambiental, é totalmente viável e já feito a sua quantificação aproximada, como através da estimativa do custo de reprodução artificial deles. Assim, é possível estimar o valor da polinização de culturas agrícolas como a do algodão, feita naturalmente por espécies de abelhas, ao substituí-las pela polinização manual ou ao alugarem-se colmeias.

Já existem trabalhos científicos que estimaram valores para diversos serviços ambientais de toda a biosfera, atingindo montantes que giram em torno de US$ 33 trilhões por ano, enquanto, à época, a soma dos PIBs das nações alcançava US$ 18 trilhões por ano. Em 2014, Costanza et al. recalcularam o valor do capital natural da biosfera em US$ 145 trilhões por ano, considerando a correção monetária em relação ao estudo de 1997 e as informações disponíveis por um maior número de dados.

A partir daí, surgiu o termo "Rombo Ambiental", representando o dimensionamento econômico da redução do estoque de produtos de pronto consumo e precificáveis dos serviços ambientais (como exemplo, a água doce, madeira, pescados, minérios, frutos, entre outros) e por meio da valoração dos prejuízos atuais e futuros decorrentes da sua alteração e da falta de adaptação humana às novas condições naturais. No caso do Brasil, onde as ações lesivas ao meio ambiente são consideradas crimes, a produção da prova material na apuração desses é essencial para a valoração de bens ambientais.

A ONU, através do trabalho denominado de "Avaliação Ecossistêmica do Milênio", publicado em 2005, classificou os serviços ecossistêmicos em quatro categorias:

I. *Serviços de Provisão:* os produtos obtidos dos ecossistemas. Exemplos: alimentos, água doce, fibras, madeira;

II. *Serviços de Regulação:* benefícios obtidos a partir de processos naturais que regulam as condições ambientais. Exemplos: absorção de CO_2 pela fotossíntese; controle do clima, polinização, controle de doenças e pragas;

III. *Serviços Culturais:* São os benefícios intangíveis obtidos, de natureza recreativa, educacional, religiosa ou estético-paisagística;

IV.*Serviços de Suporte:* Contribuem para a produção de outros serviços ecossistêmicos: Ciclagem de nutrientes, formação do solo, dispersão de sementes.

O Valor Econômico dos Recursos Ambientais (VERA) citados previamente, pode ser desagregado em três categorias de valor de uso e em uma de valor de não uso, conforme apresentado a seguir:

I. *Valor de Uso Direto:* bens e serviços ambientais apropriados diretamente da exploração do recurso e consumidos no presente;

II. *Valor de Uso Indireto:* serviços ambientais gerados de funções ecossistêmicas e apropriados indiretamente no presente;

III. *Valor de Opção:* bens e serviços ambientais de usos diretos e indiretos que serão apropriados e consumidos no futuro;

IV.*Valor de Existência:* valor de não uso que reflete questões morais, culturais, éticas ou altruísticas.

Através dessas classes, é possível verificar que há valor econômico agregado aos serviços ecossistêmicos, o que é um importante argumentos para as políticas públicas conservacionistas garantirem a preservação dos ecossistemas. Assim, a intenção é que, ao avaliarmos os ganhos econômicos de atividades como mineração, agropecuária, ocupação urbana etc., seja feita a comparação com o valor econômico relacionados aos serviços ecossistêmicos que seriam substituídos por tais atividades. Assim, a Valoração Econômica dos Danos Ambientais surge constituindo uma ferramenta para dimensionar o valor monetário da perda dos serviços ambientais, atribuindo parâmetros para serem utilizados na aferição de crimes ou danos ambientais. Além disso, possibilita estabelecer multas e custos para a reparação da degradação ambiental, considerando a responsabilidade do degradador ou poluidor de reparar o prejuízo causado.

Caixeta e Romeiro (2009) descreveram visões analisando os impactos ambientais provocados pela intervenção antrópica nos serviços ecossistêmicos:

- Abordagem econômica (utilitária) da Valoração:

Esta visão atribui valores relacionados ao uso atual e potencial dos serviços ecossistêmicos, muito útil para calcular valores do efeito adverso da perda do serviço em decorrência de uma atividade humana. Podem ser avaliados pelas variações na produtividade marginal, pelo custo de reposição do que foi perdido, por gastos defensivos e pelo custo de oportunidade.

A relativa simplicidade de seus cálculos se contrapõe à limitação de não captar serviços que não estejam ligados ao uso direto e indireto dos ecossistemas (serviços culturais, por exemplo).

- A abordagem ecológica da valoração:

Esta abordagem considera a grande complexidade dos ecossistemas e suas intera-ções físicas, químicas e bióticas, uma vez que os serviços ecossistêmicos são produtos da natureza independentemente da espécie humana. Assim, o valor ecológico é definido pela integridade das funções ambientais e da complexidade, raridade e diversidade ecossistêmica. Nesse sentido, ecossistemas com altas taxas de endemismos e espécies raras têm maior valor agregado, em decorrência da magnitude da importância de tal ambiente para o fornecimento de serviços ambientais específicos.

- A abordagem sociocultural da valoração:

Esta abordagem enfatiza os aspectos normativos e éticos dos valores dos serviços ecossistêmicos, que prestam um importante papel para a identidade cultural, histórico, social e moral das sociedades, o que faz com que os mesmos sejam por elas valorados independentemente de sua contribuição direta para o seu bem-estar material (MA, 2005).

- Abordagem dinâmico-integrada da valoração:

Esta visão se refere as inter-relações entre os sistemas naturais e humanos, considerando os ecossistemas, a economia e a sociedade, na qual a característica principal seja a modelagem econômico-ecológica desses três subsistemas, que funcionam de forma dependente.

Através da análise das diferentes abordagens da valoração dos serviços ambientais, pode-se afirmar que a Valoração Econômica dos Danos Ambientais será realizada de forma mais assertiva e próxima à realidade considerando-se as diversas inter-relações entre os recursos ambientais e os diversos usos humanos.

Assim, os valores agregados aos serviços ecossistêmicos podem ser considerados nas decisões políticas para promover a ocupação do uso do solo, uma vez que os serviços ecossistêmicos têm um valor econômico agregado que será perdido em decorrência de sua substituição para a implantação de outras atividades econômicas. Além dessa abordagem para promover a conservação ambiental e, consequentemente, a conservação dos serviços ecossistêmicos, a Valoração Econômica do Dano Ambiental é uma imprescindível ferramenta para as Perícias e Fiscalizações Ambientais, permitindo o cálculo de valores de multas, penalidades e infrações relacionadas à danos e crimes ambientais.

4. APLICAÇÃO PRÁTICA DA VALORAÇÃO DOS DANOS AMBIENTAIS

A valoração econômica dos danos ambientais é importantíssima para a efetividade do trabalho de Perícia Ambiental, pois possibilita a análise financeira, mediante os danos ao ambiente, para o cálculo de sansões penais e medidas compensatórias.

A estrutura judicial, especialmente a brasileira, ainda é bastante falha em relação à corpo técnico especializado, o que torna a quantificação monetária dos danos ambientais um grande desafio. Assim, os crimes ambientais não têm um parâmetro econômico que oriente a quantificação dos prejuízos à sociedade e ao meio ambiente, que possa avaliar a perda monetária através da somatória dos valores dos bens e serviços ambientais lesados em determinada ação delituosa, seja ela um crime ou uma infração ambiental.

Sendo assim, a Valoração Econômica dos Danos Ambientais deve sempre considerar os diversos atributos ambientais do local afetado pelo crime, degradação ou dano ambiental, de forma a quantificar o mais próximo à realidade, a perda monetária relacionada aos serviços ambientais.

Importante contribuição foi a normatização do princípio do Valor Econômico do Recurso Ambiental (VERA) pela Associação Brasileira de Normas Técnicas (ABNT, 2008). Esta prevê que os danos ambientais sejam avaliados considerando-se o VET ou VERA, ou seja, através do somatório do valor de uso direto, valor de uso indireto, valor de opção e valor de existência.

Dessa forma, pode-se estabelecer que o valor estimado é:

VERA = VUD+VUI+VO+VE (ABNT NBR 14.653-6, de 30/06/2008).

Nesse contexto, importantes trabalhos apresentaram metodologias para a definição do Valor Econômico do Recurso Ambiental (VERA) (MOTTA, 1998; ABNT, 2008). No entanto, ainda existem muitas dificuldades para a efetiva valoração econômica dos crimes ambientais, pela dificuldade de atribuir valor monetário aos recursos fornecidos pela natureza e aos serviços ecossistêmicos. A existência de valores já mesurados para diversas regiões seria um importante ganho, o que facilitaria em muito para a efetiva valoração econômica dos danos ambientais.

No entanto, a prática e laudos precedentes têm dado parâmetros aos peritos criminais, para o cálculo de valores aos prejuízos causados pelos crimes ambientais. Considerando-se a impossibilidade de estimar com precisão o valor dos serviços ambientais, principalmente de usos futuros ou de valor de opção e o valor de existência das espécies e processos ecológicos, a valoração muitas vezes se trata de uma quantificação parcial e certamente subestimada do total dos prejuízos causados pelo crime ambiental.

Atualmente, grande parte dos laudos periciais elaborados utilizam este cálculo com base no VERA, paralelamente ao valor de uso direto (VUD), obtido de preços de mercado e tabelas oficiais. Dessa forma, a valoração de crimes ambientais tem sido atualmente calculada através do decréscimo promovido no valor de VERA, em decorrência dos bens e serviços que foram impactados ou mesmo destruídos pelo crime ambiental. Assim, é possível atribuir o valor econômico, que possa se assemelhar, ao menos, ao prejuízo ambiental causado pelos crimes contra a natureza, serviços ecossistêmicos e biodiversidade.

5. VALORAÇÃO DOS DANOS AMBIENTAIS: UM IMPORTANTE ALIADO À GESTÃO DE RISCOS AMBIENTAIS

É sabido que a humanidade sempre conviveu com desastres ambientais, de diversas naturezas, de causas naturais ou por negligência humana. No entanto, cada vez mais é pacífico o entendimento dos prejuízos causados ao meio ambiente e, em consequência, à própria humanidade, ressaltando a necessidade não só de dimensionar os danos causados, mas também de valorar e reparar tais prejuízos ambientais.

Importante ganhou para a proteção ambiental se deu com a Lei de Crimes Ambientais (Lei Federal 9.605/1998), que representou um marco, estabelecendo penalidades e sanções para pessoas físicas e ou jurídicas. Esta lei se baseia na violação ao direito ao meio ambiente equilibrado, enquadrando como crime ambiental as condutas lesivas ao meio ambiente, com danos a flora, fauna, recursos naturais e o patrimônio cultural. Sendo assim, as sanções penais e administrativas são estabelecidas e aplicadas conforme a gravidade da infração (ou do Crime Ambiental). Para cada caso, a investigação criminal e pericial deverá averiguar quais foram os danos decorrentes das condutas lesivas ao meio ambiente, identificando os crimes cometidos, que podem ser: Contra a fauna; Contra a flora; Poluição e outros crimes; Contra o ordenamento urbano e o patrimônio cultural; Contra a administração ambiental; além de infrações administrativas.

É muito importante ressaltar, também, que as sanções previstas na Lei de Crimes Ambientais, incluindo aí o pagamento de multas, não isentam o infrator de recuperar a área degradada e realizar as demais reparações/compensações ambientais devidas. Dessa forma, a valoração dos danos ambientais é essencial para possibilitar a recuperação ambiental, estabelecida através da realização da Perícia Ambiental. Mas é importante ressaltar, além disso, que ocorrem inúmeros danos aos serviços ambientais que não estão incluídos na Lei de Crimes Ambientais, que devem também ser corretamente identificados através da Perícia Ambiental para que o infrator possa ser corretamente responsabilizado por recuperar a área degradada e reparar os danos causados ao meio ambiente.

6. A VALORAÇÃO DOS DANOS AMBIENTAIS NO PROCESSO CRIMINAL: OS CRIMES AMBIENTAIS

O Direito possui vários ramos, especializadores, que facilitam a proteção da sociedade pela norma e a resolução dos conflitos. Inicialmente se difere em Direito Público e Direito Privado. O primeiro, aquele cujo as normas têm interesse de regulação envolvendo o Estado e os cidadãos e o segundo, apenas as relações privadas.

Dentre os ramos do Direito Público, destacam-se o Direito Penal, pela sua especificidade e por ter, dentre todos, as sanções mais duras, como a restrição da liberdade, pelas penas privativas de liberdade. A sua função precípua, é resguardar os bens jurídicos (bens da vida protegidos pelo direito, como a vida, liberdade, propriedade, meio ambiente etc.) das ações mais odiosas da sociedade, das violações mais bruscas, dos danos mais graves. Proteger o bem jurídico é proteger o que a sociedade tem de mais caro.

Lado outro, um dos seus princípios é justamente o princípio da subsidiariedade, ou *ultima ratio*, que diz que o Direito Penal só pode intervir nas situações onde outros ramos do Direito foram incapazes de pacificar ou solucionar. Se os diversos ramos do Direito, com suas sanções, não conseguem proteger um bem jurídico, é preciso que a conduta reprendida, alce a proteção penal.

Com a Constituição de 1988, o meio ambiente passou a ter uma tutela especial, constitucionalizada e regulada, em vários escopos, por muitos outros artigos, como por exemplo, a competência material concorrente dos entes federados para a proteção daquele.

Sendo Direito Fundamental, o meio ambiente alcança a projeção de "direito de terceira geração", por ser um direito transindividual, ou seja, que perpassa a individualidade, por pertencer a todos os cidadãos.

Nos termos do art. 225 da Constituição da República, em especial no seu caput, mais do que isso, é bem comum de todos, devendo ser protegido pelo Estado e pelo povo, pertencendo não apenas a atual geração, mas como também as gerações futuras (pacto intergeracional). Prosseguindo, o legislador constituinte originário foi mais além, estabelecendo no §3° que o dano ao meio ambiente, enseja, para as pessoas físicas e jurídicas, a responsabilização cível, administrativa e criminal.

Assim, a Constituição da República, estabelece que o meio ambiente é um bem jurídico penal, que merece a proteção do ramo mais brusco, com a sanção mais ríspida de todo nosso ordenamento jurídico. Avança também a Constituição ao permitir uma excepcionalidade no Direito Penal, qual seja: a punição penal da pessoa jurídica. Vejamos, o crime é a conduta humana, tipificada no preceito primário de uma norma penal incriminadora, cuja sanção de reclusão ou detenção e o tempo mínimo e máximo de penas estão no preceito secundário.

Conduta humana porque importa consciência e voluntariedade, além da tipicidade, antijuridicidade e culpabilidade, conforme preceitua a teoria do crime.

A Constituição então deu o aval para que a pessoa jurídica, esse ente personificado criado para discriminar os patrimônios pessoal e da empresa, fosse punida pelas normas penais, com as sanções específicas, que são as penas restritivas de liberdade que constam da lei de Crimes Ambientais.

Dez anos após a disposição constitucional, é publicada m 12 de fevereiro de 1998, a lei 9605 que "dispõe sobre as sanções penais e administrativas derivadas das condutas e atividades lesivas ao meio ambiente". Agora, o bem jurídico ambiental alcançou a *ultima ratio*, sendo protegido pelo Direito Penal. (não obstante alguns crimes do Código Penal adequarem tipicamente a condutas contra o meio ambiente, como o crime de incêndio, por exemplo)

A Lei de Crimes Ambientais tem uma parte geral, que trata das regras de aplicação da pena e regras processuais, repetindo o texto constitucional no artigo 3°, sobre a responsabilidade da pessoa jurídica e, principalmente, no artigo 2°, estabelecendo a omissão penalmente relevante diretor, administrador, membro de conselho e de órgão técnico, auditor, gerente, preposto ou mandatário.

Às pessoas jurídicas, são aplicáveis as penas de multa, restritivas de direito e prestação de serviço a comunidade, sendo que as penas restritivas de direito são a suspensão parcial ou total das atividades, interdição temporária do estabelecimento, obra ou atividade e a proibição de contratar com o poder público, bem como obter subsídios, subvenções e doações.

A parte especial, a partir do artigo 29, trata dos crimes; começando com os crimes contra a fauna, ou seja, condutas, das pessoas físicas ou jurídicas que agridem a fauna, como por exemplo, no artigo 30: "exportar para o exterior peles e couros de anfíbios em bruto, sem autorização da autoridade ambiental competente", cujo a pena prevista é de reclusão de um a três anos e multa.

Temos os crimes contra a flora, como por exemplo, no artigo 38 que tipifica a conduta de "destruir ou danificar floresta considerada de preservação permanente, mesmo que em formação, ou utilizá-la com infringência das normas de proteção." Para essa conduta, uma pena de detenção de um a três anos, ou multa, ou ambas as penas aplicadas cumulativamente.

E assim segue a parte especial, com os "Crimes de Poluição", "Crimes Contra o Ordenamento Urbano e o Patrimônio Cultural" e os "Crimes contra a Administração Ambiental." A Lei ainda traz regras gerais sobre as infrações administrativas e os termos relativos a cooperação internacional para a preservação do meio ambiente.

O crime é um ato ilícito, punido com a perda de liberdade, nos termos do ramo específico do Direito, chamado Direito Penal. Sendo um ato ilícito e, reconhecido como tal, em uma sentença penal condenatória, o novel cível nacional impõe o dever de reparação. Em outras palavras, o reconhecimento da prática de um crime, reconhece a prática de um ilícito e, assim sendo, há o ensejo a reparação do dano causado, material ou moralmente, nos termos do artigo 927 do Código Civil.

No que tange a valoração dos danos ambientais, a Lei 9605/98 traz dois importantes institutos do ponto de vista de uma lei, eminentemente criminal. Institutos que tem correlação direta com a valoração do dano ambiental causado. Os institutos ante informados, são o artigo 19, que estabelece que a perícia de constatação do dano ambiental, além de aferir a existência do dano, deverá fixar o montante do prejuízo causado, para servir de parâmetro ao juiz, no que tange a fixação do valor da fiança (instituto processual para garantir a liberdade do acusado enquanto responde ao processo) e para o cálculo da multa, a ser aplicada, nos termos da lei.

Já o artigo 20, permite ao juiz criminal, na sua sentença condenatória fixar um valor mínimo, para a reparação dos danos causados. Ou seja, ao final do processo, com as provas do dano e especialmente a perícia valorativa, o juiz já será capaz de estabelecer um parâmetro mínimo reparatório, considerando os danos causados pelo ofendido (quando houver uma vítima) e o meio ambiente.

Certamente que na reparação cível, haverá a liquidação da sentença e adequação dos valores, mas um mínimo, como parâmetro, já pode ser estabelecido na ação criminal, pelo juiz que julgou o dano ambiental do que ele tem de mais grave, que são as condutas reprimidas como criminosas.

Temos assim que, mesmo nessa lei de natureza penal (Lei 9605/98), que tem por escopo principal tipificar condutas e impor sanções, aos fatos que causem dano ou perigo de dano ao bem jurídico meio ambiente, o legislador inferiu importância na reparação dos danos e na sua valoração, pelo juiz criminal. Tal assertiva foi incorporada ao Código de Processo Penal apenas em 2008, quando, em todos os crimes condenados em sentença, nos termos do artigo 387, inciso VI, "o juiz fixará o valor mínimo de reparação pelos danos causados pela infração, considerando os prejuízos sofridos pelo ofendido."

Pode-se concluir então que a Constituição da República, nossa lei hierarquicamente superior, estabeleceu a responsabilização criminal pelo dano ambiental, pela pessoa física e jurídica; o legislador então editou a lei 9605/98, que além de tipificar as condutas lesivas ao meio ambiente, trouxe outras inovações e, sendo uma delas no campo da valoração dos danos ambientais, ao permitir que o juiz criminal, auferisse valor àqueles, como parâmetro para a futura reparação, o que coaduna com os princípios de proteção ambiental e da economia e celeridade processuais, tão caros a nossa sociedade.

7. REFERÊNCIAS

ABNT, NBR 14.653. 2008. Avaliação de bens – Parte 6: Recursos naturais e ambientais (Fixa diretrizes para a valoração de recursos naturais e ambientais).

ANDRADE, D. C. & ROMEIRO, A. R. 2009. *Serviços ecossistêmicos e sua importância para o sistema econômico e o bem-estar humano* Texto para Discussão. IE/UNICAMP n. 155.

COSTANZA R., De Groot R., SUTTON P, van der Ploeg S., ANDERSON SJ, KUBIZSEWSKY I, Farber S & TURNER RK. 2014. Changes in the Global Value of Ecosystem Services. *Global Environmental Change* 26: 152-158.

BRASIL. [Constituição (1988)]. Constituição da República Federativa do Brasil de 1988. Brasília, DF: Presidência da República, [2022]. Disponível em: http://www.planalto.gov.br/ccivil_03/constituicao/ConstituicaoCompilado.htm. Acesso em: 1º set. 2022.

BRASIL. Código de Processo Penal. Decreto-Lei 3689 de 3 de outubro de 1941. Brasília. DF. Presidência da República [2022] Disponível em: http://www.planalto.gov.br/ccivil_03/decreto-lei/del3689.htm. Acesso em: 25 set. 2022.

BRASIL. Lei 9605 de 12 de fevereiro de 1998. Dispõe sobre as sanções penais e administrativas derivadas das condutas e atividades lesivas ao meio ambiente, e dá outras providências. Brasília. DF. Presidência da República [2022] Disponível em: http://www.planalto.gov.br/ccivil_03/leis/l9605.htm. Acesso em: 26 set. 2022.

VALORAÇÃO DE DANOS AMBIENTAIS – ASPECTOS TEÓRICOS E PRÁTICOS

BRASIL. Código Civil. Lei 10406 de 10 de janeiro de 2002. Brasília. DF. Presidência da República [2022] Disponível em: http://www.planalto.gov.br/ccivil_03/leis/2002/l10406compilada.htm. Acesso em: 26 set. 2022.

BRASIL. Decreto 6514 de 22 de julho de 2008. Dispõe sobre as infrações e sanções administrativas ao meio ambiente, estabelece o processo administrativo federal para apuração destas infrações, e dá outras providências. Brasília. DF. Presidência da República [2022] Disponível em: http://www.planalto.gov.br/ccivil_03/_ato2007-2010/2008/decreto/d6514.htm. Acesso em: 26 set. 2022.

MILLENNIUM ECOSYSTEM ASSESSMENT (MA). 2005. Ecosystem and Human Well-Being: Synthesis. Island Press, Washington, DC.

WINKLER, R. 2006. Valuation of ecosystem goods and services. Part 1: An Integrated dynamic approach. Ecological Economics 59, 82-93.

YORK, R., ROSA, E.A., DIETZ, T. 2003. Footprints on the Earth: The Environmental Consequences of Modernity. American Sociological Review 68, 279-300.

GERENCIAMENTO DOS RISCOS AMBIENTAIS INDUSTRIAIS: INVESTIGANDO POTENCIAIS IMPACTOS POSITIVOS DA IMPLEMENTAÇÃO DA P+L (PRODUÇÃO MAIS LIMPA) NA ACEITAÇÃO DE RISCOS AMBIENTAIS POR SEGURADORAS

Marco Ferreira

Mestrando em sustentabilidade pela EACH-USP. Especialista em gestão e tecnologias ambientais pelo PECE-Poli-USP. Especialista em avaliação de impactos ambientais pelo SENAC-SP. Cursou Engenharia Ambiental e Direito. Consultor na área e em sustentabilidade em seguros. Foi subscritor de riscos ambientais no mercado de seguros brasileiro.

Sumário: 1. Introdução – 2. Revisão da literatura sobre P+L – 3. Práticas de P+L e a subscrição de riscos ambientais – 4. Considerações finais – 5. Referências.

1. INTRODUÇÃO

A subscrição de riscos ambientais por seguradoras que ofertam o seguro de riscos ambientais para seus clientes empresariais industriais é uma atividade técnica baseada na análise de práticas de gestão ambiental adotadas por tais empresas. Via de regra há uma composição entre análise documental e análise de campo baseada em inspeções de risco quando por critérios técnicos se fizer necessário.

É baseada também na avaliação da conformidade legal ambiental das operações a serem seguradas, na verificação do alinhamento das atividades empresariais com os *guidelines* internos adotados pelas seguradoras e, por fim, na composição destas variáveis para estruturar e executar o processo decisório de aceitação ou não aceitação do risco para fins de assunção ou não do mesmo dentro de uma apólice do seguro de riscos ambientais.

Quando pensamos na atividade de subscrição de riscos ambientais, assim como no próprio conceito do seguro de riscos ambientais, ambos guardam relevante complexidade conforme entendimento exposto por Polido[1] ao constatar que:

---

1. POLIDO, Walter Antônio. Contrato de seguro: a efetividade do seguro ambiental na composição de danos que afetam direitos difusos. *Revista de Direito Ambiental*. n. 45. p. 18. São Paulo: Ed. RT, jan.-mar. 2007.

Trata-se de seguro complexo, de alta tecnologia, o qual enseja underwriting (técnica utilizada para a análise visando a aceitação/recusa de riscos) minucioso e especializado, além de requerer inspeções técnicas prévias nos locais dos riscos – as quais devem ser realizadas por profissionais também especializados e de conhecimentos multidisciplinares (equipe técnica formada por geólogos, sanitaristas, biólogos, engenheiros etc.).

Considerando tais elementos é possível propor um exercício de reflexão sobre os potenciais impactos positivos da implementação de ações de P+L (Produção Mais Limpa) na aceitação de riscos ambientais de operações industriais por seguradoras, onde está então a ideia central deste texto. A premissa que se assume inicialmente é que o viés preventivo das técnicas e ações de P+L parece ser elemento com grande potencial para contribuir com a gestão de riscos ambientais sob a perspectiva das seguradoras que subscrevem riscos ambientais por meio de apólices específicas. Essa compreensão se apoia, por exemplo, no entendimento de Kanno et al[2] sobre o objetivo da P+L: "Ela visa a melhoria contínua e uso mais racional das matérias-primas e energia, evitando desperdícios e procurando reduzir ou eliminar a geração de resíduos, tornando o processo de produção mais eficiente e gerando menos problemas ambientais".

Neste sentido entende-se que as práticas de P+L aparentam ser relevantes para serem divulgadas pelos potenciais segurados e de serem analisadas e consideradas no processo de subscrição pelas seguradoras. A figura a seguir busca refletir a ideia que se busca investigar das possíveis conexões e interações entre a subscrição de riscos ambientais e as técnicas de produção mais limpa.

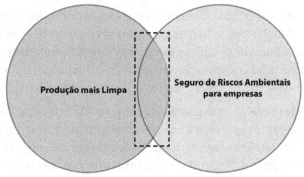

Figura 1 – Possíveis interações entre as **estratégias de Produção mais Limpa** e o **Seguro de Riscos Ambientais** para empresas.

---

2. KANNO, Rodrigo et al. Produção mais limpa: conceito, panorama atual no Brasil e análise de casos de sucesso. Seminário sobre tecnologias limpas, 7., 2017, Porto Alegre. Anais [...]. Porto Alegre: Seminário sobre tecnologias limpas, 2017, p. 2.

2. REVISÃO DA LITERATURA SOBRE P+L

De acordo com Barbieri[3] a Produção Mais Limpa (P+L) "é um modelo baseado na abordagem preventiva aplicada a processos, produtos e serviços para minimizar os impactos sobre o meio ambiente". Já o Guia para a Produção mais Limpa – Faça Você Mesmo,[4] elaborado e publicado pela Rede de Produção Mais Limpa, registra que "o princípio básico da metodologia de Produção mais Limpa (PmaisL) é eliminar a poluição durante o processo de produção, não no final" e conceitua a Produção mais Limpa como sendo:

> É a aplicação contínua de uma estratégia ambiental de prevenção da poluição na empresa, focando os produtos e processos, para otimizar o emprego de matérias-primas, de modo a não gerar ou a minimizar a geração de resíduos, reduzindo os riscos ambientais para os seres vivos e trazendo benefícios econômicos para a empresa.

Sobre os benefícios econômicos citados pelo material da Rede de Produção Mais Limpa, Kanno et al[5] registram que:

> A adoção da P+L é uma ação rentável, pois o uso mais eficiente de recursos, a redução da geração de resíduos e a redução de possíveis impactos ambientais, trazem benefícios econômicos para a empresa, uma vez que todos os resíduos foram adquiridos e pagos como matérias-primas e insumos.

Werner, Bacarji e Hall[6] explicam a origem da expressão "Produção Mais Limpa" indicando o seguinte cenário:

> Em 1989, a expressão "Produção Mais Limpa" foi lançada pela UNEP (United Nations Environment Program) e pela DTIE (Division of Technology, Industry and Environment) como sendo a aplicação contínua de uma estratégia integrada de prevenção ambiental a processos, produtos e serviços, visando o aumento da eficiência da produção e a redução dos riscos para o homem e o meio ambiente.

Segundo publicação do Centro Nacional de Tecnologias Limpas (CNTL) do SENAI-RS[7] a Produção Mais Limpa pode ser assim conceituada:

---

3. BARBIERI, José Carlos. *Gestão ambiental empresarial*: conceitos, modelos e instrumentos. 4. ed. São Paulo: Saraiva, 2016, p. 99.
4. Rede de Produção Mais Limpa. Guia da produção mais limpa: faça você mesmo. Rio de Janeiro: CEBDS, 2003, p. 11.
5. KANNO, Rodrigo et al. Produção mais limpa: conceito, panorama atual no Brasil e análise de casos de sucesso. Seminário sobre tecnologias limpas, 7., 2017, Porto Alegre. Anais [...]. Porto Alegre: Seminário sobre tecnologias limpas, 2017, p. 4.
6. WERNER, Eveline de Magalhães; BACARJI, Alencar Garcia; HALL, Rosemar José. *Produção Mais Limpa*: Conceitos e Definições Metodológicas. SEGeT – Simpósio de Excelência em Gestão e Tecnologia. [S.I.], 2009, p. 2.
7. SENAI.RS. *Implementação de Programas de Produção mais Limpa*. Porto Alegre, Centro Nacional de Tecnologias Limpas SENAI-RS/UNIDO/INEP, 2003, p. 10.

Produção mais Limpa é a aplicação de uma estratégia técnica, econômica e ambiental integrada aos processos e produtos, a fim de aumentar a eficiência no uso de matérias-primas, água e energia, através da não geração, minimização ou reciclagem dos resíduos e emissões geradas, com benefícios ambientais, de saúde ocupacional e econômicos. A Produção mais Limpa considera a variável ambiental em todos os níveis da empresa, como por exemplo, a compra de matérias-primas, a engenharia de produto, o design, o pós-venda, e relaciona as questões ambientais com ganhos econômicos para a empresa.

Sobre o CNTL e a Rede de Produção mais Limpa Kanno et al[8] contextualizam de forma detalhada a evolução destas instituições e iniciativas:

> Com o apoio da UNIDO e do UNEP, foi criado em 1995 o Centro Nacional de Tecnologias Limpas (CNTL) junto ao Serviço Nacional de Aprendizagem Industrial (SENAI) do Rio Grande do Sul, tendo a função de articular a promoção da P+L no Brasil através de capacitações, consultorias e informações tecnológicas em vários estados do Brasil. Em 1997, a Rede Brasileira de P+L foi criada, resultado da parceria entre sete organizações – CEBDS, SEBRAE (Serviço Brasileiro de Apoio às Micro e Pequenas Empresas), Banco do Nordeste, CNI (Confederação Nacional da Indústria), FINEP (Financiadora de Estudos e Projetos), PNUMA e PNUD (Programa das Nações Unidas para o Desenvolvimento). Dentre os objetivos da rede se encontravam a disseminação das práticas de P+L e reduzir ou minimizar impactos ambientais.

3. PRÁTICAS DE P+L E A SUBSCRIÇÃO DE RISCOS AMBIENTAIS

O Centro Nacional de Tecnologias Limpas do SENAI-RS[9] registra que "as práticas de P+L podem trazer benefícios ambientais e econômicos para as empresas por meio da melhora na eficiência global dos processos produtivos" considerando as seguintes medidas e contribuições:

> Eliminação dos desperdícios, minimização ou eliminação de matérias-primas e outros insumos impactantes para o meio ambiente; redução dos resíduos e emissões; redução dos custos de gerenciamento dos resíduos; minimização dos passivos ambientais; incremento na saúde e segurança no trabalho. E ainda contribui para: melhor imagem da empresa; aumento da produtividade; conscientização ambiental dos funcionários; redução de gastos com multas e outras penalidades.

Interessante notar que a Produção mais Limpa pavimenta um caminho de atuação industrial e produtiva que permite novas reflexões que vão além dos esforços para saber o que deve-se fazer com os resíduos gerados em um processo produtivo, por exemplo. A Produção mais Limpa estimula que se pense sobre os motivos que fazem os resíduos serem gerados entendendo que a geração de

---

8. KANNO, Rodrigo et al. Produção mais limpa: conceito, panorama atual no Brasil e análise de casos de sucesso. Seminário sobre tecnologias limpas, 7., 2017, Porto Alegre. Anais [...]. Porto Alegre: Seminário sobre tecnologias limpas, 2017, p. 2.
9. SENAI.RS. *Implementação de Programas de Produção mais Limpa*. Porto Alegre, Centro Nacional de Tecnologias Limpas SENAI-RS/UNIDO/INEP, 2003, p. 14.

tais resíduos pode, no limite, ser entendida como um exemplo de desperdício, inclusive sob a ótica econômica, ou seja, estaria havendo perda de dinheiro no processo produtivo.

O aspecto mais importante da Produção Mais Limpa, segundo Werner, Bacarji e Hall[10] explicam, é que a mesma requer não somente a melhoria tecnológica, mas a aplicação de know-how e a mudança de atitudes e são estes três fatores reunidos que fazem o diferencial em relação às outras técnicas ligadas a processos de produção. Werner, Bacarji e Hall[11] relatam também que diversos estudiosos entendem que a Produção Mais Limpa implementa os princípios da prevenção e da precaução, com uma nova abordagem holística e integrada para questões ambientais centradas no produto e que essa abordagem assume como pressuposto que a maioria de nossos problemas ambientais é causada pela forma e ritmo no qual produzimos e consumimos os recursos, além de considerar a necessidade da participação popular na tomada de decisões políticas e econômicas.

Vale ressaltar aqui que esta compreensão de que a Produção mais Limpa adota, intrinsecamente, os princípios da prevenção e da precaução parece estar bem alinhada com o objetivo do processo de subscrição do seguro de riscos ambientais e também com os objetivos de uma boa gestão de riscos ambientais para fins da apólice do seguro de riscos ambientais, visto que, a P+L pode ser capaz de, ao ser implementada continuamente, garantir que haverá sempre uma atenção especial para ações de prevenção de potenciais riscos ambientais.

Uma das fases de implantação da Produção mais Limpa, segundo Werner, Bacarji e Hall[12] explicam, envolve a elaboração do diagnóstico ambiental e de processos, o que aparenta indicar uma potencial contribuição para ajudar as seguradoras na análise do risco ambiental para subscrição e emissão de uma futura apólice do seguro de riscos ambientais. E que esta fase de elaboração do diagnóstico ambiental e de processos permite para as empresas que a realizam reconhecer:

1. As principais matérias-primas, auxiliares e insumos utilizados no(s) processo(s) produtivo(s), inclusive os toxicologicamente mais importantes com respectiva quantidade utilizada e custo de aquisição;

2. O volume de produtos produzidos;

---

10. WERNER, Eveline de Magalhães; BACARJI, Alencar Garcia; HALL, Rosemar José. *Produção Mais Limpa*: Conceitos e Definições Metodológicas. SEGeT – Simpósio de Excelência em Gestão e Tecnologia. [S.I.], 2009, p. 4.
11. WERNER, Eveline de Magalhães; BACARJI, Alencar Garcia; HALL, Rosemar José. *Produção Mais Limpa*: Conceitos e Definições Metodológicas. SEGeT – Simpósio de Excelência em Gestão e Tecnologia. [S.I.], 2009, p. 4.
12. WERNER, Eveline de Magalhães; BACARJI, Alencar Garcia; HALL, Rosemar José. *Produção Mais Limpa*: Conceitos e Definições Metodológicas. SEGeT – Simpósio de Excelência em Gestão e Tecnologia. [S.I.], 2009, p. 5.

3. Os principais equipamentos utilizados no(s) processo(s) produtivo(s);

4. As fontes de abastecimento e finalidades do uso de água, bem como o tipo de tratamento utilizado;

5. O consumo de energia;

6. O consumo de combustíveis;

7. Os locais de armazenamento e formas de acondicionamento de matérias-primas, insumos e produtos;

8. A conformidade ou não com a legislação ambiental;

9. Os resíduos sólidos gerados, a forma de acondicionamento, o local e tipo de armazenamento e a sua destinação final;

10. A existência ou não de emissões atmosféricas e sistemas de controle utilizados;

11. A existência ou não de efluentes líquidos e sistemas de tratamento utilizados;

12. Os custos relativos ao controle dos resíduos gerados (armazenamento, tratamento, transporte, disposição e outros) e perdas de matéria-prima e insumos.

É possível notar que diante dos resultados deste diagnóstico diversos itens nele abordados são essenciais para a subscrição do seguro de riscos ambientais e também para que a própria empresa que busca ter uma apólice faça uma boa negociação do escopo de uma apólice, visto que, o diagnóstico irá ajudar a demonstrar que a P+L ajuda na redução de exposições a riscos ambientais e, portanto, reduz os riscos de a empresa gerar eventos de poluição ambiental. A título de exemplo, informações como resíduos sólidos gerados, a forma de acondicionamento, o local e tipo de armazenamento e a sua destinação final e dados sobre a existência ou não de emissões atmosféricas e sistemas de controle utilizados são de interesse também das seguradoras que subscrevem apólices de riscos ambientais, ou seja, os resultados do diagnóstico de implementação de uma estratégia de P+L traz resultados importantes para a subscrição de riscos.

Podem ser adotadas medidas de modificação de processos e também medidas de modificação de produtos para realização de ações de produção mais limpa. Quando o foco é nos processos de produção e possíveis modificações, Pereira e Sant'Anna[13] registram que:

> Para processos de produção, a P+L resulta da combinação das seguintes atividades: conservação de matérias-primas e energia, substituição de materiais tóxicos/perigosos por outros menos prejudiciais, e redução da quantidade e/toxicidade das emissões e resíduos antes deles deixarem o local de produção.

---

13. PEREIRA, Graciane Regina; SANT'ANNA, Fernando Soares Pinto. Uma análise da produção mais limpa no Brasil. *Brazilian Journal of Environmental Sciences* (Online), Rio de Janeiro, n. 24, 2012, p. 19.

Sobre as modificações de processo, Werner, Bacarji e Hall[14] citam exemplos referenciado o Centro Nacional de Tecnologias Limpas (CNTL) que podem envolver:

Técnicas de *housekeeping*: consiste em limpezas periódicas, uso cuidadoso de matérias primas e com o processo, alterações no layout físico, ou seja, disposição mais adequada de máquinas e equipamentos que permitam reduzir os desperdícios, elaboração de manuseio para materiais e recipientes etc. O *housekeeping* permite, ainda, mudanças nas condições operacionais, ou seja, alterações nas vazões, nas temperaturas, nas pressões, nos tempos de residência e outros fatores que atendam às práticas de Prevenção de Resíduos.

Substituição de matérias-primas: consiste na identificação de materiais mais resistentes que possam vir a reduzir perdas por manuseio operacional, ou ainda, a substituição de materiais tóxicos por atóxicos e não renováveis por renováveis.

Mudanças tecnológicas: utilização de equipamentos mais eficientes do ponto de vista da otimização dos recursos utilizados, uso de controles e de automação que permitam rastrear perdas ou reduzir o risco de acidentes de trabalho, entre outras.

Interessante registrar que qualquer destas possibilidades, no momento de sua implantação, poderá ser extremamente útil para a seguradora analisar o risco tanto no momento da aceitação de uma primeira apólice do seguro de riscos ambientais como também no momento de um monitoramento ambiental ao longo da vigência de uma apólice ou ainda no momento de renovação da apólice. Assim, uma empresa que tiver um seguro de riscos ambientais e for investir em ações de Produção mais Limpa poderá, sempre que possível, informar suas intenções para a seguradora para ela possa avaliar os riscos ambientais e as possibilidades de mitigação destes riscos, inclusive com possíveis potenciais impactos positivos para os termos e condições da apólice.

A implantação de medidas de P+L mostra que tais ações podem capazes de trazer contribuições para redução do potencial poluidor das atividades empresariais e isso indica ser relevante para ajudar as empresas a obterem, por exemplo, cotações indicativas do seguro de riscos ambientais ou ainda permitir que as seguradoras façam uma reavaliação da exposição ambiental da empresa segurada após compreender a adoção de medidas de P+L por parte da empresa. Venanzi e Moris[15] citam, usando o CNTL, outras contribuições das medidas de P+L:

Muitos benefícios são advindos do programa de P+L, dentre eles pode-se mencionar: melhor conhecimento do processo industrial da empresa em análise e um melhor entendimento do

---

14. WERNER, Eveline de Magalhães; BACARJI, Alencar Garcia; HALL, Rosemar José. *Produção Mais Limpa*: Conceitos e Definições Metodológicas. SEGeT – Simpósio de Excelência em Gestão e Tecnologia. [S.I.], 2009, p. 8.

15. VENANZI, Daniele Campani; MORIS, Virgínia Aparecida da Silva. *Produção mais Limpa*: estudo sobre as empresas fabricantes de componentes automotivos localizadas na cidade de Sorocaba-SP. GEPROS. Gestão da Produção, Operações e Sistemas, Bauru, ano 8, n. 1, jan-mar/2013, p. 123.

seu processo de gerenciamento; assim como benefícios ambientais (por exemplo, minimização ou eliminação de matérias-primas e outros insumos impactantes para o meio ambiente, produtos e embalagens ambientalmente adequados, saúde e segurança no trabalho etc.); e econômicos (redução nos custos de gerenciamento de resíduos, aumento da produtividade, redução dos gastos com multas e penalidades etc.), os quais culminam em uma maior eficiência global do processo produtivo.

Quando uma medida de P+L traz benefícios como redução da toxicidade de um efluente líquido ou gasoso, interrupção na geração de determinado resíduo perigoso, dentre outras possibilidades, deve-se atentar para a função que a P+L pode desempenhar dentro dos processos de subscrição do seguro de riscos ambientais nas seguradoras que atuam com este produto de seguro no mercado brasileiro.

Uma das ferramentas usadas pelas seguradoras para subscrição de riscos é o questionário. Analisando um exemplo de modelo de questionário de subscrição de uma seguradora do mercado brasileiro é possível verificar que ele está estruturado em tópicos e solicita para a empresa que deseja obter uma cotação indicativa as seguintes informações sobre: dados do segurado, dados do corretor de seguros, locais de risco, características gerais da região, características gerais do estabelecimento, prevenção e controle, efluentes líquidos, emissões atmosféricas, resíduos sólidos, transporte, dutos, histórico de sinistros, dentre outras.

A análise do questionário de subscrição mostra que diversos temas ambientais e de gerenciamento de riscos ambientais são abordados pela ferramenta e servem para que a seguradora conheça mais detalhes sobre a operação da empresa que desejar obter uma cotação do seguro de riscos ambientais. Seria possível afirmar que o questionário pode ser aprimorado ou complementado com a inclusão, por exemplo, de novas questões abordando o tema Produção mais Limpa? Tais ações de P+L que ajudam a reduzir riscos ambientais e também a aprimorar a gestão ambiental da empresa que deseja ter uma apólice do seguro de riscos ambientais poderiam ser melhor exploradas no âmbito do rol de questões do questionário de subscrição?

Para responder tais perguntas pode ser proposta uma análise geral do conteúdo das questões do questionário de subscrição escolhido por este estudo e também uma análise de algumas questões no sentido de compreender se algumas delas já tratam da integração de conceitos de P+L e no sentido de verificar se haveria possíveis benefícios de integração dentro do questionário de novas questões sobre o tema P+L ou também de revisão de algumas questões já existentes para incluir itens a serem perguntados sobre o tema P+L.

Os primeiros resultados destas análises buscam realizar reflexões sobre quais questões que já existem no questionário possuem oportunidade de complementação com temas relacionados com a P+L para tornar o questionário uma ferramenta que possa também capturar práticas de produção mais limpa adotadas por empresas que desejam contratar o seguro de riscos ambientais. Um primeiro exemplo foca em uma questão que possui a seguinte escrita: "Existem programas de gerenciamento de resíduos, de gerenciamento de riscos e de gerenciamento / monitoramento ambiental? Descreva". Para esta questão é possível sugerir que ela seja complementada passando a possuir o seguinte texto: "Existem programas de gerenciamento de resíduos, de gerenciamento de riscos, de gerenciamento / monitoramento ambiental e/ou programas de implementação de estratégias de Produção + Limpa (P+L)? Descreva".

Desta forma, já no início do questionário o tema produção mais limpa poderia ser abordado para questionar a empresa que o responde e estimular que ela já divulgue para a seguradora dados sobre eventuais estratégias de produção mais limpa que esteja adotando. Um outro exemplo traz luz para uma questão intitulada "Produtos manipulados", onde o questionário solicita que o solicitante preencha dados com a descrição de matérias-primas, insumos, produtos e subprodutos que são usados ou manipulados nas operações da empresa. Por exemplo, poderia ser pensada a criação de uma pergunta complementar, por exemplo, com o seguinte texto: "A empresa substituiu, está substituindo ou irá substituir no próximo ano alguma matéria-prima ou insumo que usa por outro que seja ambientalmente menos poluente ou que ao ser utilizado no processo produtivo gere menos resíduos e/ou emissões, por exemplo?".

Vale destacar que as sugestões descritas foram pensadas entendendo que a seguradora receberá maior quantidade de informações de gestão ambiental da empresa que preenche o questionário e, com isso, conseguirá realizar uma análise mais ampla das práticas e poderá, por exemplo, agregar aspectos ao processo de análise do risco. Além disso assume-se também que o proponente, ao divulgar suas ações de produção mais limpa, contribui para a seguradora avaliar suas práticas ambientais como práticas avançadas e que mostram uma gestão ambiental que possui uma estratégia preventiva em relação, por exemplo, a riscos ambientais de poluição e à geração de resíduos.

- Uma outra reflexão sobre as questões do questionário de subscrição pode ser feita sobre o tópico "Prevenção e Controle" previsto no questionário analisado. Nesta questão a seguradora pergunta para a empresa se ela possui: Brigada de incêndio, Plano de Emergência, Programa de Gerenciamento de Riscos, Sistema de Gerenciamento Ambiental e Equipamentos contra incêndio. Poderia ser oportuno utilizar essa questão para realizar a inclusão de mais um questionamento para a empresa, incluindo um novo item que pode ser assim intitulado: "Projetos e aços de Produção mais Limpa (P+L)".

Um outro exemplo de reflexão envolve uma questão do questionário que trata do tema "Efluentes". Há, por exemplo, uma pergunta sobre práticas de gestão de efluentes, incluindo informações sobre autorização legal para descarga de efluentes líquidos em cursos d'água superficiais ou subterrâneos, se a empresa realiza o monitoramento da qualidade dos efluentes líquidos, quais tipos de efluentes são gerados e de que forma eles são tratados, e se há práticas de reuso, por exemplo. Neste caso, vale destacar que a pergunta sobre se há práticas de reuso já pode ser compreendida como uma abordagem de produção mais limpa e, diante destes temas abordados pela questão, seria possível sugerir um item complementar intitulado da seguinte forma: "Existem ações de produção mais limpa (P+L) sendo adotadas ou que serão adotadas no próximo ano no âmbito da gestão de efluentes líquidos gerados pela empresa?".

É importante também destacar que os projetos de produção mais limpa, ao serem comunicados por uma empresa para a seguradora por meio, por exemplo, do questionário de subscrição, terão que ser embasados em documentos, evidências, dados de visita de campo, dentre outras referências que as seguradoras poderão exigir. Isso porque eventual projeto de produção mais limpa que seja informado no início de vigência para a seguradora poderá ser, por exemplo, suspenso durante a vigência e a seguradora poderá não saber dessa informação no momento ideal.

No entanto, é preciso ter em mente que na renovação da apólice, em geral um ano depois da data de emissão, a seguradora poderá verificar as informações compartilhadas pela empresa segurada e irá se debruçar sobre a evolução das medidas de gestão ambiental na renovação, inclusive levantando informações sobre eventual iniciativa de produção mais limpa que tenha sido informada no início quando da emissão da apólice.

As reflexões anteriormente descritas foram pensadas no sentido de demonstrar as vantagens que a divulgação de informações sobre estratégias de produção mais limpa (P+L) pode propiciar tanto para a seguradora como também para a empresa que deseja contratar um seguro de riscos ambientais. Para a seguradora, algumas vantagens seriam: identificar se a empresa adota práticas modernas de gestão ambiental calcadas nos conceitos de Produção Mais Limpa (P+L); obter maiores detalhes sobre informações de gestão ambiental da empresa; identificar, por exemplo, se matérias-primas de elevado potencial poluidor estão sendo substituídas, mesmo que gradualmente, por outras menos poluentes ou mais limpas do ponto de vista ambiental; compreender quais de que forma a empresa pretende reduzir o risco ambiental potencial de suas operações por meio de medidas de produção mais limpa.

Para as empresas que desejam contratar uma apólice de seguro de riscos ambientais algumas vantagens que podem ser elencadas são: demonstrar para a seguradora a seriedade das práticas ambientais adotadas com base em conceitos sólidos da produção mais limpa; relatar suas estratégias de produção mais limpa para vislumbrar oportunidades de obter melhores termos e condições pelo seguro de riscos ambientais quando da contratação; manter a seguradora ciente de que ao longo do período de vigência da apólice a empresa adotará medidas de produção mais limpa que irão reduzir seus riscos ambientais e que isso deverá ser considerado pela seguradora quando da renovação futura da apólice contratada.

Algumas desvantagens da inclusão de perguntas sobre produção mais limpa (P+L) no questionário de subscrição podem ser citadas também, como: o questionário de subscrição ficará maior e muitos potenciais clientes podem reclamar da quantidade de questões; o aumento no número de questões poderá fazer com o que a empresa busque outras seguradoras no mercado que não perguntem tantas informações; a seguradora terá que aumentar seu tempo de análise já que novas informações serão solicitadas no questionário e isso poderá impactar o tempo de análise para elaboração de uma cotação indicativa a ser enviada para a empresa solicitante; a seguradora poderá, em tese, ter que contratar mais funcionários, visto que, mais informações serão solicitadas e o volume de dados a serem analisados irá aumentar; a seguradora terá que treinar e capacitar ou atualizar as capacitações de seus profissionais internamente, tanto dos subscritores como também dos inspetores de campo, por exemplo.

Considerando a ideia central desta análise de verificar se o processo de subscrição do seguro de riscos ambientais poderia se beneficiar dos conceitos de Produção mais Limpa (P+L), foi possível registrar alguns dos potenciais benefícios e também algumas das possíveis desvantagens. Levando em consideração também que a indústria de seguros, com destaque para as seguradoras que comercializam o seguro de riscos ambientais, utiliza dados para realizar seus trabalhos de análise de riscos e de transferência de riscos por meio de apólices de seguros, o acréscimo de informações ambientais utilizando os conceitos de produção mais limpa parece trazer benefícios para o processo de subscrição. Estes benefícios aparecem tanto para as seguradoras, como também para as próprias empresas que desejam contratar uma apólice do seguro de riscos ambientais.

Já diante das desvantagens apontadas, medidas para superá-las podem ser tomadas caso as seguradoras entendam como pertinente a relação entre o processo de subscrição e as ações de produção mais limpa. Por exemplo, o aumento do número de questões no questionário poderia ser gradual e novas questões poderiam ser incluídas aos poucos, em um intervalo de tempo que pode ser definido pela própria seguradora interessada nesta integração, para reduzir possíveis impactos negativos na prospecção de novos negócios.

Ainda neste sentido de superar as possíveis desvantagens apontadas, as seguradoras podem se juntar com especialistas em produção mais limpa no sentido de montar e oferecer treinamentos para suas equipes internas de subscritores, de sinistros, de inspeções de campo, dentre outras áreas. Estes treinamentos teriam a função de contribuir para a consolidação da importância das ações de produção mais limpa na redução de riscos ambientais, dentre os outros diversos benefícios possíveis da P+L.

Outra possibilidade de ação para superar desvantagens da inclusão de questões no questionário seria a realização de eventos como palestras ou seminários técnicos sobre o tema produção mais limpa e convidar os clientes, os potenciais clientes, os corretores de seguros, dentre outras partes interessadas das seguradoras para difundir as estratégias de produção mais limpa e para plantar as razões que levarão futuramente as seguradoras a procurarem aprofundar suas análises sobre a adoção de tais práticas pelos clientes ou pelos potenciais clientes.

Outra abordagem possível para analisar as conexões entre a subscrição de riscos ambientais e estratégias de produção mais limpa pode ser por meio da análise sobre casos práticos de implantação de tais estratégias de P+L e de seus resultados práticos nas rotinas industriais. Kanno et al[16] registram exemplos de estudos de caso de implementação de estratégias de P+L e um destes casos está descrito no quadro 1 como exemplo de reflexão sobre possíveis conexões e benefícios para o processo de subscrição.

Quadro 1 – Estudo de Caso P+L

Tópicos abordados	Detalhamentos
Contexto sobre a empresa	A XPTO automotiva é uma empresa global que produz produtos e peças automotivas. O estudo foi realizado em 2003, na substituição pioneira no Brasil do banho de cromo hexavalente para a cromagem de peças dos sistemas de freios produzidos na companhia.
Contexto sobre a estratégia de P+L	A ideia central consistia na troca do banho, economizando na disposição final do resíduo, aumentando a segurança para saúde e meio ambiente, e enquadrando-se nas mudanças globais referentes à utilização do cromo hexavalente. O custo para aquisição do novo banho com cromo trivalente seria de R$ 1.000.000.
Resultados obtidos	A troca do cromo hexavalente pelo cromo trivalente foram efetuadas visando manter-se a qualidade do produto, sendo elencado os seguintes fatos:
1	As peças tratadas com cromo trivalente sobre uma camada de zinco-cobalto mantiveram a mesma qualidade mecânica requerida.
2	Ocorreu uma alteração na tonalidade do produto final, que passou de amarela para preta, ou de amarela para "clear", que implicou em consulta prévia junto aos clientes com aprovação a posteriori.
3	Do ponto de vista ambiental, o uso de cromo trivalente em substituição ao cromo hexavalente elimina o potencial cancerígeno dos vapores dos banhos e reduz a toxicidade dos efluentes líquidos.
4	A medida resultou em economia no tratamento de efluentes de cerca de R$ 1.785,00/ mês, relativo a redução do uso de metabissulfito de sódio.

Fonte: Kanno et al (2017, p. 6)

---

16. KANNO, Rodrigo et al. *Produção mais limpa*: conceito, panorama atual no Brasil e análise de casos de sucesso. Seminário sobre tecnologias limpas, 7., 2017, Porto Alegre. Anais [...]. Porto Alegre: Seminário sobre tecnologias limpas, 2017, p. 6.

O estudo de caso ao ser concluído gerou um benefício do ponto de vista ambiental envolvendo o uso de cromo trivalente em substituição ao cromo hexavalente o que eliminou o potencial cancerígeno dos vapores dos banhos e reduziu a toxicidade dos efluentes líquidos. Estes benefícios certamente trariam impacto positivo para essa empresa caso ela tivesse uma apólice do seguro de riscos ambientais, visto que, um aspecto ambiental importante do processo (geração de efluentes líquidos) foi afetado positivamente pela medida de P+L reduzindo os riscos ambientais associados ao processo de geração de efluentes líquidos perigosos. Este tipo de iniciativa pode ser relatado no questionário de subscrição, tanto o seu planejamento inicial como seus resultados durante a implementação, além de informações dos resultados finais de sua aplicação, por exemplo, por meio de uma complementação do questionário de subscrição usado neste estudo para análise, que ficaria da seguinte forma: "Existem programas de gerenciamento de resíduos, de gerenciamento de riscos, de gerenciamento / monitoramento ambiental e/ou programas de implementação de estratégias de Produção + Limpa (P+L)? Descreva".

Como este caso de produção mais limpa trata também de uma mudança de um insumo (cromo), o questionário de subscrição também poderia ser usado para uma empresa relatar tal ação de P+L por meio da questão que trata sobre "Produtos manipulados", para preenchimento de dados com a descrição de matérias-primas, insumos, produtos e subprodutos que são usados ou manipulados nas operações da empresa. Este estudo propôs que seria possível a criação de uma pergunta complementar por exemplo, com o texto a seguir, que seria adequadamente respondida por meio dos esclarecimentos sobre o caso prático da empresa do estudo de caso apresentado: "A empresa substituiu, está substituindo ou irá substituir no próximo ano alguma matéria-prima ou insumo que usa por outro que seja ambientalmente menos poluente ou que ao ser utilizado no processo produtivo gere menos resíduos e/ou emissões, por exemplo?".

4. CONSIDERAÇÕES FINAIS

As técnicas de P+L se mostraram, pela percepção obtida com as análises e os estudos realizados, capazes de gerar benefícios ambientais em termos de redução de riscos ambientais de poluição ou contaminação ambiental na operação de empresas que adotam tais práticas. Diante disso, tais técnicas aparentam ser úteis para o universo de análise de temas ambientais usado pelas seguradoras que comercializam o seguro de riscos ambientais.

Foi possível observar que o questionário de subscrição ambiental da seguradora que foi analisado neste estudo tem em uma das questões dispostas o tema reuso de água que pode ser considerado como uma das estratégias de produção mais limpa conforme a bibliografia, e também possui bastante espaço para abordar mais o tema. Esta resultado pode ser um possível benefício que este estudo pode representar, ou seja, recomendar que as seguradoras criem perguntas em seus questionários de subscrição sobre o tema P+L, mas que elas tenham ciência das possíveis desvantagens citadas neste estudo como, por exemplo, o aumento do número de questões existentes no questionário e o impacto potencial negativo que este aumento de questões poderá, eventualmente, trazer para a competitividade da seguradora no mercado do ponto de vista comercial. Esse racional está embasado na hipótese, por exemplo, de que uma empresa que queira obter o seguro de riscos ambientais possa preferir uma outra seguradora por esta possuir um questionário menor e mais prático de se responder, por exemplo.

Tanto a P+L assim como o seguro de riscos ambientais possuem algumas características semelhantes como, por exemplo, a preocupação com a prevenção de eventos de poluição ambiental ou de contaminação ambiental de bens ambientais como solo, águas, flora e fauna. Na medida que as técnicas de P+L ajudam a reduzir riscos ambientais de poluição, ela também contribuiu para agregar informações que poderão ser usadas pelas seguradoras para analisar a gestão ambiental das empresas e mensurar as ações que são capazes de reduzir a exposição ambiental de uma operação de um ano para o outro a partir das medidas de P+L adotadas pelas empresas. Sobre essa característica de prevenção Pereira e Sant'Anna[17] afirmam:

> Uma organização quando decide adotar a P+L assume um compromisso de desenvolver uma estratégia ambiental preventiva, que visa, também, ganhos financeiros. A P+L está presente em todas as etapas produtivas, a começar pela escolha das matérias-primas e o desenho do produto, e compreende também a preocupação em minimizar desde insumos, água e energia a resíduos e emissões.

No estudo de caso apresentado, por exemplo, foi possível notar que a substituição de uma matéria-prima em um processo produtivo (cromo hexavalente substituído por cromo trivalente) permitiu que a empresa que adotou tal medida tivesse benefícios econômicos, ocupacionais e ambientais. E dentre os benefícios ambientais, um deles foi a geração de efluentes líquidos com menor toxicidade, tanto para pessoas como também para o meio ambiente. Sendo assim, esse ganho ambiental representa, para fins da análise de riscos das seguradoras, uma redução do potencial de causar danos ambientais e danos sobre terceiros que a empresa segurada representa.

---

17. PEREIRA, Graciane Regina; SANT'ANNA, Fernando Soares Pinto. Uma análise da produção mais limpa no Brasil. *Brazilian Journal of Environmental Sciences* (Online), Rio de Janeiro, n. 24, 2012, p. 19.

Essa redução do potencial pode trazer benefícios também para a empresa segurada, visto que, ao adotar e implantar tais medidas de P+L ela poderá informar para a seguradora tais implantações e solicitar que a seguradora avalie novamente o risco visando, por exemplo, aprimorar termos e condições da apólice. Os demais estudos de caso analisados também mostraram essas relações entre medidas de produção mais limpa, redução de riscos ambientais e potenciais benefícios tanto para as seguradoras quanto para as empresas que desejam ter a apólice do seguro de riscos ambientais emitida.

Uma discussão que também pode ser levada a frente envolve a possibilidade de se atualizar os questionários de subscrição ambiental das seguradoras para inclusão de perguntas técnicas sobre o tema P+L para que as empresas possam informar as ações que adotam ou que pretendem adotar no futuro para que as seguradoras possam complementar a análise do risco e entender com mais detalhes todas as medidas de gestão ambiental que as empresas adotam para reduzir e mitigar seus riscos ambientais, inclusive os riscos de causar eventos de poluição e contaminação ambiental. Porém, este estudo alerta para situações que podem representar desvantagens, em especial para as seguradoras, e também sugere algumas medidas a serem adotadas pelas seguradoras para superação destas desvantagens de alguma forma estratégica.

Uma das medidas de P+L que foi vista na revisão das fontes sobre o tema neste estudo envolve a redução na geração de resíduos e também a redução especificamente de resíduos perigosos. Pelo que foi possível analisar no escopo das coberturas do seguro de riscos ambientais, uma das coberturas que as seguradoras oferecem é a cobertura para locais de destinação de resíduos para onde uma empresa segurada envia os resíduos gerados em sua operação para que uma empresa terceirizada especializada faça o tratamento dos mesmos.

Com a implantação de medidas de P+L sabe-se que a empresa poderá, por exemplo, reduzir o volume de geração de resíduos perigosos e isso irá representar uma diminuição (em termos quantitativos) do risco ambiental de causar poluição ambiental tanto nas operações de transporte dos resíduos perigosos para seus locais de tratamento como também nos locais onde tais resíduos serão tratados. Essa redução potencial no risco ambiental de poluição poderá beneficiar a empresa detentora de uma apólice do seguro de riscos ambientais com essa cobertura contratada e as seguradoras, ao receberem essa informação, irão notar uma melhora na gestão ambiental e na exposição de riscos ambientais da apólice, visto que, uma menor quantidade de resíduos perigosos passou a ser gerada após a empresa segurada implantar medidas de P+L.

No Guia para a Produção mais Limpa – Faça Você Mesmo,[18] elaborado e publicado pela Rede de Produção Mais Limpa, pode-se verificar que, no fluxograma qualitativo global, dentre os itens citados no campo "entradas" do exemplo dado no guia existem diversos destes que são compostos por substâncias perigosas que podem representar riscos ambientais de poluição de solos e águas, por exemplo, caso ocorra algum tipo de acidente, seja ele súbito, seja ele gradual, cumulativo. Os itens dispostos no campo "entradas" são itens que as seguradoras sempre buscam analisar quando recebem um pedido de cotação indicativa de uma determinada empresa. Assim, se uma empresa possui grandes quantidades de substâncias em sua unidade industrial como solventes, produtos químicos, tintas etc. as seguradoras poderão avaliar este risco como mais gravoso e, portanto, a empresa que quer uma cotação indicativa para uma apólice do seguro de riscos ambientais poderá receber tal cotação com termos e condições mais agravados, visto que, para a seguradora poderá transparecer um maior risco ambiental quando ela compara tal empresa com outra empresa que tenha menor quantidade armazenada ou ainda que não tenha estes tipos de substâncias em sua operação.

O que pode ser refletido neste caso é que as estratégias de P+L que venham a, por exemplo, sugerir uma redução da quantidade usada de um produto como solventes ou ainda uma estratégia que venha a permitir que tal produto não precise mais ser usado, sendo eliminado do processo produtivo, são estratégias que contribuem diretamente para a redução da exposição ambiental da operação industrial para fins das análises que são feitas pelas seguradoras e, desta forma, as estratégias de P+L podem ser extremamente úteis para demonstrar para as seguradoras que os riscos ambientais foram reduzidos e que, portanto, a empresa pode obter benefícios quando da fixação dos termos e condições das apólices e também quando da definição do apetite da seguradora em termos de limite segurado.

Foi possível compreender que os potenciais benefícios que as estratégias de Produção mais Limpa representam para ajudar na prevenção de riscos ambientais são de extrema valia para análise das Seguradoras durante os processos de subscrição e de monitoramento das apólices do Seguro de Riscos Ambientais após a emissão das mesmas. A prevenção de riscos ambientais é um fator crucial para as seguradoras, na medida que ajuda a evitar a ocorrência de sinistros o que é algo buscado pelas seguradoras.

As reflexões sobre se a subscrição do seguro de riscos ambientais poderia se beneficiar dos conceitos de Produção mais Limpa (P+L) parecem concluir na

---

18. *Rede de Produção Mais Limpa.* Guia da produção mais limpa: faça você mesmo. Rio de Janeiro: CEBDS, 2003, p. 20.

direção de uma resposta positiva, e que a integração entre ambos poderá trazer ganhos tanto para empresas que desejam ter um seguro de riscos ambientais, para as próprias seguradoras e também para especialistas em produção mais limpa que atuam no mercado, visto que, poderão surgir oportunidades de assessoria técnica e de ações de capacitação para os atores deste mercado do seguro de riscos ambientais.

5. REFERÊNCIAS

BARBIERI, José Carlos. *Gestão ambiental empresarial*: conceitos, modelos e instrumentos. 4. Ed. São Paulo: Saraiva, 2016.

KANNO, Rodrigo et al. *Produção mais limpa*: conceito, panorama atual no Brasil e análise de casos de sucesso. Seminário sobre tecnologias limpas, 7., 2017, Porto Alegre. Anais [...]. Porto Alegre: Seminário sobre tecnologias limpas, 2017.

PEREIRA, Graciane Regina; SANT'ANNA, Fernando Soares Pinto. Uma análise da produção mais limpa no Brasil. *Brazilian Journal of Environmental Sciences* (Online), Rio de Janeiro, n. 24, p. 17–26, 2012.

POLIDO, Walter Antônio. Contrato de seguro: a efetividade do seguro ambiental na composição de danos que afetam direitos difusos. *Revista de Direito Ambiental*. n. 45. São Paulo: Ed. RT, jan.-mar. 2007.

REDE de Produção Mais Limpa. Guia da produção mais limpa: faça você mesmo. Rio de Janeiro: CEBDS, 2003.

SENAI.RS. *Implementação de Programas de Produção mais Limpa*. Porto Alegre, Centro Nacional de Tecnologias Limpas SENAI-RS/UNIDO/INEP, 2003.

VENANZI, Daniele Campani; MORIS, Virgínia Aparecida da Silva. Produção mais Limpa: estudo sobre as empresas fabricantes de componentes automotivos localizadas na cidade de Sorocaba-SP. GEPROS. *Gestão da Produção, Operações e Sistemas*. ano 8, n. 1, p. 119-132, Bauru, jan.-mar. 2013.

WERNER, Eveline de Magalhães; BACARJI, Alencar Garcia; HALL, Rosemar José. *Produção Mais Limpa*: Conceitos e Definições Metodológicas. SEGeT – Simpósio de Excelência em Gestão e Tecnologia. [S.I.], 2009.

VALORAÇÃO ECONÔMICA DE ATIVOS AMBIENTAIS: A LÓGICA INVERSA AO DANO ESTUDO DE CASO: METODOLOGIA APLICADA AO BIOMA MATA ATLÂNTICA

Rochana Grossi Freire

Mestre em Marketing de Serviços. Especialista em Valoração Econômica de Ativos Ambientais. Professora Titular do MBA ESG e Impact da Trevisan Escola de Negócios e Exame Academy e professora convidada da FGV Rio no curso Direito e Agenda ESG. Coordenadora de ESG da 2Tree Ambiental – Grupo Mosello Lima Advocacia. Conselheira Fiscal da Eternit SA. Fundadora da RP Management – Capacitação em Gestão de Riscos. Jornalista e Economista. E-mail: rochanagrossifreire@gmail.com.

Sumário: 1. Introdução; 1.1 Caracterização da paisagem; 1.1.1 Bioma mata atlântica – 2. Referencial teórico – 3. Metodologia – 4. Resultados e discussão – 5. Conclusões – 6. Referências.

1. INTRODUÇÃO

Os instrumentos econômicos têm por finalidade conferir resultados melhores em eficácia ambiental e eficiência econômica. Atribuir preço aos recursos ambientais, de forma a ter uso e alocação apropriados, é um dos desafios da valoração. A precificação de serviços ecossistêmicos e ambientais garantem aos ativos equivalência semelhante aos fatores de produção, como trabalho, terra e capital.[1]

Fundamentais para a preservação da vida no planeta, o capital natural, estoques renováveis, não renováveis e fluxo de benefícios está para o desenvolvimento sustentável, assim como as necessidades ilimitadas dos seres humanos estão para a escassez de recursos. Lidar com esta dicotomia entre preservação dos ecossistemas e exploração econômica predatória passou a ser um dos temas mais relevantes positivados na agenda das lideranças dos principais países signatários de acordos internacionais em sustentabilidade.

A monetarização dos recursos ambientais ainda é objeto de contradições entre os agentes do fluxo circular da renda: governos, empresas e famílias. Por serem de difícil captação de valor, os ativos ambientais e seus respectivos serviços ecossistêmicos não apresentam valor real definido no mercado financeiro. O exemplo mais desenvolvido

---

1. MOTTA, Ronaldo Seroa da. *Economia Ambiental*. Rio de Janeiro: Editora FGV, 2006.

de precificação se faz presente na monetarização de créditos de carbono no mercado voluntário para compensação de emissão de gases de efeito estufa (GEE).

Iniciativas como Redução de Emissões provenientes de Desmatamento e Degradação Florestal (REDD+) mais conservação dos estoques de carbono florestal, manejo sustentável de florestas e aumento dos estoques de carbono florestal, bem como a Política Nacional de Pagamentos por Serviços Ambientais (PNPSA) estão acelerando o uso da valoração econômica como ferramenta estratégica para a equiparação de ativos ambientais a ativos patrimoniais.

O REDD+ foi um dos principais resultados da 19ª Conferência das Partes (COP-19), ocorrida em 2013 em Varsóvia, na Polônia. Já a PNPSA foi instituída no Brasil a partir da Lei Federal 14.119 de 13 de janeiro de 2021, juntamente com o Cadastro Nacional e o Programa Federal de Pagamentos por Serviços Ambientais.

Em 2021, o Conselho Nacional do Ministério Público (CNMP), lançou o estudo "Diretrizes para Valoração de Danos Ambientais", que foi organizado pela Comissão do Meio Ambiente (CMA). O trabalho teve como objetivo reunir os métodos de valoração mais utilizados pelos ministérios públicos estaduais, de forma a consolidar e compartilhar formas de valorar danos ambientais. "A temática da valoração é um grande desafio para o cumprimento do papel do Ministério Público de lutar pela defesa ambiental. Por ser um tema interdisciplinar, e por possuir múltiplos aspectos e elementos interdependentes, foi necessário empreender esforços conjuntos, de diversas áreas técnicas e jurídicas".[2]

A publicação acima referida foi o embrião para o desenvolvimento da metodologia de valoração econômica de ativos ambientais, que está sendo aplicada pela consultoria 2Tree Ambiental e atestada por empresas do setor florestal.

1.1 Caracterização da paisagem

Para melhor compreensão do detalhamento e aplicabilidade da metodologia de valoração econômica de ativos ambientais, que apresenta como um dos diferenciais valores distintos para cada tipo de bioma e por estágios sucessionais de regeneração da vegetação, cumpre-se caracterizar brevemente a paisagem do Bioma Mata Atlântica, objeto do estudo de caso deste artigo.

1.1.1 Bioma Mata Atlântica

Considerado um dos mais ricos biomas do mundo por sua biodiversidade,[3] o bioma Mata Atlântica é formado prioritariamente por mata, que acompanha a

---

2. MOTTA, Ronaldo Seroa da. *Diretrizes para Valoração de Danos Ambientais*. CNMP, 2021.
3. Fonte: SOS Mata Atlântica

VALORAÇÃO ECONÔMICA DE ATIVOS AMBIENTAIS

costa litorânea desde o Rio Grande do Sul ao Rio Grande do Norte, passando por Espírito Santo, Rio de Janeiro, Santa Catarina e parte de Alagoas, Bahia, Goiás, Mato Grosso do Sul, Minas Gerais, Paraíba, Paraná, Pernambuco, São Paulo e Sergipe.[4]

Logo, por concentrar 80% do PIB nacional e pela extensão territorial ocupada entende-se importância do bioma devido às formações vegetais e as nascentes e mananciais serem fontes de abastecimento hídrico. Além do mais contribuem para a regulação do clima, agricultura, pesca, energia elétrica e turismo dos municípios.

Entre as fitofisionomias encontra-se a Floresta Ombrófila Densa, Aberta e Mista; Floresta Estacional Decidual e Semidecídua, Mangues e Restingas, de acordo com a Resolução CONAMA (1992) para florestas primárias e secundárias em estágios de regeneração inicial, médio e avançado. As espécies arbóreas ocupam 55% da flora do bioma e 40% das espécies não-arbóreas encontram-se somente na Mata Atlântica.

Por apresentar uma cobertura de vegetação de grande porte,[5] forma-se um microclima úmido e com sombra, favorecendo a diversidade de habitats e espécies da fauna. Segundo dados da Fundação SOS Mata Atlântica, o bioma abriga cerca de 850 espécies de aves, 370 de anfíbios, 200 de répteis, 270 de mamíferos e 350 de peixes.

2. REFERENCIAL TEÓRICO

A presente metodologia de valoração econômica dos ativos ambientais utilizou-se da lógica inversa ao conceito de dano ambiental, expresso na publicação compilada do CNMP em que "como toda degradação do meio ambiente, incluindo os aspectos naturais, culturais e artificiais que permitem e condicionam a vida, visto como bem unitário imaterial coletivo e indivisível, e dos bens ambientais e seus elementos corpóreos e incorpóreos específicos que o compõem, caracterizadora da violação do direito difuso e fundamental de todos à sadia qualidade de vida em um ambiente são e ecologicamente equilibrado".[6]

Neste sentido, entende-se que a valoração de ativos ambientais atende ao princípio do protetor-recebedor que consiste em remunerar todo e qualquer agente que de forma direta ou indireta abdicou de explorar economicamente os recursos naturais por meio da degradação do meio ambiente, preservando os benefícios coletivos gerados pela conservação da biodiversidade. "O princípio do protetor-recebedor incentiva economicamente quem protege uma área, deixando de utilizar seus recursos, estimulando assim a preservação. Sua aplicação

---

4. Fonte: Instituto Brasileiro de Florestas (IBF).
5. As copas das árvores podem chegar a 60m de altura.
6. LEITE, 2000, p. 100 in CNMP.

serve para implementar a justiça econômica, valorizando os serviços ambientais prestados generosamente por uma população ou sociedade, e remunerando economicamente essa prestação de serviços porque, se tem valor econômico, é justo que se receba por ela".[7]

De forma adversa, o princípio do poluidor-pagador trata da possibilidade iminente da ocorrência ou efetiva concretização de um dano ambiental, acarretando o ônus da prevenção ou da reparação imputados ao agente poluidor, conforme dispõe a base infraconstitucional do princípio, que consta no art. 4º, inc. VII, da Lei Federal 6.938/81, ao dispor que a Política Nacional do Meio Ambiente visará "à imposição ao poluidor e ao predador da obrigação de recuperar e/ou indenizar os danos causados".

Desta forma, acrescentou-se ao estudo outras referências normativas, como a Certificação de Serviços ecossistêmicos do Forest Stewardship Council (FSC), que consiste em padrões de manejo florestal para manutenção, conservação e restauração de serviços ecossistêmicos e valores ambientais; e a NBR ABNT ISO 14.653-6/2008, que trata do valor econômico do recurso ambiental: somatório dos valores de uso e de existência ("não uso") de um recurso ambiental.

Assim foram considerados simultaneamente para a aplicação da metodologia de valoração, quatro fundamentos a partir dos recursos florestais (flora):

(i) Fitofisionomia da flora;

(ii) Conservação dos ativos ambientais florestais;

(iii) Projeção dos estágios sucessionais de regeneração;

(iv) Serviços ecossistêmicos gerados pelos ativos.

Adicionalmente, o estudo em questão valeu-se de conceitos externados pela *The Economics of Ecosystems and Biodiversity* (TEEB), iniciativa internacional que visa "tornar visíveis os valores da natureza", através da integração entre o reconhecimento dos benefícios provindos pelos ecossistemas e pela biodiversidade e seu valor monetário. Desta forma, a TEEB objetiva contribuir com a incorporação de valores econômicos aos ativos ambientais para tomada de decisão mais assertiva.

Outra abordagem que compõe a metodologia é a classificação de funções ecossistêmicas desenvolvida pelo *Millennium Ecosystem Assessment* (MEA), programa da Organização das Nações Unidas (ONU), formado por organizações de 77 países, que entre 2001 a 2005, elaboraram uma síntese dos resultados obtidos a partir dos debates sobre as consequências negativas das mudanças nos ecossistemas. O documento publicado pelo MEA apresentava quatro categorias para as funções desempenhadas pelos serviços ecossistêmicos:

---

7. RIBEIRO, 2009, p. 125.

Aprovisionamento	Regulação	Cultural	Suporte
• Alimento • Fibra • Recursos genéticos • Bioquímicos, remédios e fármacos naturais • Recursos ornamentais • Água potável	• Regulação da qualidade do ar • Regulação do clima • Regulação da água • Regulação da erosão • Purificação da água e tratamento de resíduos • Regulação de doenças • Regulação de pestes • Polinização • Regulação de ameaças naturais	• Diversidade cultural • Valores espirituais e religiosos • Sistemas de conhecimento • Valores educacionais • Valores estéticos • Relações sociais • Sensação de pertencer um lugar • Recreação e ecoturismo	• Formação do solo • Fotossíntese • Produção primária • Ciclagem de nutrientes • Ciclagem da água Fonte: MEA 2005

Figura 1: Funções Ecossistêmicas[8]

Conforme a síntese elaborada, a forma como a sociedade se relaciona com o uso da terra resultou em mudanças nos fluxos e serviços ecossistêmicos. O ganho econômico proveniente do capital natural impactou em perdas de ecossistemas e biodiversidade, comprometendo seus benefícios naturais. Os custos destas ações ainda não são amplamente imputados aos agentes degradadores sob a forma de penalidades pelas externalidades negativas ou de reposição e recomposição dos bens naturais perdidos.

Para avaliar os custos de restauração para os biomas brasileiros, utilizou-se o referencial teórico do estudo "Custos de Restauração da Vegetação Nativa no Brasil",[9] que apresenta custos médios (R\$/ha) estimados em cenários positivos e negativos, em que se considera manejo manual e insumos para cada uma das técnicas de restauração florestal elencadas.

A pesquisa considera para situações favoráveis: pluviosidade adequada, solo fértil e sem restrições, baixa presença de pragas, proximidade ao viveiro e para condições ambientais desfavoráveis à implementação das técnicas: presença de espécies indesejáveis em abundância, veranicos, solos degradados, alta presença de formigas cortadeiras, distante do viveiro.

Utilizou-se neste caso, Bioma Mata Atlântica, a técnica de restauração do plantio total, apontada pela pesquisa como a mais usual. De acordo com a técnica, o custo de restauração em larga escala de 01 hectare corresponde a R\$ 12.024,37/ha.

---

8. MEA, 2005.
9. BENINI et al., 2016.

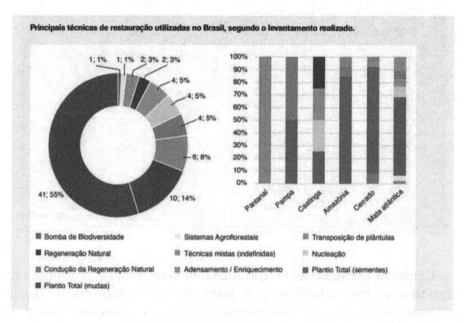

Figura 2: Técnicas de Restauração utilizadas no Brasil[10]

3. METODOLOGIA

A literatura científica sobre valoração apresenta uma série de metodologias para atribuição de valor monetário associado aos recursos ambientais, seja por meio da função de produção ou pela constituição de mercados hipotéticos de disposição a pagar (DAP) determinado valor, contemplado pela função da demanda.[11]

1. Métodos da função de produção: métodos da produtividade marginal e de mercados de bens substitutos (reposição, gastos defensivos ou custos evitados e custos de controle). "Se o recurso ambiental é um insumo ou um substituto de um bem ou serviço privado, estes métodos utilizam-se de preços de mercado deste bem ou serviço privado para estimar o valor econômico do recurso ambiental. Assim, os benefícios ou custos ambientais das variações de disponibilidade destes recursos ambientais para a sociedade podem ser estimados. Com base nos preços destes recursos privados, geralmente admitindo que não se alteram frente a estas variações, estimam-se indiretamente os valores econômicos (preços-sombra) dos recursos ambientais cuja variação de disponibilidade está sendo analisada. O benefício (ou custo) da variação da disponibilidade do recurso ambiental é dado pelo produto da quantidade variada do recurso vezes o seu valor econômico estimado".[12]

---

10. Disponível em: https://www.tnc.org.br/content/dam/tnc/nature/en/documents/brasil/restauracao-
    -da-vegetacao-nativa-no-brasil.pdf. Acesso em: 10 abr. 2022.
11. MOTTA, 1997.
12. MOTTA, 1997.

VALORAÇÃO ECONÔMICA DE ATIVOS AMBIENTAIS **41**

2. Métodos da função de demanda: métodos de mercado de bens complementares (preços hedônicos e do custo de viagem) e método da valoração contingente.

Ainda segundo Motta, "estes métodos assumem que a variação da disponibilidade do recurso ambiental altera a disposição a pagar ou aceitar dos agentes econômicos em relação àquele recurso ou seu bem privado complementar".

Métodos de Valoração			VU			VE
			VUD	VUI	VO	
Métodos Indiretos	Produtividade Marginal					
	Mercado Bens Substitutos	Custos Evitados				
		Custos de Controle				
		Custos de Reposição				
		Custos de Oportunidade				
Métodos Diretos	DAP Indireta	Custo de Viagem				
		Preços Hedônicos				
	DAP Direta	Avaliação Contingente				

(*) VU = Valor Uso; VUD = Valor Uso Direto; VUI = Valor Uso Indireto; VO = Valor Opção; VE = Valor Existência

Quadro 1: Tipos de valores captados pelos métodos de valoração*

A valoração do objeto deste estudo, *5 mil hectares de recursos florestais do bioma Mata Atlântica,* têm como base a Metodologia de Valoração Econômica Total (VET), recomendada pela NBR14653-6 de 06/2008 – Avaliação de bens – Parte 6: Recursos naturais e ambientais. A metodologia visa atribuir valores monetários estimados aos recursos ambientais de forma a tentar equipará-los àqueles aplicados ao mercado de bens e serviços.

Desta forma, estabeleceu-se a desagregação do Valor Econômico do Recurso Ambiental (VERA) ou Valor Econômico Total (VET) em Valor de Uso (VU) e Valor de Não Uso (VNU) ou Valor de Existência (VE).

$$VERA = (VUD + VUI + VO) + VE$$

Os valores de uso ainda podem contemplar o Valor de Uso Direto (VUD), quando a sociedade se beneficia diretamente do consumo de um recurso, tal como: extração e visitação. Ou ainda, o Valor de Uso Indireto (VUI), em que o bem-estar social é oriundo das funções sistêmicas, como proteção do solo e estabilidade climática em função de florestas preservadas.

Ainda na categoria valor de uso, tem-se o Valor de Opção (VO), cujos valores podem ser elegíveis em futuro próximo, entretanto sua preservação pode sofrer ameaça, a exemplo de matéria-prima encontrada em florestas tropicais para fabricação de medicamentos.

O Valor de Não-Uso (VNU), Valor Passivo ou Valor de Existência (VE), mesmo representando consumo de recursos ambientais, está dissociado do valor de uso atual ou futuro, já que representa posição moral e ética dos direitos de existência de espécies não-humanas ou preservação de outras riquezas naturais, a exemplo de espécies da fauna e áreas remotas do planeta, que não são visitadas ou não provém benefícios diretos para a sociedade.

A seguir apresenta-se o quadro 2, em que se resume os tipos de valores de uso e não-uso que compõem os atributos para atribuição de valor aos recursos ambientais.

Valor Econômico do Recurso Ambiental			
Valor de Uso			Valor de Não-Uso
Valor de Uso Direto	Valor de Uso Indireto	Valor de Opção	Valor de Existência
bens e serviços ambientais apropriados diretamente da exploração do recurso e consumidos hoje	bens e serviços ambientais que são gerados de funções ecossistêmicas e apropriados e consumidos indiretamente hoje	bens e serviços ambientais de usos diretos e indiretos a serem apropriados e consumidos no futuro	valor não associado ao uso atual ou futuro e que reflete questões morais, culturais, éticas ou altruísticas

Quadro 2: Taxonomia Geral do Valor Econômico do Recurso Ambiental[13]

Da mesma forma, verificou-se a configuração proposta por Parker (2010) de Valor Econômico Total (VET), que decompõe o Valor de Não Uso em Valor de Legado e Valor de Existência. Desta forma, encontra-se nesta classificação o serviço ecossistêmico de habitat.

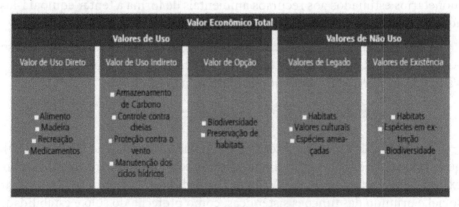

Quadro 3: Serviços Ecossistêmicos que compõem o VET[14]

---
13. Motta, 1997.
14. Parker, 2010.

O estoque de recursos naturais renováveis e não renováveis é denominado de capital natural, que resulta em um fluxo de benefícios. Os ecossistemas que caracterizam os estoques e os serviços ecossistêmicos formam os fluxos, que ativa ou passivamente geram os benefícios, ou melhor, produzem bem-estar aos indivíduos. Logo o valor do estoque de capital é dado pelo valor presente dos fluxos[15] de renda futuros gerados por ele.

Tendo em vista a confiabilidade e notoriedade das publicações científicas, utilizou-se adicionalmente o Estudo de Rudolf de Groot et al – "Global estimates of the value of ecosystems and their services in monetary units", base teórica monetária referencial para a valoração dos ativos ambientais do Bioma Mata Atlântica.

O estudo em questão, apresentou uma visão ampla do valor dos serviços ecossistêmicos de 10 biomas principais expressos em unidades monetárias. Para valoração de biomas presentes no Brasil, utilizou-se 8 dos 10 biomas que compõem o estudo. Para cada Bioma, 22 Serviços Ecossistêmicos (Ses) foram levados em consideração, seguindo a fonte TEEB – The Economics of Ecosystems and Biodiversity.[16]

Ao todo, mais de 320 publicações foram selecionadas cobrindo mais de 300 locais de estudo de caso. Aproximadamente 1.350 estimativas de valor foram codificadas e armazenadas em um Banco de dados Ecosystem Service Value (ESVD).

Uma seleção de 665 estimativas de valor foi usada para a análise. Reconhecendo as incertezas e a natureza contextual de qualquer valoração, a análise mostra que o valor total dos serviços ecossistêmicos é considerável e varia entre 490 int\$/ano para o pacote total de serviços ecossistêmicos que podem potencialmente ser fornecidos por um hectare 'médio' de áreas abertas de oceanos para quase 350.000 int\$/ano pelos serviços potenciais de um hectare 'médio' de recifes de coral.

Dado que muitas das externalidades positivas dos ecossistemas são perdidas ou fortemente reduzidas após a conversão do uso da terra, uma melhor contabilização dos bens e serviços fornecidos pelos ecossistemas é primordial para melhorar a tomada de decisão e de fato haver avanço nos processos e políticas das instituições de conservação da biodiversidade e gestão sustentável dos ecossistemas.

Na literatura científica, valores de serviços ecossistêmicos têm sido relatados em muitas métricas e moedas diferentes para tempos diferentes de períodos e níveis de preços. Os valores de serviços ecossistêmicos contidos neste estudo foram estimados atendendo padrões de valores em unidades monetárias (VEM).

---

15. Conjuntos de serviços ecossistêmicos.
16. In De Groot et Al., 2010.

Esses valores foram estimados utilizando uma variedade de abordagens, entre elas preços de mercado, métodos de preferência declarada e revelada, além de métodos e abordagens de função de produção. Desta forma, os valores foram padronizados em unidades monetárias denominadas como Dólares Internacionais por hectares/ano (Int\$/há/ano), chegando-se para um total de 17 serviços ecossistêmicos ao valor de:

$$VET\ recursos\ florestais = Int.\$/há/ano\ 4.760,86^{17}$$

Em que:

VET = Valor Econômico Total

No estudo de Groot et Al, os valores apresentados foram baseados em florestas primárias, ou seja, aquelas consideradas naturais ou intocadas pela ação humana. Para obter-se valor monetário associado aos ativos ambientais-recursos florestais do Bioma Mata Atlântica considerou-se a floresta em estágio de regeneração secundária, ou seja, já apresentando alguma intervenção humana.

Estágio Inicial	Média Aritmética
5 a 10 anos	8
Estágio Médio	
10 a 30 anos	20
Estágio Avançado	
25 a 59 anos	42

Quadro 4: Média Aritmética do Tempo de Regeneração da Floresta Ombrófila Densa

Destaca-se também, a utilização da variável "i", que corresponde aos juros compensatórios legais fixados em 1% a.m, logo 12% ao ano, a exemplo dos juros moratórios em caso de inadimplemento.

---

17. Valor referente a 2022.

$$VET = \frac{VET}{2} * \frac{(1+i)^n - 1}{i(1+i)^n} * \frac{n}{P}$$

A partir da identificação do VET (Valor econômico total), cumpre-se calcular o Valor Econômico Total Presente (VETp).

A seguir apresenta-se quadro explicativo referenciado na dissertação de mestrado de Alexandre Otto Klotz, "Valoração de danos a ecossistemas florestais naturais em perícias criminais ambientais no Estado da Bahia (2016), em que o autor delimita os estágios sucessionais de regeneração em inicial (5 a 10 anos), médio (10 a 30 anos) e avançado (25 a 59 anos), segundo a tipologia de Florestas Ombrófilas Densas.

TIPOLOGIA VEGETAL	Tempo n de regeneração Estágio Sucessional (anos)			Tempo p (anos)	Valor dos Bens/Serv Groot et Al
	Estágio Inicial	Estágio Médio	Estágio Avançado	Floresta Primária	Int. $/há/ano
Floresta Ombrófila Densa	5 a 10	10 a 30	25 a 59	60	4.760,86

Quadro 5: Tempo de Regeneração por Estágio Sucessional

Uma vez determinado o Valor Econômico Total Presente (VETp), enten-de-se que para mantê-lo preservado, alguns custos devem ser considerados. Assim sendo, adiciona-se a variável Cpb (Custo de Preservação por Bioma), resultando no Valor Econômico Total do Ativo, conforme fórmula apresentada a seguir:

$$VA = A \times (VETp + Cpb)$$

Em que:

VA = valor do ativo

A = área (ha)

VETp= Valor Econômico Total Presente e;

Cpb= Custo de Preservação por Bioma

4. RESULTADOS E DISCUSSÃO

Com o objetivo de analisar sucintamente os resultados da amostra utilizada, apresenta-se a valoração econômica dos ativos ambientais, que correspondem a 5 mil hectares do Bioma Mata Atlântica, em que foram consideradas as respectivas fitofisionomias:

BIOMA MATA ATLÂNTICA	A (ha)
1.1 Floresta Ombrófila Avançada	1500
1.2 Floresta de Pinus Inicial	2000
1.3 Floresta de Eucalipto Média	1500
TOTAL FLORA	5.000

Quadro 6: Quantitativos de Estratos Florestais por Fitofisionomia

Em que:

A= área em hectares

ATIVOS AMBIENTAIS	R$
Ativos em estágio AVANÇADO de regeneração	R$ 70.270.168,80
Ativos em estágio MÉDIO de regeneração	R$ 40.529.471,92
Ativo em estágio INICIAL de regeneração	R$ 32.027.553,44
Total Ativos Ambientais	R$ 142.827.194,16

Quadro 7: Valoração Econômica dos Ativos por Estágio Sucessional de Regeneração

Observa-se no quadro 7, os valores em R$ para cada um dos estágios sucessionais do ativo florestal, sendo que o estágio avançado resultou em aproximadamente R$ 70, 2 milhões; o estágio médio atingiu o montante de R$ 40,5 milhões e o ativo em estágio inicial alcançou R$ 32 milhões. Desta forma, o ativo ambiental de 5 mil hectares de recursos florestais está avaliado em aproximadamente R$ 142,8 milhões.

Um dos diferenciais da metodologia de valoração ora apresentada são os estágios sucessionais de regeneração. Percebe-se no quadro 7 que a vegetação em estágio avançado de regeneração, apresenta maior valor monetário do que os estágios médio e inicial, mesmo estando representada pela mesma quantidade de hectares de recursos florestais do estágio médio (= 1500 ha) e representando um valor 500 ha a menos que o estágio inicial (=2000 ha).

Figura 3: Ganhos Adicionais pelo Crescimento Biológico dos Ativos Ambientais

Sendo assim, conclui-se que os estágios sucessionais de regeneração são fatores relevantes para a valoração de ativos ambientais, agregando ganhos adicionais em valor monetário, a medida em que o ativo atinge o estágio subsequente.

Serviços Prestados pelos Ativos Ambientais por Categoria

Figura 4: Representatividade das Funções Ecossistêmicas no Bioma Mata Atlântica

Observa-se na figura 4, que 57,53% das funções ecossistêmicas do Bioma Mata Atlântica são representadas pela categoria de regulação dos serviços ecossistêmicos, seguida por 41,58% que representam a função de aprovisionamento e 0,89% estão representadas pelos serviços da categoria habitat.

RECURSOS FLORESTAIS- FLORESTA TROPICAL					Valoração por SE
N	SERVIÇOS DE PROVISÃO		1828	%	R$ 59.387.547,33
1	Alimento		200	10,94	R$ 6.497.543,47
2	Água		27	1,48	R$ 877.168,37
3	Matéria-Prima		84	4,60	R$ 2.728.968,26
4	Recursos Genéticos		13	0,71	R$ 422.340,33
5	Recursos Medicinais		1504	82,28	R$ 48.861.526,91
N	SERVIÇOS DE REGULAÇÃO		2529	%	R$ 82.168.484,80
7	Regulação da Qualidade do Ar		12	0,47%	R$ 389.886,05
8	Regulação do Clima		2044	80,82%	R$ 66.410.590,32
9	Moderação de Perturbação		66	2,61%	R$ 2.144.373,27
10	Regulação do Fluxo d'Água		342	13,52%	R$ 11.111.752,39
11	Tratamento de Esgoto		6	0,24%	R$ 194.943,02
12	Prevenção de Erosão		15	0,59%	R$ 487.357,56
13	Ciclagem de Nutrientes		3	0,12%	R$ 97.471,51
14	Polinização		30	1,19%	R$ 974.715,12
15	Controle Biológico		11	0,43%	R$ 357.395,54
N	SERVIÇOS DE HABITATS		39	%	R$ 1.271.162,02
16	Berçário		16	41,03	R$ 652.611,73
17	Diversidade Genética		23	58,97	R$ 937.960,36
Total Serviços Ecossistêmicos do Ativo					R$ 142.827.194,15

Quadro 8: Valoração Econômica do Ativo por Função e Serviço Ecossistêmico

ATIVO AMBIENTAL ESTÁGIO DE REGENERAÇÃO AVANÇADO			Valoração por SE
N	SERVIÇOS DE PROVISÃO	1828	%	R$ 29.218.336,19
1	Alimento	200	10,94	R$ 3.196.754,51
2	Água	27	1,48	R$ 431.561,86
3	Matéria-Prima	84	4,60	R$ 1.342.636,89
4	Recursos Genéticos	13	0,71	R$ 207.789,04
5	Recursos Medicinais	1504	82,28	R$ 24.039.593,89
ATIVO AMBIENTAL ESTÁGIO DE REGENERAÇÃO AVANÇADO			Valoração por SE
N	SERVIÇOS DE REGULAÇÃO	2529	%	R$ 40.426.428,11
7	Regulação da Qualidade do Ar	12	0,47%	R$ 191.821,72
8	Regulação do Clima	2044	80,82%	R$ 32.673.633,47
9	Moderação de Perturbação	66	2,61%	R$ 1.055.019,48
10	Regulação do Fluxo d'Água	342	13,52%	R$ 5.466.919,10
11	Tratamento de Esgoto	6	0,24%	R$ 95.910,86
12	Prevenção de Erosão	15	0,59%	R$ 239.777,15
13	Ciclagem de Nutrientes	3	0,12%	R$ 47.955,43
14	Polinização	30	1,19%	R$ 479.554,31
15	Controle Biológico	11	0,43%	R$ 175.836,58
ATIVO AMBIENTAL ESTÁGIO DE REGENERAÇÃO AVANÇADO			Valoração por SE
N	SERVIÇOS DE HABITATS	39	%	R$ 625.404,50
16	Berçário	16	41,03	R$ 256.576,21
17	Diversidade Genética	23	58,97	R$ 368.828,29
Total Serviços Ecossistêmicos do Ativo			R$ 70.270.168,80

Quadro 9: Valoração Econômica do Ativo por Estágio Sucessional de Regeneração *Avançado*

ATIVO AMBIENTAL ESTÁGIO DE REGENERAÇÃO MÉDIO			Valoração por SE
N	SERVIÇOS DE REGULAÇÃO	2529	%	R$ 23.316.605,20
7	Regulação da Qualidade do Ar	12	0,47%	R$ 110.636,32
8	Regulação do Clima	2044	80,82%	R$ 18.845.053,79
9	Moderação de Perturbação	66	2,61%	R$ 608.499,78
10	Regulação do Fluxo d'Água	342	13,52%	R$ 3.153.135,22
11	Tratamento de Esgoto	6	0,24%	R$ 55.318,16
12	Prevenção de Erosão	15	0,59%	R$ 138.295,40
13	Ciclagem de Nutrientes	3	0,12%	R$ 27.659,08
14	Polinização	30	1,19%	R$ 276.590,81
15	Controle Biológico	11	0,43%	R$ 101.416,63
			100,00%	R$ 23.316.605,20
ATIVO AMBIENTAL ESTÁGIO DE REGENERAÇÃO MÉDIO			Valoração por SE
N	SERVIÇOS DE HABITATS	39	%	R$ 360.712,30
16	Berçário	16	41,03%	R$ 147.984,53
17	Diversidade Genética	23	58,97%	R$ 212.727,77
			1,00	R$ 360.712,30
Total Serviços Ecossistêmicos do Ativo			R$ 40.529.471,92

Quadro 10: Valoração Econômica do Ativo por Estágio Sucessional de Regeneração *Médio*

ATIVO AMBIENTAL ESTÁGIO DE REGENERAÇÃO INICIAL			Valoração por SE	
N	SERVIÇOS DE PROVISÃO	1828	%	R$ 13.317.056,72
1	Alimento	200	10,94	R$ 1.457.008,39
2	Água	27	1,48	R$ 196.696,13
3	Matéria-Prima	84	4,60	R$ 611.943,53
4	Recursos Genéticos	13	0,71	R$ 94.705,55
5	Recursos Medicinais	1504	82,28	R$ 10.956.703,12
			100,00	R$ 13.317.056,72
ATIVO AMBIENTAL ESTÁGIO DE REGENERAÇÃO INICIAL			Valoração por SE	
N	SERVIÇOS DE REGULAÇÃO	2529	%	R$ 18.425.451,49
7	Regulação da Qualidade do Ar	12	0,47%	R$ 87.428,00
8	Regulação do Clima	2044	80,82%	R$ 14.891.903,06
9	Moderação de Perturbação	66	2,61%	R$ 480.854,01
10	Regulação do Fluxo d'Água	342	13,52%	R$ 2.491.698,07
11	Tratamento de Esgoto	6	0,24%	R$ 43.714,00
12	Prevenção de Erosão	15	0,59%	R$ 109.285,00
13	Ciclagem de Nutrientes	3	0,12%	R$ 21.857,00
14	Polinização	30	1,19%	R$ 218.570,01
15	Controle Biológico	11	0,43%	R$ 80.142,34
			100,00%	R$ 18.425.451,49
ATIVO AMBIENTAL ESTÁGIO DE REGENERAÇÃO INICIAL			Valoração por SE	
N	SERVIÇOS DE HABITATS	39	%	R$ 285.045,23
16	Berçário	16	41,03%	R$ 116.941,63
17	Diversidade Genética	23	58,97%	R$ 168.103,60
			1,00	R$ 285.045,23
Total Serviços Ecossistêmicos do Ativo				R$ 32.027.553,44

Quadro 11: Valoração Econômica do Ativo por Estágio Sucessional de Regeneração *Inicial*

5. CONCLUSÕES

Tendo em vista a amostra analisada no estudo de caso, 5 mil hectares de ativos ambientais a partir de recursos florestais, verifica-se que a valoração econômica ora apresentada é resultante de uma construção em que foi realizada ampla pesquisa entre as metodologias referenciadas na literatura científica e aquelas elencadas pelo Conselho Nacional do Ministério Público para ações judiciais de danos ambientais.

A metodologia aqui detalhada já está sendo aplicada em modelagens de Pagamentos por Serviços Ambientais (PSA) para valorar ativos ambientais e serviços ecossistêmicos em áreas de preservação de empresas do setor florestal.

Ao realizar a lógica inversa ao dano para monetizar um ativo ambiental, promove-se um ponto de encontro e reflexão entre economia e sustentabilidade. O que inicialmente parecem expressões que se opõem, uma vez aplicada a metodologia de valoração econômica, ambas passam a conviver de forma harmônica e atuam em conjunto e complementariedade, visando a conservação dos ecossistemas e a preservação da biodiversidade.

Em suma, a metodologia de valoração em questão estimou valores para 17 serviços ecossistêmicos e suas respectivas funções de provisão, regulação e habitat, a partir do recurso florestal, presente no Bioma Mata Atlântica, estimados em R$ 142,8 milhões (US$ 27, 2 milhões).

Um dos pontos fortes da metodologia desenvolvida é a possibilidade de decomposição dos valores do ativo ambiental em funções e serviços ecossistêmicos, favorecendo o desenvolvimento de modelagens de PSA para emissão de títulos verdes no mercado financeiro.

Ademais, os valores são lastreados pelo quantitativo em hectares de recursos florestais, desde a maior porção de vegetação até os benefícios gerados pelos serviços ecossistêmicos, tais como: alimento, regulação do clima, do ar e da água, polinização e ciclagem de nutrientes, entre outros.

Destaca-se também a variável adicional Cpb, Custo de Preservação por Bioma, que ao somar-se à equação, estabelece uma relação de diferenciação entre os valores agregados em cada bioma.

Esta metodologia é inédita na sua concepção e vem sendo desenvolvida há seis meses pela autora. Ainda encontra-se um longo caminho a trilhar e possivelmente está longe de esgotar-se todas as possibilidades de agregar valor aos bens ambientais, de forma a equipará-los aos fatores de produção.

Atualmente, o método está sendo validado por empresas do setor florestal que estão inovando e experimentando o pioneirismo de atribuir valor aos bens ambientais em benefício da sustentabilidade e da preservação da vida.

6. REFERÊNCIAS

ADAMS, CRISTINA et al. *Valoração Econômica do Parque Estadual Morro do Diabo*. São Paulo: Páginas e Letras – Editora e Gráfica, 2003.

ASSOCIAÇÃO BRASILEIRA DE NORMAS TÉCNICAS. NBR 14653- 6: Avaliação de Bens Parte 6: Recursos Naturais e Ambientais. Rio de Janeiro, 2008.

COSTANZA, ROBERT et al. *Modeling complex ecological economic systems*: toward an evolutionary, dynamic understanding of people and nature, 1993.

COSTANZA, R.; D'ARGE, R.; GROOT, R. de; FARBER, S.; GRASSO, M.; HANNON, B.; LIMBURG, K.; NAEEM, S.; O'NEILL, R. V.; PARUELO, J.; RASKIN, R. G.; SUTTON, P.; BELT, M. van den. The value of the world's ecosystem services and natural capital. *Nature*, 387, p. 253-260. 1997.

COSTANZA, R.; GROOT, R. de; SUTTON, P; PLOEG, S. van der; ANDRESON, S. J.; KUBISZEWSKI, I.; FARBER, S.; TURNER, R. K. Changes in The Global Value of Ecosystem Services. *Global Environmental Change*, 26, p. 152-158. 2014.

DALY, H. & FARLEY, J. *Ecological Economics*: principles and applications. 2. ed. Washington, DC: Island Press. 2010.

DUNFORD, R. W.; GINNB, T. C.; DESVOUSGES, W. D. The use of habitat equivalency analysis in natural resource damage assessments. *Ecological Economics* 48:49–70, 2004.

FREEMAN III, A. M. The *Measurement of Environment and Resources Values*. Washington: Resources for the Future, 1993.

GROOT, RUDOLF et al. *Global estimates of the value of ecosystems and their services in monetary units*, 2012.

HANLEY, N. et al. *Environmental Economics*: in Theory and Practice. Oxford University Press, 1996.

PEARCE, D.; TURNER, R.K. *Economics of Natural Resources and The Environment*. Baltimore, The John Hopkins University Press. 1992.

LIST, J. A.; PRICE, M. K. *Handbook on Experimental Economics and the Environment*. Cheltenham: Edward Elgar Publishing, 2013.

MAIA, A. G.; ROMEIRO, A. R.; REYDON, B. P. *Valoração de recursos ambientais* – metodologias e recomendações. Campinas: IE/UNICAMP, 2004.

MOTA, J. A. *O valor da natureza*: economia e política dos recursos naturais. 2. ed. Rio de Janeiro: Garamond, 2006.

MOTTA, Ronaldo Seroa da. *Economia Ambiental*. Rio de Janeiro: FGV Editora, 2006.

MOTTA, R. Seroa da. *Manual para Valoração Econômica de Recursos Ambientais*. Brasília: Ministério do Meio Ambiente, 1998.

MOTTA, Ronaldo Serôa da. *Desafios Ambientais da Economia Brasileira*. Rio de Janeiro, ago. 1997. Disponível em: http://www.plataformademocratica.org/Publicacoes/1387.pdf.

NAVRUD, S. Value transfer and environmental policy. In: TIETEMBERG, T.; FOLMER, H. (Ed.). *The International Yearbook of Environmental and Resource Economics 2004/2005*: a survey of current issues. London: Edgar Elgar Publishers, 2004.

PETER H. MAY (Org.). *Economia do Meio Ambiente*: Teoria e prática. 2. ed. Rio de Janeiro, Elsevier, 2010.

READY, R.; NAVRUD, S. *International benefit transfer*: methods and validity tests, Ecological Economics, 60(2): 429-434, 2006.

REMEDE. Resource Equivalency Methods for Assessing Environmental Damage in the EU, Sixth Framework Programme, Deliverable No. 6A: *Review Report on Resource*, Equivalence Methods and Applications, Stratus Consulting Inc., 2007.

RIBEIRO, Maurício Andrés. *O princípio protetor recebedor*. Disponível em: http://www.portaldo-meioambiente.org.br/coluna-mauricioandres-ribeiro/676-o-principio-protetor recebedor.html. Acesso em: 1º jun. 2022.

AS RELAÇÕES "PODER-DEVER" – INSTRUMENTOS PARA SOLUÇÕES DE CONFLITOS AMBIENTAIS

Eliane P. R. Poveda

Doutora em Ciências dos Recursos Naturais e Mestre em Geociências pela Universidade Estadual de Campinas. Especialista em Direito e Gestão Ambiental. Atuou como Advogada da CETESB – Agência Ambiental do Estado de São Paulo. Professora em Programas de Pós-graduação em Direito, Gestão e Perícia Ambiental. Advogada e Consultora Ambiental.

Sumário: 1. Introdução ao tema – 2. As relações poder-dever na proteção ambiental ; 2.1 Princípios da natureza pública da proteção ambiental; 2.2 Princípio do meio ambiente ecologicamente equilibrado – 3. Atuação do poder público e dos particulares – 4. Instrumentos para soluções de conflitos ambientais; 4.1 Instrumentos de gestão ambiental de conflitos; 4.2 Instrumentos de gestão contratual de conflitos – 5. Considerações finais – 6. Referências.

1. INTRODUÇÃO AO TEMA

A Constituição Federal de 1988 inova ao estabelecer um capítulo específico sobre meio ambiente, correspondente ao Capítulo VI do Título VIII (Da Ordem Social), que consiste no art. 225. A Carta Constitucional, portanto, proclama o direito ao meio ambiente ecologicamente equilibrado como direito público subjetivo, de natureza difusa.

O presente artigo apresenta a institucionalização textual de um Estado de Direito sob uma nova ordem jurídica e social, conforme preceitos contidos especialmente – e não exclusivamente – nos artigos 225 e 170, IV do diploma legal e objetiva estabelecer instrumentos nas relações *poder-dever* para soluções de conflitos ambientais existentes entre o Poder Público e a coletividade.

Isto porque, a Carta Constitucional de 1988 impôs ao Poder Público e à coletividade o dever de defender e preservar o meio ambiente para as presentes e futuras gerações, tratando-se de um direito intergeracional.

Importante salientar, que os bens ambientais não pertencem à propriedade do Poder Público. Assim, os entes estatais que compõem os três níveis da federação a saber: União, Estados, Distrito Federal e Municípios são entes políticos que possuem competência para a *proteção e preservação do meio ambiente* (natural, artificial e cultural), mas são (ou deveriam ser) tão somente *administrados* por estes no *interesse da coletividade em geral*.

Nas lições de Paulo Affonso Leme Machado:[1] "O texto emprega figuras genéricas – "Poder Público" e "coletividade" – como sendo aquelas obrigadas a preservar e defender o meio ambiente. "Poder Público" não significa só o Poder Executivo, mas abrange o Poder Legislativo e o Poder Judiciário, tanto que no art. 2º esses três Poderes constam como "Poderes da União".

Os constituintes engajaram os três Poderes da República na missão de *preservação e defesa do meio ambiente*, agindo eles com independência e harmonia recíproca.

As relações *poder-dever* do Estado abrangem os três níveis da federação com os três poderes (Legislativo, Executivo e Judiciário) com o objetivo de promover a proteção ao meio ambiente ecologicamente equilibrado que constitui direito fundamental à vida em todas as suas formas e nas relações existentes entre a Administração Pública e os interesses privados notadamente com a presença e atuação da sociedade civil.

Como vimos, a tutela do meio ambiente pelo Poder Público erigida à preceito constitucional fundamental, é irrenunciável. Constitui-se, à luz do Estado de Direito Socioambiental um verdadeiro *poder-dever* atribuído a cada um de nós e ao Estado que, caso seja descumprido ensejará responsabilização.

2. AS RELAÇÕES PODER-DEVER NA PROTEÇÃO AMBIENTAL

O poder-dever na defesa e preservação do meio ambiente para as presentes e futuras gerações é imposição constitucional ao *Poder Público* e à *coletividade*.

A aplicação dos princípios no Direito Ambiental se torna ainda mais importante por conta da enorme profusão legislativa na área, já que União, Estados, Distrito Federal e Municípios legislam a respeito com bastante intensidade.

Não existe consenso na doutrina a respeito do conteúdo, da quantidade e da terminologia dos princípios do Direito Ambiental, razão pela qual será abordado no presente estudo os princípios do direito administrativo que amparam o pleno exercício do poder de polícia administra dos entes federados nas relações *poder-dever*.

De acordo com Paulo de Bessa Antunes,[2] o princípio da gestão democrática assegura a participação dos cidadãos na elaboração das políticas públicas de meio ambiente e no acesso à informação dos órgãos administrativos de meio ambiente e do Poder Público de uma forma geral em relação à questões ambientais.

---

1. MACHADO, Paulo Affonso Leme. *Direito Ambiental Brasileiro*. 27. ed., rev., ampl., e atual. São Paulo: Malheiros, 2020. p. 165.
2. ANTUNES, Paulo de Bessa. *Política Nacional do Meio Ambiente* – PNMA: Comentários à Lei 6.938, de 31 de agosto de 1981. Rio de Janeiro: Lumen Juris, 2005, p. 20.

AS RELAÇÕES "PODER-DEVER" – INSTRUMENTOS PARA SOLUÇÕES DE CONFLITOS AMBIENTAIS

O princípio da gestão democrática é também chamado de princípio democrático ou de princípio da participação e deve ser aplicado tanto em relação aos três Poderes ou funções do Estado.

No que diz respeito ao Poder Executivo, esse princípio se manifesta por exemplo através da participação da sociedade civil nos Conselhos de Meio Ambiente e do controle social em relação a processos e procedimentos administrativos respaldados pelos princípios do direito administrativo para os estudos utilizados no licenciamento ambiental e o estudo e relatório de impacto ambiental.

No que concerne ao Poder Legislativo, esse princípio se manifesta por exemplo através de iniciativas populares, plebiscitos e referendos de caráter ambiental e da realização de audiências públicas que tenham o intuito de discutir projetos de lei relacionados ao meio ambiente.

Por fim, quanto ao Poder Judiciário, esse princípio se manifesta por exemplo através da possibilidade dos cidadãos individualmente, por meio de ação popular, e do Ministério Público, das organizações não governamentais, de sindicatos e de movimentos sociais de uma forma geral, por meio de ação civil pública ou de mandado de segurança coletivo, questionarem judicialmente as ações ou omissões do Poder Público ou de particulares que possam repercutir negativamente sobre o meio ambiente.

O ordenamento jurídico tem se aprimorado, esclarecendo instâncias específicas para maior comunicação da base administrativa (Estado) com seus administrados. Não tem outra aspiração o preceito do art. 225, ao impor ao Poder Público e à coletividade o dever de preservar e defender o meio ambiente para as presentes e futuras gerações. O desdobramento deste dever comum de preenchimento do mandamento explicitado no art. 225 pode ser vivenciado, por exemplo, nos conselhos nacionais e estaduais do meio ambiente, também com a previsão de audiência pública para tratar de decisões da administração, ou através do exercício do direito de representação e do direito à informação dos procedimentos administrativos.[3]

A Carta Magna de 1988 vem recepcionar o princípio da recuperação da área degradada ao dispor que, aquele que explorar recursos minerais fica obrigado a recuperar o meio ambiente degradado, mesmo a degradação que não seja significativa.

Vale dizer que o legislador constituinte fixou para àquele que explora recursos minerais o comando *de sempre recuperar o meio ambiente degradado,*[4] pouco importando se a atividade provoca impacto significativo ou não significativo.

---

3. DERANI, Cristiane. *Direito Ambiental Econômico*. 3. ed. São Paulo: Saraiva. 2008. p. 213.
4. O aproveitamento racional dos recursos minerais dar-se-á com a reabilitação da área degradada pela atividade minerária, observando-se o cumprimento ao disposto no art. 225, § 2º, da CF.

ELIANE P. R. POVEDA

Passamos a breve análise dos princípios fundamentais do direito administrativo que norteiam a relação *poder-dever* do Estado no sistema normativo ambiental, como também os decorrentes do sistema de direito positivo, a que a doutrina apropriadamente chama de princípios jurídicos positivados.

2.1 Princípios da natureza pública da proteção ambiental

Uma nova ordem jurídica e social é reconhecida na proteção do meio ambiente com novos valores que estão relacionados com as ações da sociedade e de suas atividades.

Este princípio mantém uma estreita vinculação com o princípio geral de Direito Público e com o *princípio da indisponibilidade do interesse público na proteção ambiental*, que figura como princípio de direito administrativo e que embasa os atos administrativos praticados pela Administração Pública, que deve a rigor, prevalecer sobre os direitos individuais privados.

O fundamento do *princípio da supremacia do interesse público* na proteção ao meio ambiente em relação aos interesses privados está fulcrado no exercício pleno do poder de polícia administrativa em perfeita articulação com o princípio da indisponibilidade do interesse público, vez que requer a gestão compartilhada com os demais órgãos para que haja a eficácia legal e aplicabilidade dos atos administrativos praticados pela Administração Pública. No entanto, se faz importante a permuta de informação entre o Poder Público com os particulares, com vistas a cumprir o princípio de forma a não exceder o seu papel de regulador de forma eficiente e racional.

2.2 Princípio do meio ambiente ecologicamente equilibrado

A especial característica do princípio é a de que o desequilíbrio ecológico não é indiferente ao Direito, pois o Direito Ambiental realiza-se somente numa sociedade equilibrada ecologicamente. Para a manutenção do equilíbrio incumbe ao Poder Público proteger a fauna e a flora, interditando as práticas que coloquem em risco sua função ecológica ou provoquem a extinção de espécies (art. 225, *caput* e seu § 1º, VII).[5]

Para a manutenção do equilíbrio incumbe ao Poder Público proteger a fauna e a flora, interditando as práticas que coloquem em risco sua função ecológica ou provoquem a extinção de espécies.

E como direito fundamental a pessoa humana este princípio é resultante dos princípios de natureza pública anteriormente mencionados fundamentados no

---

5. MACHADO, Ob. Citada. p. 64.

interesse público sobre o privado e requer a atuação do poder público visando atender as cláusulas pétreas previstas no art. 170, inc. VI e art. 225, § 1º, inc. V da Constituição Federal.

No entanto, não há meio ambiente equilibrado sem o exercício pleno do estado de direito que permeia as relações entre o Poder Público e os particulares.

Entenda-se aos particulares como à coletividade e em atividades que exploraram recursos minerais o dever de recuperar e ou reabilitar a área degradada para uso futuro

Daí a importância da incumbência imposta ao Poder Público, embasada nos princípios mencionados, vez que constituem importantes instrumentos de regulação e fiscalização (controle, comando e monitoramento) de atividades econômicas potencialmente causadoras de significativo impacto ambiental, de *interesse geral* que embasam a discricionaridade dos órgãos gestores competentes.

Os princípios decorrentes do sistema de direito positivo, a que a doutrina apropriadamente chama de princípios jurídicos positivados não serão objeto deste estudo, vez que o foco está nas obrigações impostas ao Poder Público e aos particulares na defesa e proteção do meio ambiente sadio e equilibrado com fins transgeracionais.

3. ATUAÇÃO DO PODER PÚBLICO E DOS PARTICULARES

É indiscutível que o meio ambiente constitui-se como um interesse difuso, pois os seus bens são de uso e fruição pelas presentes e futuras gerações, portanto o controle permeia os atos administrativos ambientais discricionários do Poder Executivo, mas parece-nos totalmente cabível o controle mais amplo do Poder Judiciário, pois têm como fim dirimir conflitos suscitados no combate a degradação ambiental e garantir a qualidade mínima ambiental para uma vida digna.

Discute-se no âmbito das normas de competência legislativa ambiental a Lei Geral do Licenciamento Ambiental, que não se confunde com flexibilização dos estudos ambientais necessários para o regular licenciamento das atividades econômicas.

Os estudos ambientais são fundamentais para a proteção e defesa do meio ambiente "mediante tratamento diferenciado conforme o impacto ambiental dos produtos e serviços e de seus processos de elaboração e prestação", consoante dispõe o artigo 170, VI da Constituição de 1988.

A simplificação pode ser definida como o conjunto de medidas adotadas pela Administração Pública a fim de facilitar o desempenho de suas atividades e o cumprimento de seus objetivos. Visa-se com isso diminuir formalidades e burocracias, reduzir custos e conferir celeridade ao processo, racionalizando a atividade estatal sem que se resulte em prejuízos à qualidade do controle ambiental.[6]

No âmbito do federalismo cooperativo ambiental, a Lei Complementar 140/2011 prevê, no art. 4º, instrumentos de cooperação institucional, tais como, no inciso II, "convênios, acordos de cooperação técnica e outros instrumentos similares com órgãos e entidades do Poder Público". Associado aos objetivos fundamentais no exercício da competência comum em matéria ambiental, elencados no art. 3º, esses instrumentos podem servir, por exemplo, à finalidade essencial de "harmonizar as políticas e ações administrativas para evitar a sobreposição de atuação entre os entes federativos, de forma a evitar conflitos de atribuições e garantir uma atuação administrativa eficiente" (inciso III).[7]

Referido diploma legal, no entendimento de Eduardo Fortunato Bim:[8] "não almejou alijar os entes não primariamente competentes da fiscalização ambiental (art. 17, § 3º), mas impôs uma exigência: a de que existe uma ordem a ser seguida. Em termos impositivos, é o licenciador ou o autorizador do empreendimento ou atividade que tem o dever primário de fiscalizar, ainda que a atividade não tenha sido licenciada ou autorizada. Se o empreendimento ou atividade estiver localizado dentro de unidade de conservação (UC), seu órgão gestor também tem o dever primário de fiscalizar conjuntamente com o órgão licenciador".

Normas indutoras da interação com os órgãos de defesa do meio ambiente também foram implementadas pelas agências reguladoras federais, nos termos do art. 33 da Lei 13.848/2019 e de regulação estaduais, distritais e municipais nos artigos 34 e 35.

Como vimos, a Lei Complementar 140/2011 estabeleceu a competência material ambiental, nos termos do art. 23 da Constituição Federal, com a finalidade da gestão ambiental compartilhada.

Ainda no âmbito federal a recente alteração dada ao Decreto Federal 6.514/2008 que dispõe sobre as infrações e sanções administrativas por condutas e atividades lesivas ao meio ambiente, estabelece a *conciliação e a adesão* a uma das soluções legais previstas pela administração pública federal, sendo criado o

---

6. TORRES, Marcos Abreu. *Conflito de normas ambientais na Federação*. Rio de Janeiro. Lumen Juris, 2016.

7. FARIAS, Talden. PAULA, F.R. *A Articulação de Órgãos Ambientais como mecanismo de aprimoramento regulatório*. Disponível em: https://www.conjur.com.br/2022-ago-06/articulacao-orgaos-ambientais--aprimoramento-regulatorio. Acesso em: 27 ago. 2022.

8. BIM, Eduardo Fortunato. Fiscalização ambiental à luz do princípio da subsidiariedade: contornos da competência comum. *Revista de Informação Legislativa*: RIL, v. 55, n. 217, p. 85-114, jan./mar. 2018. Disponível em: http://www12.senado.leg.br/ril/ edicoes/55/217/ril_v55_n217_p85.

Núcleo de Conciliação Ambiental:[9] "Art. 98-A. O Núcleo de Conciliação Ambiental será composto por, no mínimo, dois servidores efetivos do órgão ou da entidade da administração pública federal ambiental responsável pela lavratura do auto de infração".

A evolução legislativa merece relevo, mas não prescinde da participação ativa dos *particulares envolvidos* na regularização de suas obrigações ambientais. Daí a importância da participação ativa entre o Poder Público e os particulares com o emprego dos instrumentos para a composição e regularização objetivando a solução de conflitos para dirimir litígios de titularidade coletiva.

Destaca-se a essencial interação entre as partes – Poder Público e particulares, notadamente quanto a necessária comunicação visando a compatibilização das relações *poder-dever* na preservação e proteção do meio ambiente.

O diálogo do princípio da especialização com o da integração faz com que se reduzam as chances de incompatibilidade capazes de gerar conflitos, ajudando a prevenir os efeitos negativos oriundos de atividades de significativo impacto e que requerem conhecimentos técnicos especializados entre os órgãos legitimados (Ministério de Minas e Energia, Infraestrutura entre outros). Daí a importância da participação dos envolvidos com o titular do empreendimento submetido ao controle ambiental.

Este o entendimento consagrado por Talden e Paula[10] que evidenciam: "uma vez feita esta interlocução, o processo administrativo estará maduro tecnicamente para que o órgão ambiental, sobretudo o licenciador, possa efetuar um juízo de ponderação técnico-administrativo, o sopesamento entre o desenvolvimento econômico e social e o meio ambiente, em busca de um desenvolvimento sustentável".

Vemos refletido o compromisso do Estado com a pauta da redução de desigualdades constante do art. 170, VII, da Constituição Federal. Mais do que uma possibilidade, extraio das constituições estaduais um verdadeiro poder-dever dos governos estaduais de fomentar a atividade econômica, sendo o incentivo à construção privada de vias de escoamento de produção uma das medidas mais consentâneas com os cânones da subsidiariedade e da proporcionalidade.[11]

---

9. Decreto Federal 11.080/202 "Art. 95-A. A conciliação e a adesão a uma das soluções legais previstas na alínea "b" do inciso II do § 1º do art. 98-A serão estimuladas pela administração pública federal ambiental, de acordo com o disposto neste Decreto, com vistas a encerrar os processos administrativos federais relativos à apuração de infrações administrativas por condutas e atividades lesivas ao meio ambiente.

10. Artigo citado. Disponível em: https://www.conjur.com.br/2022-ago-06/articulacao-orgaos-ambientais-aprimoramento-regulatorio. Acesso em: 27 ago. 2022.

11. MARQUES NETO, Floriano de Azevedo. A servidão administrativa como mecanismo de fomento de empreendimentos de interesse público. *Revista de Direito Administrativo*, 2010, p. 117.

Reitere-se que a discricionaridade administrativa não deve ser compreendida e aplicada de forma equivocada (atos de abuso, ilegalidade, inércia e omissões) tampouco como instrumento da vontade pessoal do Administrador e sim como um instrumento de gestão, pois somente com a interação entre o Poder Público e os particulares no processo de regulação e fiscalização haverá o devido cumprimento da incumbência constitucional nas relações *poder-dever* com a necessária adoção de boas práticas ambientais, sociais e de governança na cadeia das atividades econômicas.

4. INSTRUMENTOS PARA SOLUÇÕES DE CONFLITOS AMBIENTAIS

O Poder Judiciário, considerando o princípio da razoável duração do processo, introduzido na Constituição Federal pela Emenda Constitucional 45/04, buscou a celeridade com o Código de Processo Civil de 2015 que criou, ampliou e manteve mecanismos destinados à diminuição da morosidade processual do Judiciário.

O desenvolvimento de instrumentos apropriados para soluções de conflitos ambientais como a *mediação* e *a arbitragem*, ambos são métodos já conhecidos e difundidos em escala significativa de utilização. Contudo, o próprio diploma legal que as instituiu não limitou as opções pela busca de soluções alternativas de conflito.

Representa um importante marco regulatório a Resolução CNJ 433, de 27 de outubro de 2021 ao estabelecer a *Política Nacional do Poder Judiciário* para a proteção dos direitos intergeracionais ao meio ambiente.

As diretrizes voltadas para a temática ambiental estabelecem: "medidas implementadoras da Política Judiciária de tratamento adequado dos conflitos de interesse, bem como no desenvolvimento de estudos e de parâmetros de atuação aplicáveis às demandas referentes a danos ambientais incidentes sobre bens difusos e de difícil valoração, tais como os incidentes sobre a fauna, flora e a poluição atmosférica, do solo, sonora ou visual, com o intuito de auxiliar a justa liquidação e eficácia".[12]

Cumpre destacar a diretriz quanto a *atuação integrada e interinstitucional*, com a premissa de compartilhar informações de inteligência e de dados estratégicos entre as instituições públicas e privadas que atuam na *tutela do meio ambiente*. Esta medida robora o entendimento da atuação integrada entre os órgãos gestores na prevenção de passivos ambientais oriundos de atividades potencialmente poluidora e predatória dos recursos naturais.

---

12. Conselho Nacional de Justiça. Resolução CNJ 433, de 27 de outubro de 2021. Disponível em: https://atos.cnj.jus.br/files/original14041920211103618296e30894e.pdf/. Acesso em: 07 dez. 2021.

AS RELAÇÕES "PODER-DEVER" – INSTRUMENTOS PARA SOLUÇÕES DE CONFLITOS AMBIENTAIS

No tocante a arbitragem ambiental, nas lições de Freitas e Colombo:[13] "A solução arbitral seria uma opção célere e eficaz de dirimir os litígios ambientais e de promover a proteção do meio ambiente, sem significar a substituição do papel do Poder Judiciário nas demandas que envolverem bem ambiental".

É de se destacar que a Lei Federal 7.345/1985 – Lei de Ação Civil Pública, permite o uso de instrumentos como a celebração de Termo de Ajustamento de Conduta – TAC e de transação penal às infrações de menor potencial ofensivo para a solução de conflitos sociais e ambientais.

É notória a valia do instrumento de gestão extrajudicial, há muito empregado pelos membros do *Parquet* Estadual e Federal para a solução de conflitos. No entanto, como o TAC constitui título executivo extrajudicial, seu não cumprimento redunda em execuções em sede de ações civis públicas que se arrastam por décadas no Poder Judiciário.

Para melhor efetividade a mediação é reconhecida na mais lídima doutrina:[14] "Diante de riscos ambientais difusos, caracterizados pela irreversibilidade e imprevisibilidade, a mediação poderia ser utilizada como ferramenta para a prevenção e resolução de conflitos socioambientais, uma vez que, ao permitir uma escuta ativa das partes envolvidas, haveria maior comprometimento destas em relação à sustentabilidade ambiental".

O direito coletivo requer ações proativas do Poder Público e dos particulares, com vistas a fomentar os instrumentos de *mediação* e *arbitragem* com os meios e métodos difundidos e amplamente empregados na busca de soluções de conflitos *ambientais*.

4.1 Instrumentos de gestão ambiental de conflitos

A alteração dada ao art. 9º, inc. XIII da Lei Federal 6.938/1981 – Política Nacional de Meio Ambiente – LPNMA, marco regulatório que constitui um divisor de águas no direito positivo para a proteção do meio ambiente sadio e equilibrado instituiu o *Seguro Ambiental*, instrumento econômico que ainda requer do Poder Público e dos particulares o emprego necessário.

Na alteração do marco regulatório[15] o *seguro ambiental* passou a ser um dos instrumentos de gestão ambiental, como ferramenta econômica na

---

13. FREITAS, Vladimir Passos de; COLOMBO, Silvana Raquel Brendler. Arbitragem ambiental, condições e limitações para sua utilização no âmbito do Direito brasileiro. *Revista de Direito Ambiental e Sociedade*, v. 7, n. 2, p. 24. 2017.
14. FREITAS, Vladimir Passos de; COLOMBO, Silvana Raquel Brendler. A mediação como método de solução de conflitos ambientais à luz da Lei 13.105/2015. *Veredas do Direito* – Direito Ambiental e Desenvolvimento. Belo Horizonte, v. 15, n. 31, p. 149. jan./abr. 2018.
15. Lei Federal 11.284/2006, que dispõe sobre a Gestão de Florestas Públicas para a produção sustentável.

proteção ambiental dos recursos naturais, não vinculando seu emprego ao licenciamento ambiental de atividades com potencial de riscos ambientais ou à saúde pública.

E não é só. Instituiu também o emprego de *garantias financeiras* e o *seguro garantia* nos certames de licitações públicas para a gestão de florestas públicas, enfatizando a produção sustentável com o emprego dos instrumentos de gestão para a mitigação de danos ambientais inclusive para particulares do setor de mineração.[16]

Na doutrina especializada sobre *Seguros Ambientais,* Walter Polido[17] desenvolve estudo aprofundado acerca do instrumento econômico com clausulados que empregam a avaliação de riscos ambientais.

O Marco Regulatório de Licitações e Contratos Administrativos instituído pela Lei Federal 14.133, de 1º de abril de 2021 se limitou a reproduzir as definições contempladas na Lei de Florestas Públicas define no art. 6º, inciso LIV: "seguro-garantia – seguro que garante o fiel cumprimento das obrigações assumidas pelo contratado" mantendo as garantias financeiras nos certames realizados pela Administração Pública em seus poderes.

O seguro garantia no país é contratado sob demanda, em razão de condições contratuais para a garantia em certames licitatórios, como foi o caso, do seguro garantia do Plano de Manejo em parceria ambiental entre o Instituto de Desenvolvimento Florestal do Estado do Pará – IDEFLOR, órgão gestor competente no estado e empresa vencedora da concorrência pública, com a finalidade precípua de compatibilizar a preservação do meio ambiente com a exploração sustentável da Floresta Pública Estadual (Segurado).[18]

As lições de Walter Polido[19] remetem às jurisdições em países desenvolvidos que empregam instrumentos de gestão ambiental e financeira com especificidades legais que roboram a prevenção de passivos conhecidos ou não em atividades de mineração: "Obrigações do licenciado significam todas as obrigações importantes presentes e futuras do Licenciado em relação aos Passivos Conhecidos e ao Passivo Desconhecido, nos termos da lei ambiental (ou) da licença".

---

16. POVEDA. Eliane Pereira Rodrigues. Mediação e arbitragem em desativação minerária. In: GALLO, Ronaldo Guimarães; POLIDO, Walter A. (Org.). *Resolução de conflitos em contratos de seguros e resseguros.* São Paulo: Thomson Reuters – Revista dos Tribunais, 2022, v. 1, p. 433-434.
17. POLIDO, Walter Antonio. *Seguros para Riscos Ambientais no Brasil.* 5. ed. rev., atual., ampl. Curitiba: Juruá, 2021. 412 p. 21 cm.
18. POVEDA, Eliane Pereira Rodrigues. Tese de Doutorado, sob a orientação Prof. Dr. Hildebrando Herrmann – Universidade Estadual de Campinas, Instituto de Geociências. *Seguro Garantia como instrumento de gestão para a mitigação de danos ambientais na mineração.* Campinas, SP.: [s.n.], 2012. ese cit. fl.107.
19. Ibidem. p. 267-269.

AS RELAÇÕES "PODER-DEVER" – INSTRUMENTOS PARA SOLUÇÕES DE CONFLITOS AMBIENTAIS

Nas relações *poder-dever* cabe também aos particulares interessados na celeridade do procedimento administrativo perante o Poder Público se valer do emprego dos referidos instrumentos de gestão com o objetivo de garantir financeiramente o cumprimento das obrigações ambientais dando maior legitimidade à solução de conflitos existentes.

A atividade da Administração não pode restringir-se ao exercício de suas prerrogativas, há necessidade de ir além, visando à efetividade de seu *poder-dever*, o qual é fundamentado no princípio da indisponibilidade do interesse público.

E para que isto ocorra, cabe ao órgão gestor dentro de sua competência legal propor procedimentos integrados com os demais órgãos fiscalizadores. Somente dentro desta premissa é que o Poder Público irá efetivamente cumprir com o *princípio da supremacia do interesse público sobre o privado* e notadamente nas atividades que envolvem a mineração este é um grande desafio a ser enfrentado.

A atividade da Administração Pública não pode restringir-se ao exercício de suas prerrogativas, há necessidade de ir além, dando efetividade ao seu *poder-dever*.

Nesse sentido, a legislação no âmbito do Estado de São Paulo sobre gerenciamento de áreas contaminadas foi inovadora, primeiro diploma legal no território nacional que dispõe sobre a proteção da qualidade do solo contra alterações nocivas por contaminação, define responsabilidades, estrutura procedimental para a identificação de áreas passíveis de contaminação e já contaminadas, bem como dá providências para a remediação dessas áreas, de forma a tornar o seu uso seguro novamente.[20]

O diploma legal, ao dispor sobre a possibilidade de o empreendedor (responsável legal) apresentar garantias financeiras (seguro garantia) ou seguro ambiental ao órgão ambiental, com vistas a garantir a execução, implantação e monitoramento do "Plano de Intervenção" para a remediação da área contaminada.

Inovou ao disciplinar a matéria com o seguro ambiental e as garantias financeiras, criando o seguro garantia ambiental para remediação de áreas contaminadas, mas não implementou os instrumentos econômicos no âmbito do procedimento administrativo, tampouco os particulares (responsáveis legais) os empregaram para adimplir suas obrigações ambientais na ausência de provisão de recursos financeiros para o monitoramente e conclusão dos estudos ambientais para o saneamento da área impactada pela contaminação.

---

20. Com a promulgação do Decreto estadual n. 59.263, de 5 de junho de 2013, que regulamenta a Lei 13.577, de 8 de julho de 2009, que dispõe sobre diretrizes e procedimentos para a proteção da qualidade do solo e gerenciamento de áreas contaminadas, e dá providências correlatas no âmbito do Estado de São Paulo. A legislação contribuiu para a Lei Federal 12.305, de 2010 regulamentada pelo Decreto 7.404, de 2010 e Resolução Conama 420, de 2009.

Importante nesse sentido, mencionar o entendimento de Antônio Herman V. Benjamin:[21] "Progresso imensamente maior foi a coletividade conquistar a posição de poder dividir com o Estado as responsabilidades ambientais. O triunfo do particular foi trazer a si parcela do exercício da função ambiental".

Neste diapasão, progresso ainda maior seria o emprego dos instrumentos econômicos pela coletividade e o Estado visando garantir o adimplemento de suas responsabilidades e, inclusive efetividade na transferência dos riscos ao mercado segurador.

E à luz deste entendimento, as relações *poder-dever* estariam sendo garantidas pelo seguro ambiental, em pleno cumprimento da função social do instrumento econômico.

4.2   Instrumentos de gestão contratual de conflitos

Como as relações que permeiam a atuação do Poder Público e particulares estão fundadas nos princípios que regem o direito administrativo, ressaltamos que há estreita conexão com os instrumentos de gestão contratual, vez que figuram como aliados aos conflitos existentes. Tanto é assim, que o mesmo diploma legal que dispõe sobre mediação e arbitragem não reduziu as opções pela busca de soluções alternativas de conflitos.

Na doutrina especializada sobre o instrumento Jerônimo Roveda[22] defende a inserção de cláusula preventiva no *Dispute Boards* na defesa e proteção ambiental: "... em contratos de empreendimentos que tenham potencial de qualquer interferência ou degradação do meio ambiente torna-se uma medida que prevenirá conflitos com significativa redução de custos... pelas características como dinâmica, técnica e cooperação, o Dispute Board auxilia no andamento da obra, armazena e produz documentos, emitindo recomendações com função preventiva de litígios".

O cumprimento das especificidades ambientais impostas no âmbito do procedimento administrativo se apresentam cada vez mais complexas e requerem estudos e técnicas especializadas de difícil solução ou reparação, quando estas são possíveis, daí a importância do Direito Ambiental atuar e regulamentar a utilização dos recursos naturais com a mitigação dos danos ambientais.

---

21. BENJAMIN. Antonio Herman V (Coord.). Função ambiental. *Dano Ambiental*: Prevenção, Reparação e Repressão, São Paulo, Ed. RT, 1993, p. 51.
22. ROVEDA. Jerônimo Pinotti. In: SILVA NETO, A.B. F. SALLA, Ricardo Medina (Coord.). Dispute Boards. Teoria, prática e provocações. *Os Dispute Boards como alternativa para a solução das complexas questões ambientais*. São Paulo: Quartier Latin, 2021. p. 282.

AS RELAÇÕES "PODER-DEVER" – INSTRUMENTOS PARA SOLUÇÕES DE CONFLITOS AMBIENTAIS

Para a concretização dos direitos constitucionalmente assegurados e que fundamentam os atos administrativos praticados pelo Poder Público[23] é fundamental a *celeridade administrativa e processual* para sua efetividade.

O Conselho Nacional de Justiça, por sua vez, instituiu medidas que consolidam a política permanente de incentivo e aperfeiçoamento dos métodos consensuais de conflitos, temos que a *mediação e arbitragem* necessitam de outros instrumentos de gestão de litígios que coadunam com a política judiciária nacional de tratamento adequado dos conflitos de interesses e roboram a viabilidade do estudo desenvolvido.

Reportando-se à análise e subscrição de riscos para a contratação de Seguros e Resseguros (Seguro Ambiental, Seguro Garantia Ambiental), Garantias Financeiras (Caução e Fiança Bancária), *Dispute Board* (cláusulas em contratos de execução de obras de engenharia civil, ambiental, florestal, outras) para o acompanhamento e monitoramento das condicionantes estabelecidas para a reparação dos danos causados (recuperação, reabilitação, remediação, revitalização, restauração, reflorestamento, recomposição) são instrumentos de gestão contratual de litígios perfeitamente exequíveis e apropriados.

A abordagem objetiva empregar os instrumentos para incentivar a aplicação de gestão contratual aos particulares, pois constituem aliados na busca de solução de conflitos ambientais envolvendo a participação proativa e cooperativa do poder público e coletividade para o cumprimento *das relações poder-dever com sustentabilidade ambiental.*

5. CONSIDERAÇÕES FINAIS

As questões abordadas não têm a pretensão de esgotar o tema, tampouco analisar de forma hermética os instrumentos de soluções de conflitos de forma isolada ante a complexidade que envolve a relação *poder-dever* na proteção e defesa do meio ambiente.

O Poder Público nos três níveis de entes federados atuam sob demanda, vez que prescindem de reposição do quadro de servidores capacitados para a análise e instrução dos processos administrativos.

O desafio é constante e progressivo para enfrentar as relações *poder-dever* ante a especialidade das questões relativas à proteção e defesa do meio ambiente, bem como dos instrumentos analisados.

Restou demonstrado que para a solução e busca dos conflitos ambientais, há que se ter um "outro olhar na tutela dos recursos naturais", bens *(in) disponíveis*

---

23. Art. 37 da CF (Legalidade, Impessoalidade, Moralidade, Publicidade e Eficiência).

regidos por políticas públicas que prescindem de dar efetividade aos instrumentos de gestão ambiental que não excluem, mas complementam as relações entre o poder público e particulares.

A *mediação e arbitragem* são instrumentos reconhecidos com entendimento doutrinário que o bem jurídico ambiental, qualificado como *uso comum do povo*, de *natureza difusa*, não exclui a possibilidade de a proteção ambiental ser submetida ao regime jurídico de Direito Privado, especialmente, quando esses litígios envolverem relações patrimoniais concernentes ao *bem jurídico ambiental*.

Diante de *riscos difusos* irreversíveis caracterizados por atividades de significativo impacto ambiental o emprego de instrumentos econômicos (seguro ambiental), financeiros (seguro-garantia), de mediação e arbitragem, *o Dispute Board* (cláusulas em contratos de execução de obras de engenharia civil, ambiental, florestal, outras) são imprescindíveis na solução de conflitos, visando garantir a relação *poder-dever* para a tutela ambiental.

6. REFERÊNCIAS

BENJAMIN, Antonio Herman V. Benjamin (Coord.). Função ambiental. Dano Ambiental: Prevenção, Reparação e Repressão, São Paulo, Ed. RT, 1993.

BIM, Eduardo Fortunato. Fiscalização ambiental à luz do princípio da subsidiariedade: contornos da competência comum. *Revista de Informação Legislativa*: RIL, v. 55, n. 217, p. 85-114, jan./mar. 2018. Disponível em: http://www12.senado.leg.br/ril/ edicoes/55/217/ril_v55_n217_p85.

BRASIL. Decreto Federal 11.080, de 24 de maio de 2022. Disponível em: http://www.planalto.gov.br/ccivil_03/_ato2019-2022/2022/decreto/D11080.htm. Acesso em: 11 set. 2022.

BRASIL. Constituição da República Federativa do Brasil. Portal da Legislação Nacional. Disponível em: http://www4.planalto.gov.br/legislacao/. Acesso em: 21 set. 2021.

BRASIL, *Novo Código de Processo Civil*-Lei 13.105/2015. Brasília. São Paulo: Saraiva 2016.

CONSELHO NACIONAL DE JUSTIÇA. Dispõe sobre a Política Judiciária Nacional de tratamento adequado dos conflitos de interesses no âmbito do Poder Judiciário e dá outras providências. Resolução 125, de 29 de novembro de 2010. Publicada no DJ 219/2010, p. 2-14 e republicada no DJ-e 39/2011, p. 2-15.

CONSELHO NACIONAL DE JUSTIÇA. Resolução 433, de 27 de outubro de 2021. Disponível em: https://atos.cnj.jus.br/files/original14041920211103618296e30894e.pdf/. Acesso em: 07 ago. 2022.

FARIAS, Talden. PAULA, F.R. *A Articulação de Órgãos Ambientais como mecanismo de aprimoramento regulatório*. Disponível em: https://www.conjur.com.br/2022-ago-06/articulacao-orgaos-ambientais-aprimoramento-regulatorio.

FREITAS, Vladimir Passos de; COLOMBO, Silvana Raquel Brendler. A mediação como método de solução de conflitos ambientais à luz da Lei 13.105/2015. *Veredas do Direito* – Direito Ambiental e Desenvolvimento. v. 15, n. 31, p. 127-153. Belo Horizonte, jan./abr. 2018.

FREITAS, Vladimir Passos de. Arbitragem ambiental, condições e limitações para sua utilização no âmbito do Direito brasileiro. *Revista de Direito Ambiental e Sociedade*, v. 7, n. 2, p. 24. 2017.

MACHADO. Paulo Affonso Leme. *Direito Aambiental Brasileiro*. 27. ed., rev., ampl., e atual. São Paulo: Malheiros, 2020.

MARQUES NETO, F. de A. M. (2010). A servidão administrativa como mecanismo de fomento de empreendimentos de interesse público. *Revista de Direito Administrativo, 254*, 109-136. https://doi.org/10.12660/rda.v254.2010.8077.

POLIDO, Walter Antonio. *Seguros para Riscos Ambientais no Brasil*. 5. ed. rev., atual., ampl. Curitiba: Juruá, 2021.

POVEDA, Eliane Pereira Rodrigues. Mediação e arbitragem em desativação minerária. In: GALLO, Ronaldo Guimarães; POLIDO, Walter A. (Org.). *Resolução de conflitos em contratos de seguros e resseguros*. São Paulo: Thomson Reuters – Revista dos Tribunais, 2022. v. 1.

POVEDA, Eliane Pereira Rodrigues. Direito ambiental: áreas contaminadas na mineração. In: PHILIPPI JR., Arlindo (Org.). *Gestão empresarial e sustentabilidade*. São Paulo: Manole, 2017. v. 1.

POVEDA, Eliane Pereira Rodrigues. *Seguro Garantia como instrumento de gestão para a mitigação de danos ambientais na mineração*. Tese de Doutorado. 233 fls. Universidade Estadual de Campinas. Campinas, São Paulo, POVEDA, 2012.

ROVEDA. Jerônimo Pinotti. In: SILVA NETO, A.B. F. SALLA, Ricardo Medina (Coord.). *Manual de dispute boards. Teoria, prática e provocações. Os Dispute Boards como alternativa para a solução das complexas questões ambientais*. São Paulo: Quartier Latin, 2021.

TORRES, Marcos Abreu. *Conflito de normas ambientais na Federação*. Rio de Janeiro. Lumen Juris, 2016.

SEGURO AMBIENTAL COMO INSTRUMENTO ECONÔMICO DE PREVENÇÃO E DE REPARAÇÃO DO DANO AMBIENTAL

Walter A. Polido

Mestre em Direitos Difusos e Coletivos pela PUC-SP. Técnico-especialista em seguros e resseguros, Consultor [www.polidoconsultoria.com.br], Árbitro em seguros e resseguros, Membro do Instituto Brasileiro de Estudos de Responsabilidade Civil – IBERC, Membro fundador do Instituto Brasileiro de Direito do Seguro – IBDS, Membro da Comissão de Direito Securitário da OAB-SP e Coordenador do Grupo de Seguros de Responsabilidade Civil, Membro do Comitê de Regulação de Seguros e Previdência da Faculdade de Direito da FGV-RJ, Sócio e professor da Conhecer Seguros [www.conhecerseguros.com.br], Coordenador Acadêmico da Especialização em Direito do Seguro e Resseguro do Instituto Brasil Portugal de Direito – IBPD, Professor universitário, Autor de livros, Parecerista.

Sumário: 1. Apresentação do tema – 2. Seguro ambiental específico – 3. Tipos de seguros ambientais – 4. Efetividade do seguro ambiental enquanto instrumento de proteção – 5. Referências.

"Para la mayoría de nosotros, es posible que sea difícil encontrar puntos de acción e intervención con respecto al planeta y a nosotros mismos."[1]

1. APRESENTAÇÃO DO TEMA

Os países desenvolvidos têm estudado os fatores ESG (Environmental – Social – Governance) no setor de seguros, especialmente no tocante aos procedimentos aplicáveis à subscrição de riscos. Ainda em 2009, a United Nations Environmental Programme Finance Initiative (UNEP FI),[2] da ONU, indicou que "o fator ESG faz parte de um espectro completo de riscos e oportunidades, e parte da subscrição e desenvolvimento de produtos prudentes, responsáveis e sustentáveis".[3] Essa perspectiva foi projetada de maneira considerável na União Europeia desde então, sendo que no Brasil, com passos mais lentos, o mercado de seguros ensaiou os "Princípios

---

1. TODD, John. Un orden Económico Ecológico. *In*: LOVELOCK, J. BATESON, G. MARGULIS, L. ATLAN, H. VARELA, F. MATURANA, H. y otros. Gaia. *Implicaciones de la nueva biología*. Barcelona: Kairós, 1989, p. 139.
2. Programa das Nações Unidas para o Meio Ambiente, PNUMA (no Brasil).
3. The global state of sustainable insurance. Understanding and integrating environmental, social and governance factors in insurance. Switzerland: UNEP FI, 2009, p. 65. [a report by the Insurance Working Group of UNEP FI]

para a Sustentabilidade em Seguros", por volta da Conferência Rio+20 da ONU,[4] mas a eficácia das prováveis medidas não se mostrou significativa, sequer marcante. Mais recentemente, a Superintendência de Seguros Privados expediu a Circular Susep 666, de 27 de junho de 2022, dispondo sobre os requisitos de sustentabilidade que devem ser observados pelas empresas reguladas.[5] Dentre eles, destaca-se a obrigatoriedade do estabelecimento de limites para a concentração de riscos e/ou restrições para a realização de negócios que considerem a exposição de setores econômicos, regiões geográficas, produtos ou serviços a riscos de sustentabilidade. Além disso, as reguladas devem incorporar em suas metodologias quantitativas de mensuração de riscos, projeções a respeito, inclusive de longo prazo, que levem em conta os eventos associados aos riscos de sustentabilidade. A partir do momento no qual as seguradoras passaram a ser obrigadas a considerar nos seus respectivos procedimentos de subscrição de riscos, fatores de sustentabilidade, o campo de ação delas se tornou mais estreito diante do consequente *fenômeno da horizontalização* da obrigação normativa citada. Em resumo, ou as seguradoras exigem de seus clientes-segurados proteções adequadas dos riscos em face do ESG ou elas devem precificar a omissão\lacuna existente. Essa dinâmica traduz uma espécie de processo de *internalização* (no custo dos prêmios de seguros diversos), das *externalidades* negativas representadas pela não observância do ESG pelos diferentes segurados. O fator ESG não fazia parte expressiva da política de subscrição das seguradoras que operam no mercado de seguros nacional, mesmo em relação àquelas de origem estrangeira, com raras exceções pontuais. A partir da Circular Susep 666/2022, o procedimento deve mudar, até porque a norma é mandatória e atinge, até mesmo, o corpo de administração das seguradoras em face dos princípios de governança sustentável. As medidas deixaram de ser meramente discricionárias para as seguradoras e seus dirigentes, tornando-se compulsórias.

Nos EUA, conforme a indicação feita por Caldeira, Sekula e Schabib, no tocante ao incremento da compra de ações de empresas limpas, não pode ser desprezado que sob o olhar da subscrição de riscos para fins de seguros, aquelas empresas preocupadas efetivamente com o meio ambiente são por consequência as mais seguras ou oferecem

---

4. Lançados na Conferência das Nações Unidas sobre Desenvolvimento Sustentável (Rio+20), em 2012, os PSI são a principal referência para o mercado segurador traduzir os conceitos de sustentabilidade para o negócio de seguros. Os PSI foram desenvolvidos em um processo de pesquisa e consulta global ocorrido entre 2006 a 2011 pela Iniciativa Financeira do Programa das Nações Unidas para o Meio Ambiente (UNEP FI), envolvendo mais de 500 líderes do mercado de seguros, governos, órgãos reguladores, organizações não governamentais e associações setoriais, entre outras partes interessadas. A CNSeg se tornou instituição fundadora e apoiadora dos Princípios para Sustentabilidade em Seguros da Iniciativa Financeira do Programa das Nações Unidas para o Meio Ambiente (UNEP FI) em junho de 2012, comprometendo-se a demonstrar publicamente o apoio aos propósitos de sustentabilidade em seguros e a realizar pelo menos uma atividade por ano para fomentar a adoção e implementação dos PSI, realizando pesquisas, treinamento, eventos e tradução de materiais, entre outras atividades. In: Programa Educação em Seguros – Sustentabilidade em Seguros – Tendências – Desafios e Oportunidades. Rio de Janeiro: CNSeg, 2018.
5. Sociedades Seguradoras, Entidades Abertas de Previdência Complementar (EAPCs), Sociedades de Capitalização e Resseguradores Locais.

menor exposição de riscos aos seguradores e resseguradores: "especialistas na análise de riscos, os administradores das carteiras de investimentos das seguradoras não demoraram para listar aqueles empreendimentos com riscos diretamente relacionados com a transição para a economia limpa".[6] A perspectiva de retorno de longo prazo, constitui fator de observação preponderante para os investidores. No Brasil, a Fundação Getúlio Vargas, administradora do Índice de Sustentabilidade Empresarial – ISE,[7] para a B3,[8] determina fatores relacionados ao Meio Ambiente – Social – Governança e, no tocante especificamente ao seguro ambiental, tem se apresentado há alguns anos como o único mecanismo medidor de sustentabilidade que leva em conta o fato de a empresa ter contratado ou não seguro garantindo riscos ambientais, inclusive com a graduação conforme o tipo de cobertura avençada: *poluição súbita* ou *poluição gradual*. A não previsão da compulsoriedade da contratação do seguro ambiental que vige no Brasil, acertadamente, convém destacar, aliada ao fato de que não tem sido exigido também entre parceiros comerciais a comprovação da contratação deste tipo de garantia, faz com que o referido seguro se desenvolva de forma mais lenta no mercado de seguros nacional, invariavelmente.

---

6. CALDEIRA, Jorge. SEKULA, Julia Marisa. SCHAB1.IB, Luana. *Brasil paraíso restaurável*. Rio de Janeiro: Estação Brasil, 2020, p. 183.

7. O ISE é uma ferramenta para a análise comparativa da *performance* das empresas listadas na B3 (fusão da Bovespa e da Bolsa de Mercadorias de São Paulo – BMSP, substituiu a BM&FBovespa) sob o aspecto da sustentabilidade corporativa, baseada em eficiência econômica, equilíbrio ambiental, justiça social e governança corporativa. Também amplia o entendimento sobre empresas e grupos comprometidos com a sustentabilidade, diferenciando-os em termos de qualidade, nível de compromisso com o desenvolvimento sustentável, equidade, transparência e prestação de contas, natureza do produto, além do desempenho empresarial nas dimensões econômico-financeira, social, ambiental e de mudanças climáticas. O ISE é um verdadeiro *benchmark* dos investimentos sustentáveis no mercado nacional. O Questionário ISE B3, versão 2022, modificou a forma em relação aos anteriores, mas o conteúdo sobre o seguro ambiental enquanto fator de observação e pontuação, praticamente permaneceu intocável se comparado às versões imediatamente anteriores. Podem ser destacados os seguintes itens: A 528 – a) Poluição súbita e acidental – Possui seguro ambiental com cobertura de perdas e danos corporais causados a terceiros; – Possui seguro ambiental com cobertura de danos materiais causados a terceiros; – Possui seguro ambiental com cobertura de custos de limpeza e contenção; – Possui seguro ambiental com cobertura de lucros cessantes do segurado; – Não possui seguro; – A 534 – b) Poluição gradual – as mesmas perguntas do item A 528. Justificando o item relativo ao seguro ambiental, o Questionário ISE B3, 2022, repetiu o texto que já era encontrado nas versões anteriores: (P) O seguro ambiental é uma importante ferramenta para o gerenciamento dos riscos socioambientais, uma vez que garante recursos financeiros para a mitigação ou compensação de processos de degradação, incluindo o pagamento de indenizações. Oferece ainda o benefício adicional de reforçar a necessidade de procedimentos que levem ao conhecimento e controle das operações e dos processos que podem provocar danos. Há diferentes tipos de apólices com variadas coberturas, mas a questão busca identificar (i) as companhias que possuem cobertura parcial, isto é, que dispõem de apólices que cubram danos materiais e corporais reclamados por terceiros, originados em eventos súbitos, mas que excluam a cobertura para remediação do próprio local afetado, e podem também excluir "danos ecológicos" de titularidade difusa; e (ii) companhias que possuem seguros com cobertura ampla, que abrangem os itens da cobertura parcial mais os eventos de natureza gradual ou paulatina, assim como a remediação do próprio local afetado. A alternativa "não se aplica" só poderá ser assinalada quando não existir no mercado apólice de seguro que permita a cobertura de aspecto ambiental significativo da companhia.

8. B3 – Bolsa do Brasil, cuja sigla atual se originou da fusão entre a Bovespa e a Bolsa de Mercadorias de São Paulo – BMSP, substituindo a BM&FBovespa.

O contrato de seguro ambiental, na condição de *instrumento econômico*, conforme o disposto no art. 9º, inciso XIII, da Lei 6. 938, de 31 de agosto de 1981, tem se mostrado eficaz, mas essa ferramenta é ainda pouco utilizada nas transações empresariais cotidianas, de todas as vertentes. A horizontalização entre paritários, portanto, ainda não conheceu o seu ponto máximo e sequer de equilíbrio, restando um longo e promissor caminho a ser percorrido e finalmente alcançado por seguradoras interessadas na oferta deste tipo de produto.

Este texto, cujo escopo se concentra na apresentação do seguro ambiental e nos seus principais elementos formadores de coberturas e aplicações, ao final, pelo método dedutivo, demonstrará a eficácia do instrumento.

2. SEGURO AMBIENTAL ESPECÍFICO

Desde a sua criação como ramo autônomo nos anos de 1980, seguida da evolução com maior representatividade nos EUA, o *"Environmental Imparment Libility"* – EIL[9] se desenvolveu também em outros mercados, incluindo o brasileiro a partir de 1994. O modelo de seguro até então conhecido e comercializado, representado pela garantia do risco de "poluição acidental e súbita", no âmbito da apólice tradicional do seguro de responsabilidade civil demonstrou, por várias razões, a sua completa ineficácia. O risco ambiental e sua dimensão multifacetária não conseguiram permanecer contidos na apólice de seguro clássica de responsabilidade civil e desbordaram. As molduras estreitas não só da apólice de responsabilidade civil, como também do próprio instituto jurídico da responsabilidade civil, o qual, apesar de seu espectro que envolve as mais diversas situações, não resiste à abrangência muito maior e complexa do direito ambiental. Os americanos perceberam antes de todos os outros mercados essa situação fática, mesmo porque as Cortes de Justiça se mostraram impiedosas com as seguradoras, apesar de as condições contratuais das apólices de seguros de responsabilidade civil – *garantindo poluição súbita*, apresentarem vários elementos limitadores: *cláusula de horas (para o fato ambiental acontecer, ser descoberto e debelado); exclusão do risco de acontecimentos de origem paulatina ou gradual; conceito para danos materiais voltado para propriedades tangíveis; entre outros.* As limitações não resistiram às decisões das Cortes de Justiça dos EUA e impulsionaram, de forma mandatória, as mais diversas mudanças nos paradigmas até então observados. Foram estabelecidos, sob a condição e subscrição de ramo autônomo *(stand alone)*, os seguintes e principais pontos: supressão da cláusula de horas; garantia indistinta para os riscos de poluição súbita e gradual; apólice *claims made* com dois gatilhos *(triggers)* disparadores do mecanismo indenizatório – reclamações de terceiros e primeira descoberta/manifestação do sinistro; garantia para danos ecológicos puros (danos ambientais de natureza difusa),

---

9. A nomenclatura pode diferenciar, mas guarda correspondência nas garantias oferecidas: *Premises Pollution Liability Insurance Policy* – PPL; *Pollution Legal Liability* – PLL; *Pollution Remediation & Legal Liability* – PRLL; *Site Pollution Liability* – SPL.

mais a responsabilidade civil perante terceiros e, ainda, a garantia para as despesas com a limpeza/remediação *(clean-up costs)* dos próprios locais controlados pelo segurado da apólice e inclusive os lucros cessantes pela paralização; despesas com a defesa do segurado; constituição de caução garantidora da indenização. Este modelo de apólice específico para os riscos ambientais é também comercializado no mercado de seguros brasileiro, repise-se, desde o ano de 1994.

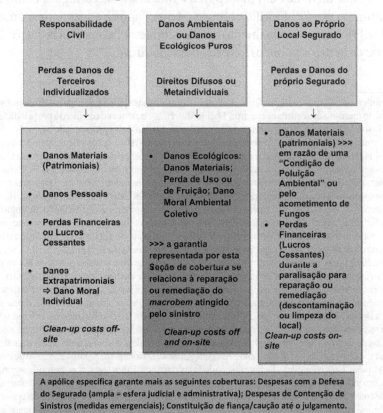

Fonte: POLIDO, Walter Antonio. *Seguros para Riscos Ambientais no Brasil*. 5. ed. Curitiba: Juruá, 2021, p. 93.

No Quadro a seguir, evidencia-se o fato de que uma *apólice tradicional de seguro de responsabilidade civil* não consegue contemplar o leque necessário de coberturas para a garantia efetiva do risco ambiental, com base nos contornos técnicos e jurídicos que lastreiam este modelo de seguro e voltado, basicamente, à garantia de perdas e danos provocados pelo segurado a terceiras pessoas perfeitamente identificáveis. Em razão desta premissa elementar, a garantia efetiva do risco ambiental deve ser buscada e ofertada através de um *contrato de seguro específico*, mais precisamente o Seguro de Riscos Ambientais, conforme o programa de coberturas indicado *supra*. Não há paliativo para essa determinação. A garantia da parcela de danos materiais[10] da apólice tradicional de responsabilidade civil, atrelada ao conceito de *bens tangíveis*,[11] por si só já demonstra a dificuldade de acolher os danos de natureza difusa,[12] assim como são enquadrados os danos ambientais e que atingem o *macrobem*, sem titularidade individualizada e sim um bem de todos,[13] pertencente às presentes e futuras gerações, numa espécie de terceiro gênero, nem público e nem privado. Na preleção precisa de Morato Leite e Ayala "visualiza-se o meio ambiente como um *macrobem*, que além de bem incorpóreo e imaterial[14] se configura como bem de uso comum do povo".[15] Fiorillo colmata o tema: "após o advento da Constituição Federal de 1988, nosso ordenamento jurídico comtempla a existência de três distintas categorias de bens: os públicos, os privados e os difusos".[16]

---

10. Definição de "Danos Materiais" usualmente encontrada nas apólices de seguros de responsabilidade civil no mercado de seguros brasileiro: "Danos Materiais – qualquer dano físico à propriedade tangível, inclusive todas as perdas financeiras relacionadas com o uso dessa propriedade".

11. O termo poderia ser substituído por "coisa", embora bem tangível e coisa guardem alguma relação. "Tangível – 1 que se pode tanger, tocar; sensível, tocável. 2 que se percebe pelo tato; corpóreo, palpável", conforme *Dicionário Houaiss da língua portuguesa*. 1. reimp. Rio de Janeiro: Objetiva, 2004, p. 2.667. "*Coisa (Dir. Civ.) Objeto material, do mundo exterior, a que se pode atribuir determinado valor e que é suscetível de direitos. O mesmo que bem material*", conforme NÁUFEL, José. Novo Dicionário Jurídico Brasileiro. 10. ed. Rio de Janeiro: Forense, 2002, p. 245. O mercado de seguros nacional, ao determinar o termo "bem tangível", buscou "materializar" o conceito em relação ao bem segurado, certamente inapropriado contemporaneamente, uma vez que nem toda coisa é corpórea, mas pode também ser objeto de direito de propriedade, assim como o direito do autor, conforme se depreende da lição de PRATA, Ana. *Dicionário Jurídico*. 5. ed. Coimbra: Almedina, 2013, v. I, p. 297. No *Dicionário de Seguros*, 3. ed. Rio de Janeiro: Funenseg, 2011, p. 80, o termo Dano Material, apresenta a seguinte definição: "13. Toda alteração de um bem corpóreo que reduza ou anule seu valor econômico, como, por exemplo, deterioração, estrago, inutilização, destruição, extravio, furto ou roubo do mesmo". DEL FIORI, Alexandre. *Dicionário de Seguros*. São Paulo: Lisbon, 2022, p. 182, repete a definição para Danos Materiais, como sendo "Toda alteração de um bem tangível ou corpóreo que reduza ou anule seu valor econômico, como, por exemplo, deterioração, estrago, inutilização, destruição, extravio, furto ou roubo do mesmo". Antes dos "novos" dicionários, o mercado de seguros nacional já determinava conceito limitado ao termo "coisa", assim como SANTOS, Amilcar. *Dicionário de Seguros*. 2. ed. Rio de Janeiro: IRB, 1944, p. 35: "Coisas (Seg de) – Denominação dada, na classificação dos seguros, ao grupo de seguros que tem por fim indenizar o segurado da perda material sofrida, em virtude de danos havidos em objetos ou bens, nitidamente definidos ou determinados". O *dano ambiental* não pode permanecer atrelado a esses conceitos de índole patrimonialista e reducionista, se se pretender, de fato, oferecer a garantia adequada e completa ao *interesse segurável* contido no risco de poluição ambiental. Por essa razão, a apólice clássica do seguro de responsabilidade civil não é a mais apropriada, uma vez que se filia aos conceitos aqui reproduzidos.

12. "Dir-se-ia que, enquanto o interesse geral ou público concerne primordialmente ao *cidadão*, ao *Estado*, ao *direito*, os interesses difusos se reportam ao *homem*, à *nação*, à percepção do *justo*", conforme MANCUSO, Rodolfo de Camargo. *Interesses difusos*. 9. ed. São Paulo: Thomson Reuters Brasil, 2019, p. 96.

13. Conforme o *caput* do art. 225, da CF.

14. Conforme o art. 3º, I, da Lei 6.938/1981: "I – meio ambiente, o *conjunto de condições*, leis, influências e *interações* de ordem física, química e biológica, que permite, abriga e rege a vida *em todas as suas formas*".

15. LEITE, José Rubens Morato. AYALA, Patryck de Araújo. *Dano Ambiental*. 8. ed. Rio de Janeiro: Forense, 2020, p. 66.

16. FIORILLO, Celso Antonio Pacheco. *Curso de Direito Ambiental Brasileiro*. 6. ed. São Paulo: Saraiva, 2005, p. 65.

Coberturas de Riscos Ambientais e a Remediação dos Danos
Seguro Ambiental específico e Outros Seguros

COBERTURAS	Seguro Ambiental	Seguro de Responsabilidade Civil	Seguro de Propriedades	D&O
Eventos Acidentais e Súbitos	X	X		
Eventos Graduais, Paulatinos	X			
Despesas de Remediação e Limpeza dos Prédios e Instalações do Próprio Segurado (*)	X		X	
Despesas de Remediação e Limpeza de Locais de Terceiros	X	X		
Danos Ambientais ou Ecológicos	X			
Danos à Propriedade do Segurado e de Terceiros	X			
Despesas com a Defesa do Segurado	X	X		X
Locais de Descarte de Resíduos Próprios e de Terceiros (**)	X			
Perdas Financeiras do Próprio Segurado (**)	X			
Transportes de Mercadorias	X	X		
Apólice *Claims Made* + Primeira Manifestação e(ou) Descoberta	X			
Imprescritibilidade do dano (***)	X			

(*) Parcela de risco, cuja cobertura ainda não é usual no mercado de seguros brasileiro nos Seguros de Propriedades. A não garantia dessa parcela de risco na apólice de seguro de propriedades[17] deixa o segurado em exposição acentuada em face do risco ambiental, sendo que essa lacuna pode ser suprida através da contratação do seguro específico de risco ambiental. De igual sorte, os eventuais lucros cessantes decorrentes do dano ambiental e em função da paralisação da empresa até a completa limpeza do local, também não estão garantidos pela apólice do seguro de propriedades, sendo igualmente acobertável no seguro ambiental específico.
(**) Parcela(s) de risco(s) que pode(m) estar sujeita(s) ao regime de "coberturas adicionais" no mercado de seguros brasileiro, conforme a política de subscrição de cada Seguradora.]

(***) No dia 24 de junho de 2020, o Supremo Tribunal Federal (STF) publicou o acórdão referente ao RE 654.833 (originado do REsp 1.120.117-Acre) através do qual, com repercussão geral, ficou consolidada a tese de que "é imprescritível a pretensão de reparação civil de dano ambiental". Na sequência deste tema, o Superior Tribunal de Justiça (STJ), editou a Súmula 613, com o seguinte teor: "Não se admite a aplicação da teoria do fato consumado em tema de Direito Ambiental". O acórdão paradigma ressaltou: "inexiste direito adquirido a poluir ou degradar o meio ambiente. O tempo é incapaz de curar ilegalidades ambientais de natureza permanente, pois parte dos sujeitos tutelados – as gerações futuras – carece de voz e de representantes que falem ou se omitam em seu nome" [REsp 948921-SP, 2ªTurma, Min. Rel. Herman Benjamin, j. 23.10.2007].

Fonte: POLIDO, Walter A. Seguros de riscos ambientais no Brasil: particularidades. In: GOLDBERG, Ilan. JUNQUEIRA, Thiago (Coord.). *Temas Atuais de Direito dos Seguros*. São Paulo: Thomson Reuters Brasil, 2020, t. II, p. 586.

O modelo americano de apólice específica para a garantia de riscos ambientais inspirou também os países membros da UE, a partir da edição da Diretiva

---

17. As condições contratuais dos seguros de propriedades, por exemplo as de Riscos Operacionais (grandes riscos), usualmente determinam a seguinte exclusão taxativa: "6.1.20. Contaminação ou vazamento em função dos serviços e dos bens garantidos pela apólice, mesmo os consequentes dos riscos cobertos". | Outro texto: "3.1.15. Poluição ambiental de qualquer natureza, acidental ou não, de origem súbita ou paulatina, atingindo as propriedades seguradas, terceiros ou interesses difusos, ainda que consequente dos riscos cobertos por este contrato de seguro".

2004/35/CE do Parlamento Europeu e do Conselho, de 21 de abril, a qual indicou, para os Estados-Membros, que eles deveriam incentivar a adoção, por parte dos operadores, de mecanismos de *garantia financeira* de *livre escolha*, assim representadas por caução bancária, provisão de fundo próprio ou *seguro ambiental*. Cada Estado-Membro pode determinar a obrigatoriedade ou não da apresentação da referida garantia financeira.[18]-[19] Na preleção de Cristina Seia, "as garantias financeiras pretendem assegurar que, numa situação de dano ambiental ou ameaça iminente do mesmo, os operadores venham a ter capacidade financeira para suportar os custos das medidas de prevenção e de reparação que tiverem de ser adoptadas, e que estas o venham a ser, mesmo se aqueles se tornarem insolventes".[20] Este tema passa por verdadeira arquitetura financeira e de modo a estabelecer uma mescla dos diferentes instrumentos garantidores em face dos interesses dos empreendedores e sob o viés da economia de custos, assim como também indicou Rios e Salgueiro.[21] Este procedimento ainda não é objeto de discussão acentuada no Brasil, mas deveria ser promovido também com a participação das instituições bancárias, tal como ocorreu na UE por volta da edição da referida Diretiva.

A mesma norma comunitária, já citada, acabou incentivando o surgimento de um outro instrumento garantidor e que foi chamado de "fundo ambiental". Com vistas na possível insolvência do operador, este tipo de fundo pode propiciar a remediação. O fundo é alimentado com o valor de até 1% de qualquer garantia financeira adotada, além de outras fontes como o produto de multas. Na Espanha, o fundo especial sobre os seguros ambientais contratados tem como escopo garantir, também, o fato de a seguradora detentora da apólice por longo período se encontrar insolvente em sobrevindo sinistro sob a responsabilidade dela. O "Consórcio de Compensação de Seguros", conforme o disposto no art. 33 da Ley 26/2007 da Espanha, estabeleceu mais de uma situação compreendida pela garantia que o referido instrumento oferece: (a) prolongar a cobertura das apólices originais para aquelas reclamações de sinistros ocorridos durante a vigência delas e que se manifestaram ou foram reclamados posteriormente, já transcorrido o prazo terminal dos contratos de seguros; e (b) na hipótese de as seguradoras terem sido extintas ou se tornado insolventes ou sujeitas à liquidação em face dos segurados que contrataram seguros ambientais com elas. Todas essas possibilidades, que na

---

18. Ver o "Considerando 27" da Diretiva 2004/35/CE, assim como o disposto no artigo 14º do mesmo instrumento comunitário.
19. Na Espanha, por exemplo, a Ley 26/2007, de 23 de outubro *(Responsabilidad Medioambiental)*, internalizando o regramento geral da Diretiva 2004/35/CE no ordenamento nacional, *determinou a obrigatoriedade* da apresentação de uma das garantias financeira aos operadores, conforme o art. 24.
20. SEIA, Cristina Aragão. *A responsabilidade ambiental na União Europeia.* Coimbra: Almedina, 2022, p. 363.
21. RIOS, Paula. SALGUEIRO, Ana. A responsabilidade ambiental e as garantias financeiras: o regime português e o exemplo espanhol para outros mercados. *Gerência de riscos e seguros.* n. 113, versão brasileira, 2ª parte, Madrid: Fundación Mapfre, 2012, p. 22-30.

SEGURO AMBIENTAL COMO PREVENÇÃO E REPARAÇÃO DO DANO AMBIENTAL

prática estão voltadas para a garantia de proteção ao meio ambiente e para a efetiva promoção da remediação, uma vez ocorrido o dano ambiental, não passam pela questão dos "danos órfãos", ou seja, as poluições já existentes e sem a identificação precisa dos seus causadores originais. Nesses casos, cabe ao Estado a promoção da restauração/remediação e, subsidiariamente, à coletividade.

Em sede de direito ambiental, os europeus adotaram determinados instrumentos legislativos e impulsionados pela Diretiva 2004/35/CE, que não encontram o mesmo tratamento no ordenamento jurídico brasileiro, assim como a possibilidade de ocorrer a elisão da responsabilidade dos operadores em razão de danos por atividades desenvolvidas autorizadas[22]-[23] e pelo risco de desenvolvimento[24]

---

22. No Brasil, "como já exposto, a responsabilidade pelo dano ambiental é objetiva, de sorte que não se indaga da licitude da atividade. Consequentemente, a existência de licenciamento ambiental e observância dos limites de emissão de poluentes, bem como de outras autorizações administrativas, não terão o condão de excluir a responsabilidade pela reparação", conforme STEIGLEDER, Annelise Monteiro. *Responsabilidade civil ambiental*. 3. ed. Porto Alegre: Livraria do Advogado, 2017, p. 180.

23. "O Código Civil brasileiro, no parágrafo único do seu art. 927, não prevê expressamente a exclusão de responsabilidade daquele que desenvolve atividades perigosas", In: GABURRI, Fernando. *Responsabilidade civil nas atividades perigosas lícitas*. Curitiba: Juruá, 2011, p. 250.

24. Conforme Calixto, "os riscos, desconhecidos pela ciência, são, com maior razão, desconhecidos pelo consumidor, mas a proteção de sua pessoa, de sua integridade psicofísica, deve prevalecer sobre a proteção econômica dispensada aos fornecedores", in: CALIXTO, Marcelo Junqueira. *A responsabilidade civil do fornecedor de produtos pelos riscos do desenvolvimento*. Rio de Janeiro: Renovar, 2004, p. 245. Na seara ambiental, ainda que o *princípio da precaução* se fundamente na equação "in dubio pro natura", de modo a coibir que determinados riscos sejam perpetrados pelas atividades econômicas, no que pertine à *prevenção de riscos (obrigações de fazer e de não fazer em face dos riscos comprovados)*, admitindo determinadas operações, não há dúvida de que a teoria contida no risco de desenvolvimento não serve para elidir eventual responsabilidade do empreendedor. As ciências têm maior facilidade para lidar com as chamadas incertezas científicas, mas o "Direito, diferentemente, encontra sua função no controle social, na generalização congruente de expectativas normativas, e, desta forma, na solução de conflitos sob uma racionalidade normativa enclausurada (ex.: Princípios Constitucionais, normas infraconstitucionais, institutos dogmáticos etc.)", conforme a preleção de CARVALHO, Délton Winter de. *Gestão jurídica ambiental*. 2. ed. São Paulo: Thomson Reuters Brasil, 2020, p. 285. Na fixação de padrões para o funcionamento das mais variadas atividades econômicas, a legislação se vale do conhecimento existente e as exigências são calcadas na "melhor tecnologia prática disponível", "que procura controlar os padrões de emissão e sua redução, a partir de soluções tecnológicas que resultem na redução das emissões e que sejam, ao mesmo tempo, factíveis para as fontes poluidoras", conforme NUSDEO, Ana Maria de Oliveira. *Direito Ambiental & Economia*. Curitiba: Juruá, 2018, p. 99. Essa prática, contudo, não pode garantir que a responsabilidade civil do poluidor estará elidida no futuro, mesmo porque a Constituição Federal consagrou o direito intergeracional, inalienável. Não sem razão, o fato de o contrato de seguro ambiental específico garantir as responsabilidades decorrentes da alteração da legislação ambiental durante a vigência das apólices, entre outras particularidades. Neste campo, exsurge também a questão do *dano ambiental futuro*, assim como a *responsabilidade civil sem dano*, cujas situações são conexas, movidas pelo desenvolvimento tecnológico, assim como em função da utilização da nanotecnologia no ambiente industrial. "É a primeira vez que se prescreve um direito para quem ainda não existe: as futuras gerações", pontualmente acentuado por DERANI, Cristiane. *Direito ambiental econômico*. 3. ed. São Paulo: Saraiva, 2008, p. 257, em face da norma geral preconizada pelo art. 225, da Constituição Federal.

(conforme o "Considerando 20" e art. 8º, 4, "a" da Diretiva);[25] verificação da culpa do operador (cf. art. 3º, 1, "b"); elisão da responsabilidade do operador em razão de caso fortuito ou força maior (art. 4º, 1, "b");[26] prescrição de 5 anos (cf. art. 10º).[27] A Lei brasileira 6.938/1981, assim como a jurisprudência dos tribunais nacionais, não acolhem essas limitações típicas do instituto da responsabilidade civil clássica e com viés patrimonialista oitocentista e liberal, sendo que elas foram permitidas pela referida Diretiva europeia, apesar de que nem todas elas foram acolhidas pelos respectivos Estados-Membros, notadamente por aqueles que já possuíam legislação muito mais rígida em sede ambiental. Não se discute a eficácia da aplicação dos respectivos ordenamentos jurídicos europeus em sobrevindo sinistros ambientais, mesmo quando eles apresentam condições menos favoráveis ao meio ambiente, se comparados ao ordenamento brasileiro que na letra da lei se mostra muito mais rígido. A efetividade da aplicação do ordenamento nacional – *mais amplo*, todavia, não segue o mesmo padrão encontrado na Europa e nos EUA, apesar dos avanços alcançados nas últimas décadas. A execução das

---

25. Cristina Seia destaca que "alguns Estados-Membros aceitaram ambas as exclusões (Portugal, Bélgica – regiões, Croácia, Chipre, República Checa, Grécia, Itália, Malta, Roménia, Eslováquia e Espanha), outros não aceitaram nenhuma delas (Áustria, Alemanha, Irlanda, Bélgica – a nível federal, Bulgária, Hungria, Roménia, Eslovénia e Polónia). Por seu turno, a Lituânia, a Finlândia e a Dinamarca aceitaram a exclusão apenas em caso de actividade autorizada, e a França apenas acolheu a exclusão justificada pelo estado da Ciência. Os restantes Estados optaram por regimes mitigados", conforme BERGKAMP, L. BERGEIJK, A. Exeptions and Defences, em Bergkamp, L. e Goldsmith, B. J. (Ed.). The EU Environmental Liability Directive. A commentary. Oxford, Oxford University Press, 2013, p. 93; MILIEU CONSULTING, Support for the REFIT actions for the ELD – Phase 1. Anex II – Task 2 – Common Understanding Document, Brussels, December, 2017, p. 40. Apud SEIA, Cristina Aragão. A Responsabilidade Ambiental na União Europeia. Coimbra: Almedina, 2022, p. 381.

26. Conforme a lição de Marcelo Abelha: "a regra da responsabilidade civil objetiva é calcada na teoria do risco, mas obviamente que deve permitir excludentes de responsabilidades tais como caso fortuito e força maior, *não se admitindo em matéria ambiental a alegação de risco do desenvolvimento*", in: RODRIGUES, Marcelo Abelha. *Elementos de direito ambiental*. 2. ed. São Paulo: Ed. RT, 2005, p. 293. A doutrina nacional não acolhe essa posição de forma unânime, sendo que tem prevalecido o entendimento da não aplicação dos excludentes de responsabilidade em sede ambiental, mormente o *caso fortuito e força maior*, cujas figuras também já deixaram de protagonizar no Código de Defesa do Consumidor (Lei 8.078, de 11 de setembro de 1990). Na lição de Milaré: "com a teoria do risco integral, o poluidor, na perspectiva de uma sociedade solidarista, contribui – nem sempre de maneira voluntária – para com a reparação do dano ambiental, ainda que presentes *quaisquer das clássicas excludentes da responsabilidade* ou cláusula de não indenizar" (...) "Segundo esse sistema, só haverá exoneração de responsabilidade quando: a) o dano não existir; b) o dano não guardar relação de causalidade com a atividade da qual emergiu o risco", in: MILARÉ, Édis. *Direito do ambiente*. 3. ed. São Paulo: Ed. RT, 2004, p. 764. Saliba assevera que "noutro giro verbal, em se tratando de responsabilidade civil ambiental por ação, não se aplicam as excludentes de força maior, caso fortuito e culpa da vítima (seja exclusiva ou concorrente), forte no comando constitucional contido no art. 225 da Lei Maior". In: SALIBA, Alexandre Berzosa. *Do poluidor indireto*. Limites da responsabilidade civil e a proteção do meio ambiente. Rio de Janeiro: Lumen Juris, 2022, p. 104.

27. No dia 24 de junho de 2020, o Supremo Tribunal Federal (STF) publicou o acórdão referente ao RE 654.833 (originado do REsp 1.120.117-Acre), julgado em 20 de abril de 2020, através do qual, com repercussão geral, ficou consolidada a tese de que "é imprescritível a pretensão de reparação civil de dano ambiental".

políticas públicas de preservação e a fiscalização das operações, deixam muito a desejar, sendo que a partir de 2019 o Governo praticamente "desmontou" o sistema estatal, com largo prejuízo ao meio ambiente e à sociedade brasileira em geral. Um meticuloso projeto de reconstrução do aparato que foi desmontado, oneroso pela extensão das necessidades, deverá ser reativado, sendo que o saldo negativo e nefasto representado pelas internalidades e externalidades das perdas contabilizadas no período, jamais poderá ser desconsiderado, sequer integralmente saneado. De ser destacado o fato de a Constituição Federal, em face dos preceitos relativos aos deveres de proteção ecológica que o diploma magno determina, quer em razão da omissão, quer em razão das práticas desconformes e, portanto, antijurídicas das autoridades governamentais, *autorizar a responsabilização por danos ao meio ambiente*. A administração pública deve obedecer à lei. Na preleção de Canotilho: "Estado de direito do ambiente quer dizer indispensabilidade das regras e princípios do estado de direito para se enfrentarem os desafios imposto pelos desafios da sustentabilidade ambiental".[28] Para enfatizar, destacando a importância de a sociedade brasileira poder contar com um Judiciário isento e atuante, Sarlet e Fensterseifer postulam: "que o Poder Judiciário no Brasil cada vez mais, mas sempre de modo responsável equilibrado (portanto, pautado entre outros, pelos critérios da proporcionalidade e razoabilidade), o seu dever constitucional de tutela ecológica ou mesmo de uma participação na assim chamada *governança judicial ecológica*".[29] Guerra e Guerra finalizam, afirmando que: "o Estado é, portanto, responsável por omissão quando deixa de cumprir um determinado dispositivo legal ou quando se omite no exercício de suas atividades regulares, decorrente do exercício do seu poder de polícia ambiental".[30]

No tocante ao protagonismo do Poder Judiciário nas questões ambientais no Brasil, destaca-se a edição da Resolução 433, de 27 de outubro de 2021, do Conselho Nacional de Justiça (CNJ), a qual instituiu as diretrizes da Política Nacional do Poder Judiciário para o Meio Ambiente, voltada para a atuação estratégica dos órgãos do sistema de Justiça visando a proteção dos direitos intergeracionais ao meio ambiente. Dentre as diretrizes emanadas pelo referido instrumento normativo, especial atenção sobre o artigo 14, o qual preconiza o seguinte: "na condenação do dano ambiental, o(a) magistrado(a) deverá considerar, entre outros parâmetros, o impacto desse dano na mudança climática global, os danos difusos a povos e comunidades atingidos e o efeito dissuasório às externalidades ambientais causadas pela atividade poluidora". Nada de novo sob a ótica do ordenamento ambiental nacional, mas enfatiza, consolidando, o olhar *metaindividual* presente na legislação em face

---

28. CANOTILHO, José Joaquim Gomes. *Estado de Direito*. Lisboa: Gradiva, 1999, p. 44.
29. SARLET, Ingo Wolfgang. FENSTERSEIFER, Tiago. *Direito Constitucional ecológico*. 6. ed. São Paulo: Thomson Reuters Brasil, 2019, p. 558.
30. GUERRA, Sidney. GUERRA, Sérgio. *Curso de Direito Ambiental*. 2. ed. São Paulo: Atlas, 2014, p. 257.

da responsabilização do agente poluidor. Ao *efeito dissuasório* atribuível à indenização por dano ambiental, apesar de o disposto no art. 944 do Código Civil poder representar limitação ou mesmo a censura da pretensão, a *indenização punitiva* é perfeitamente acolhida pelo ordenamento nacional, ainda que teleologicamente. Neste sentido, asseverou com retidão Ana Badia, ao indicar que "a norma do art. 944, parágrafo único, do CCB não significa que não se possa aplicar uma indenização punitiva: ela é uma 'mitigação' do Princípio da Reparação Integral, o que traduz o fato que a indenização pode ser reduzida em certas situações e apenas isso".[31] As exposições de riscos às quais os empreendedores nacionais estão expostos em face do ordenamento jurídico vigente é representativa e o contrato de seguro ambiental, inquestionavelmente, pode produzir efeito garantidor, protetivo e mitigatório, de modo a preservar a *indenidade* empresarial, uma vez sobrevindo o sinistro. Em outros termos, a este tipo de seguro pode ser atribuída a condição de "necessidade social", ressaltados os interesses coletivos metaindividuais da sociedade pós-moderna, sabidamente uma sociedade de risco e hedonista, a qual não abre mão do conforto produzido pelos diferentes produtos industrializados. Sandel resume, numa linguagem franca e sem meias palavras, o cenário atual: "Assim foi que os dirigentes acabaram adotando, no caso da poluição, uma solução mais acomodada em relação ao mercado: a permuta de direitos de emissão".[32] E também Bauman: "os conceitos de responsabilidade e escolha responsável, que antes residiam no campo semântico do dever ético e da preocupação moral pelo Outro, transferiram-se ou foram levados para o reino da autorrealização e do cálculo de riscos".[33]

Qualquer empreendimento empresarial está sujeito a provocar danos ambientais. Para a garantia dessa exposição,[34] há a possibilidade de ser contratado *seguro específico para riscos ambientais*, com coberturas amplas, também no Brasil.

3. TIPOS DE SEGUROS AMBIENTAIS

Da apólice EIL criada nos EUA e voltada aos riscos industriais, surgiram vários outros modelos, cada qual vocacionado para a garantia de determinada atividade de forma mais específica. Os tipos de seguros mais utilizados pelos mercados estão assim definidos:

---

31. BADIA, Ana Lúcia Seifriz. *Danos extrapatrimoniais coletivos e indenização punitiva*. Curitiba: Juruá, 2022, p. 223.
32. SANDEL, Michael J. *O que o dinheiro não compra*. Os limites morais do mercado. Rio de Janeiro: Civilização Brasileira, 2012, p. 75.
33. BAUMAN, Zygmunt. *Vida para Consumo*. A transformação da pessoa em mercadoria. Rio de Janeiro: Jorge Zahar Ed., 2008, p. 119.
34. POLIDO, Walter A. Contrato de Seguro: a efetividade do seguro ambiental na composição de danos que afetam direitos difusos. *Revista do Tribunal Regional Federal da Primeira Região*, v. 28. n. 11/12, p. 52-71. Brasília, nov./dez. 2016. Disponível em: http://portal.trf1.jus.br/portaltrf1/jurisprudencia/revista/revista-do-trf.htm. Acesso em: 05 ago. 2022.

SEGURO AMBIENTAL COMO PREVENÇÃO E REPARAÇÃO DO DANO AMBIENTAL **81**

- *Riscos Industriais – Operacional e Transportes de bens – Premises Pollution Liabiliy – PPL* ou *Environmental Impairment Liability* – EIL – (pode incluir também a cobertura para o risco de *RC Produtos – Operações Completadas – Products Pollution Liability – Completed Operations*). Seguro aplicado para as bases fixas de operações dos segurados e para as mais diferentes categorias e/ou atividades empresariais. No tocante ao risco pela distribuição de produtos pelo segurado, destaca-se a importância de a apólice garantir determinadas categorias de produtos que podem ser fontes geradoras de danos ambientais, de longa latência (*long-term exposure*), inclusive, se considerada a data da entrega do produto e o aparecimento efetivo do dano decorrido um longo período de tempo. Também no seguro PPL destaca-se a garantia em razão da destinação final de resíduos da empresa segurada, em locais próprios e sob o controle do segurado ou em locais de terceiros, sem o controle efetivo do segurado. A responsabilidade pós-consumo (ou responsabilidade pelo ciclo de vida dos produtos), preconizada expressamente no art. 6º, VII, da Lei da Política Nacional de Resíduos Sólidos – Lei 12.305/2010, também impacta na conceituação deste seguro e nas garantias que ele deve contemplar. Sarlet e Fensterseifer, na preleção sobre os princípios do direito ambiental contidos no ordenamento pátrio, trazem à reflexão o grau máximo de responsabilidade dos empresários: "o Código Civil de 2002 (sobretudo por força do conteúdo do seu art. 1.228, § 1º) e o Estatuto da Cidade (Lei 10.527/2001), no seu art. 1º, parágrafo único,[35] colocam-se em sintonia com o novo paradigma constitucional descrito anteriormente, também consagram de forma expressa a proteção ambiental como componente do regime jurídico da propriedade, transportando para o plano infraconstitucional a configuração dos deveres ecológicos de proprietário no exercício da sua titularidade".[36]

- *Riscos do Empreiteiro e ou Prestadores de Serviços – Contractors' Pollution Liability – CPL*, podendo ser contratado de duas formas: *OCIP – Owner-Controlled Insurance Program* (quando é adquirido pelo contratante dos serviços) ou *CCIP – Contractor-Controlled Insurance Program* (quando é adquirido diretamente pelo empreiteiro contratado para executar os serviços). Seguro aplicado para construtoras, demolidoras, instalações e montagens de máquinas e/ou equipamentos, pavimentadoras, removedoras de produtos contaminantes, empresas de remediação de áreas contaminadas, outras categorias.

---

35. "Art. 1º (...) Parágrafo único. Para todos os efeitos, esta Lei, denominada Estatuto da Cidade, estabelece normas de ordem econômica e interesse social que regulam o uso da propriedade urbana em geral e prol do bem coletivo, da segurança e do bem-estar dos cidadãos, bem como do equilíbrio ambiental".
36. SARLET, Ingo. FENSTERSEIFER, Tiago. *Princípios do direito ambiental*. 2. ed. São Paulo: Saraiva, 2017, p. 143.

- *Riscos pela existência de Tanques – Storage Tank Pollution Liability.* Seguro aplicado para hospitais, postos de abastecimento, locadoras de veículos, transportadoras, escolas etc.

- *Riscos Profissionais – Professional Consultants' Liability – Errors and Omissions – E&O.* Seguro aplicado para empresas especializadas, assim como consultorias ambientais, certificadoras, engenharia de projetos ambientais, reguladoras de sinistros ambientais, laboratórios de análises ambientais, empresas de higiene ambiental, outras.

- *Instituições Financeiras e Seguro de Proteção e Responsabilidade Ambiental do Financiador referente à Garantia Adicional – Lender Environmental Collateral Protection and Liability.* Seguro aplicado para instituições financeiras, fundos de investimentos, cooperativas de créditos, outras. Este seguro apresenta coberturas voltadas à garantia dos interesses das instituições financeiras, assim resumidas: (a) custos de limpeza exigidos por autoridades em razão de poluição ambiental no imóvel que foi dado em garantia do financiamento adquirido; (b) danos a terceiros em consequência da poluição ocorrida conforme a alínea anterior; (c) custos de defesa do segurado; (d) garantia adicional ao financiador – representada pelo pagamento do saldo do empréstimo, sob a condição de insolvência do financiado. O seguro geralmente determina o pagamento do menor custo entre os de limpeza do local do imóvel e o saldo do empréstimo pendente. Há outras especificadas encontradas nesse tipo de seguro, todas elas estabelecidas "tailor made" pelas partes, quando da celebração do contrato de seguro.[37]

- *Transações Imobiliárias – Real Estate Environmental Liability.* Seguro aplicado para negócios imobiliários, fusões e aquisições, outras. Garantia concedida em razão de eventuais danos ambientais provocados por poluições desconhecidas – "unknown pollution" durante o procedimento de remediação e que não foram detectadas na "due diligence" realizada na transação de compra e venda de propriedades e/ou de empresas. Seguro complexo em relação à sua aplicação em face das pré-condições que são estabelecidas na apólice, não tem a sua aceitação facilitada mesmo naqueles mercados de seguros mais desenvolvidos no segmento. Há acentuada exposição dos riscos inerentes e por isso mesmo o referido seguro não é ainda comercializado no Brasil em larga escala.[38]

---

37. Ver POLIDO, Walter Antonio. *Seguros para riscos ambientais no Brasil.* 5. ed. Curitiba: Juruá, 2021, p. 246-252.
38. Ver POLIDO, Walter Antonio. Op. cit., p. 281-289.

- *Descontaminação de Estabelecimentos de Saúde – Healthcare Amendatory Endorsement – Descontamination Conditions.* Seguro aplicado para hospitais, clínicas de repouso para idosos, manicômios, casas de tratamento de saúde em geral.

- *Custos Suplementares de Limpeza de Áreas contaminadas – Stop Loss Remediation or Cost Cap Insurance Policy and Pollution Legal Liability Insurance – PLL.* Diversas aplicações e relativas a serviços executados em áreas já contaminadas. Esse seguro oferece proteção ao segurado contra eventual necessidade de ele despender custos inesperados durante a execução de um determinado plano de recuperação/remediação ou de medidas corretivas, em excesso do valor originalmente planejado.

- *Riscos de Infraestrutura – Environmental Infraestructure Solutions – EIS.* Seguro aplicado para situações de riscos envolvendo obras civis de construção ou ampliação/manutenção de infraestruturas e riscos operacionais ocorrendo simultaneamente.

- *Seguro Garantia Ambiental – Performance Bond.* Garante a obrigação de fazer do *tomador* do risco e representada pela remediação de determinada área contaminada, em face do *segurado*, no caso o credor da obrigação avençada (usualmente o Estado, mediante a celebração de Termo de Ajustamento de Conduta). O objeto deste tipo de seguro não está concentrado na limpeza em si do meio ambiente agredido, mas a seguradora oferece, tão somente, a garantia de que a obrigação avençada entre as partes – tomador e segurado – será adimplida. A aplicação desse tipo de seguro pode ter largo espectro, ou seja, o Seguro Garantia Ambiental pode ser contratado para os mais diferentes tipos de transações realizadas entre as empresas e o Poder Público no tocante às obrigações de recuperação de áreas afetadas por danos ambientais, assim como em relação a situações de descomissionamento de minas,[39]-[40] cujo procedimento é encontrado em outros países com larga repercussão; no Canadá,

---

39. De modo a exemplificar, a Lei 23.291, de 25 de fevereiro de 2019, do Estado de Minas Gerais, instituindo a política estadual de segurança de barragens, *não regulamentada até o momento*, determina a obrigação de o empreendedor apresentar *proposta de caução ambiental*, com o propósito de garantir a recuperação socioambiental para casos de sinistro e para a desativação da barragem, para a obtenção da Licença Prévia (LP), conforme esta preconizado no art. 7º, inciso I, alínea "b". Para a obtenção da Licença de Operação (LO), o mesmo art. 7º, III, "b", determina a *comprovação da implementação da caução ambiental* a que se refere a alínea "b" do inciso I do *caput*, com a devida atualização.

40. Os Trennepohl lembram que *"diversos entes da Federação trataram a forma de garantia da recuperação da área degradada pela mineração em instrumentos próprios, a exemplo do Distrito Federal, que normatizou a matéria na Lei 1.393/97, exigindo a garantia de reabilitação ou recuperação da área mediante três modalidades – caução em dinheiro ou títulos da dívida pública, seguro-garantia ou fiança bancária"*, conforme preconizado no artigo 7º da citada lei. In: TRENNEPOHL, Curt. TRENNEPOHL, Terence. TRENNEPOHL, Natascha. *Infrações ambientais*. Comentários ao Decreto 6.514/2008. 4. ed. São Paulo: Thomson Reuters Brasil, 2021, p. 322.

por exemplo.[41] Na Argentina, o "Seguro de Caución por Daño Ambiental" se tornou um instrumento eficaz, mesmo porque não houve naquele país o desenvolvimento do *seguro específico de danos ambientais*, ainda que a Ley 25.675, promulgada em 27 de novembro de 2002, tivesse determinado a obrigatoriedade do referido seguro.[42] Para Castagnola e Bellorio, "o seguro de caución es una de las modalidades contempladas por el régimen de seguros en la Argentina como opción válida para el aseguramiento de un riego puesto que constituye una de las garantías financieras legalmente regulada".[43] Importante destacar, repisando, que este tipo de seguro não garante a responsabilidade civil do segurado em face do dano ambiental, sendo que ele apenas introduz um terceiro *garantidor* (a seguradora) da obrigação de remediar, na hipótese de o *obrigado* efetivo (o poluidor) não poder cumpri-la perante o *segurado* (o Poder Público). Trata-se, portanto, de um instrumento complementar, ou até mesmo paliativo, em se tratando das possibilidades construídas em sede securitária, visando a proteção do meio ambiente da forma mais ampla possível. O Seguro Garantia Ambiental não substitui o contrato de Seguro Ambiental específico, sendo que cada um deles tem o seu respectivo objeto, segundo o *interesse segurável* determinante.

---

41. "Em conexão com um Plano de Fechamento de Mina, a Garantia Financeira é necessária para assegurar que fundos estarão disponíveis para a eventual reabilitação de áreas de acumulação, conforme definido aqui. A garantia financeira deverá ser concretizada em uma das seguintes formas: [...] e) uma apólice de garantia ou garantia emitida para a Província por uma companhia legalmente autorizada a fazê-lo", conforme Manitoba Mine Closure Guidelines Financial Assurance. (tradução livre) | Manitoba Mine Closure Guidelines Financial Assurance; província do Canadá. Texto original: "14.1 In connection with a Mine Closure Plan, Financial Assurance is required to ensure that funds will be available for the eventual rehabilitation of Accumulation Areas as defined herein. (...) e) Financial Assurance shall be in one of the following forms: a security or guarantee policy issued to the Province by a company legally authorized to do so;". – "O montante da garantia financeira previsto no plano de encerramento em anexo é adequado e suficiente para cobrir o custo do trabalho de reabilitação necessário para cumprir a lei sobre a extração minerária e este regulamento, incluindo o código", conforme Regulamento de Ontario, Canadá, sobre desabilitação de minas – Reg. 240-00". (tradução livre) | Regulamento de Ontário – Canadá – sobre desabilitação de minas – Reg. 240-00 – Texto original: "(d) the amount of financial assurance provided for in the attached closure plan is adequate and sufficient to cover the cost of the rehabilitation work required in order to comply with the *Mining Act* and this Regulation, including the Code;". – "Garantia financeira – 10. (1) O locatário deve fornecer garantia financeira como parte de um plano de reabilitação e encerramento", conforme legislação canadense. (tradução livre) – Chapter M-15.1 – An Act Respecting the Operation of Mines and Mills in the Province – St. John's, Newfoundland and Labrador, Canada, 2006. Texto original: "Financial assurance – 10.º (1) The lessee shall provide financial assurance as part of a rehabilitation and closure plan".

42. Articulo 22. – Toda persona física o jurídica, pública o privada, que realice actividades riesgosas para el ambiente, los ecosistemas y sus elementos constitutivos, deberá contratar un seguro de cobertura con entidad suficiente para garantizar el financiamiento de la recomposición del daño que en su tipo pudiere producir; asimismo, según el caso y las posibilidades, podrá integrar un fondo de restauración ambiental que posibilite la instrumentación de acciones de reparación.

43. CASTAGNOLA, Yamila. BELLORIO, Dino. *Regulación del seguro Ambiental en la Argentina*. Mauritius: Editorial Académica Española, 2021, p. 16. Tradução livre: "o seguro de caução [garantia, no Brasil] é uma das modalidades contempladas pelo regime de seguros na Argentina como opção válida para segurar um risco, uma vez que constitui uma das garantias financeiras legalmente reguladas".

SEGURO AMBIENTAL COMO PREVENÇÃO E REPARAÇÃO DO DANO AMBIENTAL

- *Riscos de Transportes*. Seguro aplicado para os diferentes modais (rodoviários, aquáticos, aéreos e multimodal). Usualmente, essa cobertura pode ser contratada de forma atrelada ao Seguro PPL e se envolve, neste caso, com transportes realizados sob o controle do segurado ou sem controle, quando realizados por terceiros contratados (responsabilidade civil indireta ou subsidiária do segurado, proprietário das mercadorias transportadas). A cobertura pode, também, ser contratada através de apólice individualizada, sendo que as seguradoras brasileiras usualmente oferecem este tipo de garantia através de apólice de seguro específica. Coberturas: condição de poluição ambiental diretamente relacionada com a colisão, capotagem, abalroamento, tombamento do veículo transportador, inclusive durante as operações de carga e descarga de mercadorias, desde que todas as situações envolvam, necessariamente, a carga transportada pelo referido veículo, com repercussão de danos ambientais. Danos e Despesas cobertas: danos materiais a elementos naturais e/ou de propriedade de terceiros (reparação, remoção, remediação da área contaminada); despesas com o transporte de resíduos; despesas com o tratamento dos resíduos antes da destinação final; custos com a destinação final dos resíduos; danos pessoais (ou corporais); danos morais; perdas financeiras consequenciais; despesas de contenção (procedimentos emergenciais de modo a *evitar* o dano ambiental propriamente dito em face de uma situação que pode provocar um dano ambiental, se ela não for contida); despesas com a defesa do segurado (judicial ou extrajudicial – administrativa, civil, criminal).

4. EFETIVIDADE DO SEGURO AMBIENTAL ENQUANTO INSTRUMENTO DE PROTEÇÃO

Há redundância quando se afirma a efetividade do seguro ambiental na condição de instrumento de proteção e sob mais de um aspecto. Não é o escopo desse texto a dissertação sobre os elementos constitutivos do contrato de seguro, mas um deles precisa ser destacado: *o interesse segurável*. Este, o interesse, não é a *causa* do contrato de seguro, a qual repousa no *risco* contra o qual se pretende garantir. O *interesse é o objeto* do seguro, justamente a pretensão que o segurado tem de se manter *indene* em face da ocorrência do evento predeterminado, objetivamente o risco cujas consequências desastrosas estão garantidas pelo contrato de seguro. Conforme Abel Copo, "el interés engloba todo el patrimonio, que está expuesto a esa exigencia posterior de responsabilidad y resarcimiento".[44] O segurado, contratando o seguro, pretende manter-se "indene", uma vez sobrevindo a

---

44. COPO, Abel B. Velga. *El interés en el Contrato de Seguro*. Ensayo dogmático sobre el interés. Pamplona – España: Thomson Reuters, 2018, p. 216.

referida exigência/obrigação legal indenizatória. Não tem nenhuma ciência nesse conceito. Causa perplexidade, diante dessa constatação objetiva, o fato de o seguro ainda ser pouco utilizado no Brasil, mesmo pelo setor empresarial, o mais exposto aos riscos ambientais e, consequentemente, à obrigação de remediar/indenizar o dano ambiental acontecido.

Diante da introdução feita, o seguro não se apresenta apenas como instrumento eficaz de proteção ambiental, mas também como proteção do patrimônio do segurado. Aliás, a *indenidade* patrimonial é a garantia *primeiramente ofertada* pelo contrato de seguro, enquanto a *proteção ambiental* é secundária ou complementar daquela.

Aliado ao aspecto garantidor demonstrado pelo contrato de seguro ambiental, conforme ficou destacado *retro*, têm-se outras variáveis que podem ser consideradas: a possível vantagem competitiva do segurado em face da concorrência, dependendo do *rating* ESG que ele obtiver segundo os índices de sustentabilidade, para o qual intervém também o nível de coberturas securitárias que ele contratou sobre os riscos ambientais (com evidentemente pontuação máxima o fato de a apólice garantir simultaneamente danos ambientais de natureza súbita e gradual; cobertura para despesas com a contenção de sinistros; cobertura para a remediação dos próprios locais ocupados, além dos locais de terceiros afetados; cobertura de lucros cessantes do segurado, na hipótese de as atividades empresariais serem paralisadas até a completa remediação do local afetado pela condição de poluição ambiental). Embora no Brasil este tipo de indicador ainda não se encontre maximizado, a tendência pode ser a adoção do seguro ambiental sob a condição de fator entre os diversos outros medidores da política ambiental das empresas. O referido índice pode repercutir, ainda, no perfil do risco econômico-financeiro das empresas, em termos de cotação em bolsas.

Voltadas intrinsecamente ao contrato de seguro ambiental, outras vantagens podem ser indicadas, ainda que despontem de maneira acessória: a presença cooperativa da seguradora, uma vez sobrevindo eventual sinistro ambiental. Antes mesmo da ocorrência, ainda na fase pré-contratual do seguro, o fato de a seguradora poder vistoriar os locais em risco, cuja tarefa é regularmente exercida por empresas especializadas no setor, ocorrerá uma espécie de auditoria em relação aos sistemas de proteção adotados, podendo existir, inclusive, algum tipo de questionamento e/ou a exigência de melhorias para fins da aceitação da proposta do seguro ambiental. Nada impede que a seguradora realize vistorias regulares de verificação das condições existentes nos riscos durante a vigência da apólice. Impende destacar que as seguradoras que operam com este tipo de seguro no Brasil, todas elas de origem estrangeira, trazem *expertise* acentuada no segmento e para as mais diversas atividades, podendo disponibilizar *know how transfer* aos segurados nacionais. Ocorrendo o sinistro, a intervenção da seguradora também pode representar vantagem acentuada para o segurado, na medida em que a situação, para ele, tem caráter eventual, mas para a seguradora, profissional da área de riscos e sinistros, não. Desse modo, ela tem, em princípio, condições de oferecer pronto atendimento e até mesmo em relação à tomada de determinadas providências conhecidas para ela, em razão de outras experiências já vivenciadas. A assistência jurídica de defesa do segurado, proporcionada pelas garantias do seguro ambiental contratado, tem relevância destacada neste tipo de situação, abrangendo vários aspectos: defesa em sede administrativa perante órgãos do Poder Público e na esfera judicial – cível e criminal. Também a indicação dos operadores do direito, de comum acordo e com o especial concurso da seguradora especializada na área, pode facilitar de maneira crucial a tomada de providências que o sinistro usualmente requer, muitas delas de caráter emergencial. Neste contexto da prestação de serviços acessórios que a apólice de seguro ambiental traz com ela, não pode deixar de ser destacado, ainda, a indicação de peritos especializados, também sobejamente conhecidos pela seguradora detentora do seguro. Há situações específicas que podem implicar na caução judicial antecipada, quando ela for determinada pelo tribunal, sendo que a seguradora também intervirá nesta operação, seja através da própria apólice de seguro ambiental que poderá conter a referida garantia de cobertura, seja pela oferta de seguro específico, assim como o Garantia Judicial. Assim colocado, o seguro ambiental apresenta série de serviços aos segurados, todos eles prestados pela seguradora detentora da apólice, sem desconsiderar o fato de que a simples existência do seguro já proporciona a garantia dos interesses do segurado, proporcionando-lhe segurança, tranquilidade e confiança em face da possibilidade de ocorrer um sinistro inesperado. Com destaque, a garantia da continuidade do negócio, mesmo diante de um possível sinistro de grande proporção, com valores maximizados no tocante às despesas de remediação

O seguro ambiental oferece garantia não só ao próprio segurado que o contrata, conforme as situações especificadas *supra*, mas também tem efeito garantidor mais amplo, assim como para os acionistas da empresa segurada (inclusive, sob a condição de "segurados nomeados" na apólice, com proteção do patrimônio individual e hereditário); à sociedade de modo geral (em face da garantia de recuperação/remediação do meio ambiente eventualmente agredido por um dano ambiental coberto); ao Poder Público (de forma multifacetada, ou seja, a seguradora se torna um "garante" de que a remediação será realizada). Ainda no tocante ao Poder Público, a seguradora pode representar uma espécie de "coparticipe" na concessão de licenças de operação, na medida em que ela validará ou não os sistemas protecionais do segurado quando da subscrição dos riscos para fins de aceitação do seguro. Nesta última situação, embora a seguradora não disponha do "poder de polícia", este indelegável pelo Estado, ela tem sim uma atuação coadjuvante no sentido de poder exigir o devido gerenciamento dos riscos ambientais. O fato de a apólice ambiental existir e, portanto, aquele risco ter sido aceito pela seguradora, fica subentendido que ela certificou os sistemas de proteção e que sobre eles exerce vigilância constante, uma vez que é do interesse dela a manutenção do padrão de eficiência que ficou demonstrado nas vistorias iniciais quando da contratação da respectiva apólice.

Assim como os seguros de propriedades de modo geral são fundamentais para a garantia do patrimônio da empresa e com vistas na sua continuidade em sobrevindo sinistros, o seguro ambiental específico, também incluído na categoria dos seguros de danos, faz parte dessa garantia. A sua contratação, portanto, é não só mandatória, como também repercute de maneira positiva nas mais diversas frentes, assim como foram sinalizadas neste texto.

Para finalizar a exposição, necessário enfatizar a *natureza facultativa* do seguro ambiental, desprezando-se qualquer tipo de argumento que tenha a pretensão de justificar sua possível compulsoriedade. A natureza obrigatória atribuída por alguns ordenamentos estrangeiros já demonstrou a sua ineficácia e pelas mais variadas razões. "Algunas legislaciones se han orientado a establecer la obligatoriedad de contratar seguros de naturaleza ambiental, cuya efectividad no siempre se ha logrado (en Colombia y Argentina el seguro obligatorio finalmente no fue puesto en marcha", assim como foi lembrado por Ortiz.[45] A obrigatoriedade, desse tipo de seguro, não tem a prerrogativa de desenvolver a sua oferta pelos mercados de seguros privados, em face não só da complexidade dos riscos que envolvem e que precisam ser devidamente avaliados pela seguradora, um a um, *invariavelmente*, de modo a subscrevê-los ou não, como também por diversos outros fatores cuja compulsoriedade não teria a prerrogativa de neutralizá-los. O seguro ambiental pode ser olhado como fator de regulação *(insurance as regulation)*, mas mesmo assim não prosperaria positivamente, sendo que no Brasil já há vários casos que podem ser lembrados de maneira a exemplificar a inocuidade da determinação legal. Nem todo seguro obrigatório no país tem eficácia e o ambiental seria apenas mais um deles no rol já existente. Sob a condição de mais um modelo entre as possíveis garantias financeiras a serem exigidas pela legislação,[46] assim como já acontece na União Europeia, por exemplo, a importância do seguro ambiental seria

---

45. ORTIZ, Juan Manuel Díaz-Granados. La responsabilidad en materia ambiental y el seguro de responsabilidad. In: SOTOMONTE S., Saúl. CORREDOR, Tatiana Gaona. (Ed.). *Estudios sobre Derecho de Seguros*. Bogotá: Universidad Externado de Colombia, 2018, p. 153.

46. Merece ser destacado o fato de que o ordenamento jurídico brasileiro já adota o procedimento, assim como foi preconizado na Lei 6.453, de 17 de outubro de 1977 (dispõe sobre a responsabilidade civil por danos nucleares), no artigo 13: "O operador da instalação nuclear é obrigado a manter seguro *ou outra garantia financeira* que cubra a sua responsabilidade pelas indenizações por danos nucleares".

maximizada, até mesmo pelas vantagens que ele apresenta em relação a outras. Esse modelo, da liberdade de escolha do empreendedor a respeito da garantia financeira a ser oferecida por ele, tem farta demonstração de ser o mais acolhido pelos países desenvolvidos.

No Brasil, considerando-se a extensão territorial, mais precisamente a diversidade de condições socioeconômicas encontradas regionalmente, implica no surgimento e na manutenção de diferentes níveis sob os mais variados aspectos a serem considerados: presença e efetivo aparelhamento da máquina estatal na concessão de licenças de operação, fiscalização e repressão, incluindo a atuação especializada ou não do judiciário; preocupação e/ou nível de consciência dos empreendedores para com o meio ambiente; tecnologia industrial em diferentes graus, do obsoleto ao mais moderno; entre outros. A compulsoriedade do seguro, por si só, não conseguiria ultrapassar todas essas barreiras e modo a oferecer igualdade de condições a todos aqueles empresários que se veriam obrigados a contratá-lo. A não concessão da cobertura pelo mercado privado, por sua vez, muito provavelmente não resultaria qualquer consequência para o impossibilitado de adquirir o seguro, não só desconstruindo o escopo da compulsoriedade legal, como também proporcionando o descrédito da lei, uma vez que as operações empresariais certamente continuariam em funcionamento. Não sem motivo, a União Europeia, ao promulgar a Diretiva 2004/35/CE, indicou aos Estados-Membros não a compulsoriedade do seguro ambiental, mas incentivou a implementação de *garantias financeiras*, dentre elas o seguro (caução; fundos específicos; seguro). Este modelo, repise-se, tem sido considerado o mais apropriado em face das exposições de riscos ambientais, sendo que a compulsoriedade sempre se mostrou inócua e não seria diferente no Brasil.

É preciso ser proativo em relação à proteção do planeta, começando por nós mesmos, desde o momento em que acordamos e abrimos a torneira d'água...

5. REFERÊNCIAS

BADIA, Ana Lúcia Seifriz. *Danos extrapatrimoniais coletivos e indenização punitiva*. Curitiba: Juruá, 2022.

BAUMAN, Zygmunt. *Vida para consumo*. A transformação da pessoa em mercadoria. Rio de Janeiro: Jorge Zahar Ed., 2008.

BRASIL. STF, Tribunal Pleno. RE 654.833, originado do REsp 1.120.117-Acre, Ministro Relator Alexandre de Moraes J. 20 de abril de 2020.

BERGKAMP, L. BERGEIJK, A. Exeptions and Defences, em Bergkamp, L. e Goldsmith, B. J. (Ed.). *The EU Environmental Liability Directive*. A commentary. Oxford, Oxford University Press, 2013.

CALDEIRA, Jorge. SEKULA, Julia Marisa. SCHAB1.IB, Luana. *Brasil paraíso restaurável*. Rio de Janeiro: Estação Brasil, 2020.

CALIXTO, Marcelo Junqueira. *A responsabilidade civil do fornecedor de produtos pelos riscos do desenvolvimento*. Rio de Janeiro: Renovar, 2004.

CANOTILHO, José Joaquim Gomes. *Estado de Direito*. Lisboa: Gradiva, 1999.

CARVALHO, Délton Winter de. *Gestão jurídica ambiental*. 2. ed. São Paulo: Thomson Reuters Brasil, 2020.

CASTAGNOLA, Yamila. BELLORIO, Dino. *Regulación del seguro Ambiental en la Argentina*. Mauritius: Editorial Académica Española, 2021.

COPO, Abel B. Velga. *El interés en el Contrato de Seguro*. Ensayo dogmático sobre el interés. Pamplona – España: Thomson Reuters, 2018.

DEL FIORI, Alexandre. *Dicionário de seguros*. São Paulo: Lisbon, 2022.

DERANI, Cristiane. *Direito ambiental econômico*. 3. ed. São Paulo: Saraiva, 2008.

DICIONÁRIO de Seguros. 3. ed. Rio de Janeiro: Funenseg, 2011.

DICIONÁRIO Houaiss da língua portuguesa. 1. reimp. Rio de Janeiro: Objetiva, 2004.

FIORILLO, Celso Antonio Pacheco. *Curso de Direito Ambiental brasileiro*. 6. ed. São Paulo: Saraiva, 2005.

GABURRI, Fernando. *Responsabilidade civil nas atividades perigosas lícitas*. Curitiba: Juruá, 2011.

GUERRA, Sidney. GUERRA, Sérgio. *Curso de Direito Ambiental*. 2. ed. São Paulo: Atlas, 2014.

GUEVARA, David L. DEVEAU, Frank J. *Environmental Liability and Insurance Recovery*. USA: American Bar Association, 2012.

LEITE, José Rubens Morato. AYALA, Patryck de Araújo. *Dano ambiental*. 8. ed. Rio de Janeiro: Forense, 2020.

LEMOS, Patrícia Faga Igrecias. *Resíduos sólidos e responsabilidade civil pós-consumo*. 3. ed. São Paulo: Ed. RT, 2014.

MANCUSO, Rodolfo de Camargo. *Interesses difusos*. 9. ed. São Paulo: Thomson Reuters Brasil, 2019.

MILARÉ, Édis. *Direito do ambiente*. 3. ed. São Paulo: Ed. RT, 2004.

MILIEU CONSULTING, Support for the REFIT actions for the ELD – Phase 1. Anex II – Task 2 – Common Understanding Document, Brussels, December, 2017.

NÁUFEL, José. *Novo dicionário jurídico brasileiro*. 10. ed. Rio de Janeiro: Forense, 2002.

NUSDEO, Ana Maria de Oliveira. *Direito ambiental & economia*. Curitiba: Juruá, 2018.

ORTIZ, Juan Manuel Díaz-Granados. La responsabilidad en materia ambiental y el seguro de responsabilidad. In: SOTOMONTE S., Saúl. CORREDOR, Tatiana Gaona. (Ed.). *Estudios sobre Derecho de Seguros*. Bogotá: Universidad Externado de Colombia, 2018.

POLIDO, Walter A. Contrato de seguro: a efetividade do seguro ambiental na composição de danos que afetam direitos difusos. *Revista de Direito Ambiental*. n. 45. São Paulo: Ed. RT, 2007.

POLIDO, Walter A. Contrato de seguro: a efetividade do seguro ambiental na composição de danos que afetam direitos difusos. *Revista do Tribunal Regional Federal da Primeira Região*, Brasília, v. 28. n. 11/12, nov./dez. 2016. Disponível em: http://portal.trf1.jus.br/portaltrf1/jurisprudencia/revista/revista-do-trf.htm. Acesso em: 05 ago. 2022.

POLIDO, Walter A. *Seguros de responsabilidade civil*: manual prático e teórico. Curitiba: Juruá, 2013.

POLIDO, Walter Antonio. *Seguros para riscos ambientais no Brasil*. 5. ed. Curitiba: Juruá, 2021.

POLIDO, Walter A. Seguros de riscos ambientais no Brasil: particularidades. In: GOLDBERG, Ilan. JUNQUEIRA, Thiago. (Coord.). *Temas atuais de direito dos seguros*. São Paulo: Thomson Reuters Brasil, 2020. t. II.

POLIDO, Walter A. Subscrição/*Underwriting* – Quem é segurado nos seguros de responsabilidade civil? São Paulo: Conhecer Seguros, 2022. [e-book, com acesso gratuito através de www.conhecerseguros.com.br Publicações]. Acesso em: 30 set. 2022.

POLIDO, Walter A. ESG – *Environmental, Social and Governance*. Seguros (ambientais e outros) na condição de instrumentos econômicos sustentáveis – Programa de Coberturas que as Seguradoras brasileiras podem oferecer. São Paulo: 2022 [texto disponível em www.conhecerseguros.com.br e www.editoraroncarati.com.br – Colunistas]. Acesso em: 15 ago. 2022.

PRATA, Ana. *Dicionário jurídico*. 5. ed. Coimbra: Almedina, 2013. v. I.

PROGRAMA EDUCAÇÃO EM SEGUROS – Sustentabilidade em Seguros – Tendências – Desafios e Oportunidades. Rio de Janeiro: CNSeg, 2018.

RIOS, Paula. SALGUEIRO, Ana. A responsabilidade ambiental e as garantias financeiras: o regime português e o exemplo espanhol para outros mercados. *Gerência de Riscos e Seguros*. n. 113, versão brasileira, 2ª parte, Madrid: Fundación Mapfre, 2012, p. 22-30.

RODRIGUES, Marcelo Abelha. *Elementos de Direito Ambiental*. 2. ed. São Paulo: Ed. RT, 2005.

SALIBA, Alexandre Berzosa. *Do poluidor indireto*. Limites da responsabilidade civil e a proteção do meio ambiente. Rio de Janeiro: Lumen Juris, 2022.

SANDEL, Michael J. *O que o dinheiro não compra*. Os limites morais do mercado. Rio de Janeiro: Civilização Brasileira, 2012.

SANTOS, Amilcar. *Dicionário de seguros*. 2. ed. Rio de Janeiro: IRB, 1944.

SARLET, Ingo Wolfgang. FENSTERSEIFER, Tiago. *Direito constitucional ecológico*. 6. ed. São Paulo: Thomson Reuters Brasil, 2019.

SARLET, Ingo. FENSTERSEIFER, Tiago. *Princípios do direito ambiental*. 2. ed. São Paulo: Saraiva, 2017.

SEIA, Cristina Aragão. *A responsabilidade ambiental na União Europeia*. Coimbra: Almedina, 2022.

STEIGLEDER, Annelise Monteiro. *Responsabilidade civil ambiental*. 3. ed. Porto Alegre: Livraria do Advogado, 2017.

The global state of sustainable insurance. Understanding and integrating environmental, social and governance factors in insurance. Switzerland: UNEP FI, 2009. [a report by the Insurance Working Group of UNEP FI]

TODD, John. Un orden Económico Ecológico. In: LOVELOCK, J. BATESON, G. MARGULIS, L. ATLAN, H. VARELA, F. MATURANA, H. y otros. Gaia. Implicaciones de la nueva biología. Barcelona: Kairós, 1989.

TRENNEPOHL, Curt. TRENNEPOHL, Terence. TRENNEPOHL, Natascha. *Infrações ambientais*. Comentários ao Decreto 6.514/2008. 4. ed. São Paulo: Thomson Reuters Brasil, 2021.

ASPECTOS INDENIZATÓRIOS DA COBERTURA DE SEGURO DE DANOS AMBIENTAIS – COMPARAÇÃO ENTRE O MODELO LATINO-AMERICANO (*POLLUTION CONDITION*) E O MODELO EUROPEU (*NON-POLLUTION CONDITION*)

Nathalia Gallinari

Pós-graduada em Gerenciamento de Áreas Contaminadas, com MBA em Gestão de Negócios. Engenheira Ambiental, Atua há mais de 12 anos no mercado segurador, especialmente focada em Riscos Ambientais, tendo forte atuação no desenvolvimento do Seguro Ambiental no Brasil. Antes de ingressar no mercado de seguros, atuou em consultorias de Análise de Risco Industrial e Licenciamento Ambiental.

Ainda pouco conhecida e comercializada no Brasil, a cobertura denominada "Non-Pollution Conditions", que em português poderia ser denominada como "Eventos Não Relacionados a Condições de Poluição", ou ainda, segundo Polido (2020) "Não Condição de Poluição Ambiental", faz parte integrante do leque de coberturas disponíveis na grande maioria dos clausulados europeus.

Eventos não Relacionados a Poluição são caracterizados por danos diretos a recursos naturais, habitats ou espécies, que não tenham tido como gatilho, uma "Condição de Poluição Ambiental".

De acordo com os textos padronizados das condições contratuais dos Seguros de Riscos Ambientais do mercado em geral, uma "Condição de Poluição" é definida como "descarte, a dispersão, a liberação ou o escape de qualquer elemento irritante, poluente ou contaminador, sólido, líquido, gasoso ou térmico, inclusive, mas não limitado a fumaça, vapores, fuligem, exalações, produtos químicos ácidos, alcalinos, tóxicos, resíduos hospitalares e materiais de refugos, dentro do ou sobre o solo, ou em qualquer estrutura sobre o solo, na atmosfera ou em qualquer curso d'água ou em outros elementos aquáticos, inclusive lençóis freáticos, entre outros, desde que essas condições não estejam naturalmente presentes no meio ambiente, nas quantidades ou concentrações descobertas" (AIG, 2018).

Neste contexto, a cobertura padrão limita-se a eventos que tenham tido início a partir da liberação de um poluente ou contaminante. Este é, inclusive, o texto padrão e o gatilho de cobertura dos clausulados do mercado segurador americano, berço do seguro ambiental no mundo.

Ainda que as apólices do mercado brasileiro tragam menção e amparo aos "Danos a Recursos Naturais", não se trata da mesma amplitude de cobertura existente nos clausulados europeus, pois no mercado local, os clausulados preveem que o dano ao recurso natural também deve ser decorrente de uma Condição de Poluição.

Mas o que ocorre então com aqueles danos ambientais que não tiveram como origem a liberação de um poluente? É neste cenário que protagoniza a cobertura de "Eventos Não Relacionados a Condições de Poluição".

A origem desta cobertura se deu no mercado europeu, e está diretamente relacionada à Diretiva 2004/35/CE do Parlamento Europeu e do Conselho, de 21 de Abril de 2004, relativa à responsabilidade ambiental em termos de prevenção e reparação de danos ambientais, que determinou, entre diversos outros aspectos, a adoção de medidas relativas a garantias financeiras relacionadas aos danos ao meio ambiente, por parte dos países membros da União Europeia (Pelegrini, 2018):

Artigo 4º

Garantia financeira

1. Os Estados-Membros devem tomar medidas destinadas a incentivar o desenvolvimento, pelos operadores económicos e financeiros devidos, de instrumentos e mercados de garantias financeiras, incluindo mecanismos financeiros em caso de insolvência, a fim de permitir que os operadores utilizem garantias financeiras para cobrir as responsabilidades que para eles decorrem da presente directiva.

Para cumprimento das diretrizes da Diretiva, alguns países optaram por estabelecer o seguro ambiental como uma das ferramentas disponíveis, para aquelas atividades caracterizadas como perigosas, prevendo, porém, a possibilidade de contratação de ferramentas alterativas e complementares.

A legislação espanhola, por exemplo, permite que a garantia financeira seja em forma de apólice de seguro, reserva técnica constituída por fundos lastreados, entre outros mecanismos. Já em Portugal, o Decreto 147/2008 estabelece a contratação de garantias bancárias, seguros ambientais, participação em fundos ambientais, ou ainda, constituição de fundos próprios para atendimento a obrigatoriedade prevista.

Conforme a legislação europeia avançava em sua aplicabilidade em cada um dos países membros, ficava evidente que o seguro ambiental seria a ferramenta mais acessível para a grande maioria das empresas, especialmente do ponto de vista financeiro. Além disso, pela sua característica de transferência de riscos, e aspecto consultivo envolvidos na subscrição em si, passou a ser uma das ferramentas mais utilizadas pelas empresas para cumprimento da Diretiva Europeia.

A partir deste marco, e de forma a tender um mercado potencial e em expansão, os clausulados europeus de Seguros Ambientais passaram então a ser adaptados à realidade exigida pela Diretiva, cujos conceitos de "Danos Ambientais" eram mais amplos em relação aos textos originais dos clausulados americanos.

ASPECTOS INDENIZATÓRIOS DA COBERTURA DE SEGURO DE DANOS AMBIENTAIS **95**

Ao avaliarmos a definição da Diretiva para Danos Ambientais temos:

"Danos ambientais":

a) Danos causados às espécies e habitats naturais protegidos, isto é, quaisquer danos com efeitos significativos adversos para a consecução ou a manutenção do estado de conservação favorável desses habitats ou espécies. O significado de tais efeitos deve ser avaliado em relação ao estado inicial, tendo em atenção os critérios do Anexo I.

Os danos causados às espécies e habitats naturais protegidos não incluem os efeitos adversos previamente identificados que resultem de um acto de um operador expressamente autorizado pelas autoridades competentes nos termos das disposições de execução dos ns. 3 e 4 do artigo 6.º ou do artigo 16.º da Directiva 92/43/CEE ou do artigo 9.º da Directiva 79/409/CEE, ou, no caso dos habitats e espécies não abrangidos pela legislação comunitária, nos termos das disposições equivalentes da legislação nacional em matéria de conservação da natureza;

b) Danos causados à água, isto é, quaisquer danos que afectem adversa e significativamente o estado ecológico, químico e/ou quantitativo e/ou o potencial ecológico das águas em questão, definidos na Directiva 2000/60/CE, com excepção dos efeitos adversos aos quais seja aplicável o n. 7 do seu artigo 4.º;

c) Danos causados ao solo, isto é, qualquer contaminação do solo que crie um risco significativo de a saúde humana ser afectada adversamente devido à introdução, directa ou indirecta, no solo ou à sua superfície, de substâncias, preparações, organismos ou microrganismos;

2. "Danos", a alteração adversa mensurável, de um recurso natural ou a deterioração mensurável do serviço de um recurso natural, quer ocorram directa ou indirectamente.

3. "Espécies e habitats naturais protegidos":

a) As espécies mencionadas no n. 2 do artigo 4.º da Directiva 79/409/CEE ou enumeradas no seu Anexo I ou nos Anexos II e IV da Directiva 92/43/CEE;

b) Os habitats das espécies mencionadas no n. 2 do artigo 4.º da Directiva 79/409/CEE ou enumeradas no seu Anexo I ou no Anexo II da Directiva 92/43/CEE e os habitats naturais enumerados no Anexo I da Directiva 92/43/CEE e os locais de reprodução ou áreas de repouso enumerados no Anexo IV da Directiva 92/43/CEE; e

c) Quando um Estado-Membro assim o determine, quaisquer habitats ou espécies não enumerados nos referidos Anexos que o Estado-Membro designe para efeitos equivalentes aos estipulados nestas duas directivas;

Fica evidente, portanto, que a Diretiva não limita, tampouco atrela, o conceito de Dano Ambiental a uma Condição de Poluição, fazendo-se, portanto, necessária, a adaptação dos clausulados europeus de forma a atender a premissa estabelecida na Diretiva.

Exemplos práticos de eventos que podem ser enquadrados nesta cobertura de "Eventos Não Relacionados a Condições de Poluição", são:

- Dano físico direto ou redução no fluxo de águas superficiais;
- Rebaixamento dos níveis do lençol freático e consequentes danos ambientais do ponto de vista hidrogeológico;

- Rompimento de barragem de reservatório de água com impactos ambientais a jusante;
- Supressão vegetal afetando Áreas de Proteção Permanente (APPs);
- Exposições relacionadas a incêndios florestais;

Este último, em particular, tem sido bastante evidenciado em função dos riscos das empresas geradoras e transmissoras de energia, cujos cabos das redes elétricas podem romper, iniciando incêndios de grandes proporções em áreas florestais, e causando significativo impacto ambiental. Além disso, o acesso a estas áreas é geralmente complexo, com trabalhos de combate caros e morosos, além do longo período de tempo necessário e despendido para se recuperar o ecossistema danificado pelo fogo.

Segundo Polido (2020), os cenários podem ir além, abrangendo, inclusive, cenários relacionados a parques eólicos causando, por exemplo, a migração de espécies de aves em determinada região. Destaca, porém, que aqueles impactos ambientais previamente identificados em decorrência da implantação de determinado empreendimento e/ou projeto, autorizados pelos órgãos ambientais em fase de licenciamento por meio dos Estudos de Impacto Ambiental (EIA-RIMA) e Licenças Prévia e de Instalação, não tem amparo na apólice por serem, obviamente, riscos previstos, e não incertos.

Segundo estudo da seguradora AIG, em 2017, sinistros de "Eventos Não Relacionados a Poluição" representaram 12% de todos os acionamentos de apólices de seguro ambientais desta seguradora nos países da Europa.

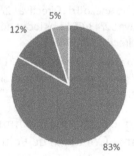

Fonte: Burning issues for environmental claims. Claims Intelligence Series, AIG Europe, 2018.

O texto da cobertura nos clausulados europeus em si é bastante objetivo, amparando custos originados de "Danos a Biodiversidade" ou "Danos Ambientais", a depender da cia seguradora, causados pelo risco coberto, e que tiveram início após a data de continuidade/retroatividade da apólice (AIG UK, 2009; QBE, 2022).

Os Danos à Biodiversidade ou Danos Ambientais são, em geral, definidos como os danos físicos a ou a destruição de corpos hídricos, solo ou espécies protegidas ou habitats naturais, pelos quais o Segurado seja legalmente responsável de acordo com a Diretiva da União Europeia 2004/35/CE, ou ainda, qualquer outra lei equivalente de acordo com a legislação local (Exemplo de UK: *The Environmental Damage (Prevention and Remediation) (England) Regulations 2009; The Environmental Damage (Prevention and Remediation) (Wales) Regulations 2009; The Environmental Damage (Prevention and Remediation) (Northern Ireland) Regulations 2009; The Environmental Liability (Scotland) Regulations 2009)*, e que dê origem a Custos de Remediação (AIG UK, 2009; QBE, 2022).

Já os custos de remediação são, em geral, definidos como aqueles necessários a investigação, remoção, remediação e restauração do dano, de acordo com mecanismos de compensação ambiental, até a extensão requerida pela legislação ambiental aplicável (conforme regulamentações por país, acima detalhado), ou, que tenham sido incorridos por qualquer agência ou órgão governamental (AIG UK, 2009; QBE, 2022).

Trata-se de um conceito amplo de cobertura, alinhado a definição da Diretiva. Importante destacar que este pode ser o texto padrão dos clausulados, ou seja, parte integrante da cobertura básica das apólices, ou então, a depender da cia seguradora, uma cobertura adicional ou opcional, que deve ser contratada e estar descrita na especificação das apólices. Vale destacar, porém, que para que haja atendimento a premissa da Diretiva, a apólice deve, necessariamente, prever a cobertura para os "Danos a Biodiversidade" ou "Danos Ambientais" na amplitude acima descrita, ou seja, não deve haver dependência da ocorrência de uma Condição de Poluição (liberação de material poluente ou contaminante, sólido, líquido, gasoso).

Como bem destacado por Polido (2020), no cenário legal brasileiro, ao avaliarmos a definição de "Poluição Ambiental" da própria Política Nacional do Meio Ambiente – Lei 6.938, de 31 de agosto de 1981, em comparação à definição de "Condições de Poluição Ambiental" das apólices padrão de seguro ambiental no Brasil, observa-se que a Lei traz um conceito mais abrangente do que a definição das apólices brasileiras de Seguros Ambientais.

De acordo com a PNMA:

Art. 3º Para os fins previstos nesta Lei, entende-se por:

I – meio ambiente, o conjunto de condições, leis, influências e interações de ordem física, química e biológica, que permite, abriga e rege a vida em todas as suas formas;

II – degradação da qualidade ambiental, a alteração adversa das características do meio ambiente;

III – poluição, a degradação da qualidade ambiental resultante de atividades que direta ou indiretamente:

a) prejudiquem a saúde, a segurança e o bem-estar da população;

b) criem condições adversas às atividades sociais e econômicas;

c) afetem desfavoravelmente a biota;

d) afetem as condições estéticas ou sanitárias do meio ambiente;

e) lancem matérias ou energia em desacordo com os padrões ambientais estabelecidos;

IV – poluidor, a pessoa física ou jurídica, de direito público ou privado, responsável, direta ou indiretamente, por atividade causadora de degradação ambiental;

V – recursos ambientais: a atmosfera, as águas interiores, superficiais e subterrâneas, os estuários, o mar territorial, o solo, o subsolo, os elementos da biosfera, a fauna e a flora.

Assim como a Diretiva Europeia, a definição da PNMA possui conceito bastante amplo. Somente o subitem "e" estaria mais próximo ao conceito de "Condição de Poluição" padrão das apólices do mercado brasileiro.

Em contrapartida, é importante mencionar a maturidade do mercado brasileiro de seguros ambientais em si, no contexto de uma discussão tão ampla, extensa e complexa.

Em seu atual estágio de evolução, com o tamanho, crescimento e abrangência ainda longe do esperado, muitas discussões técnicas são necessárias acerca do tema.

Pode-se afirmar que existe ainda uma barreira cultural do mercado, que frequentemente ainda acredita que uma apólice de seguro ambiental específica sequer seria necessária, baseando-se na premissa incorreta de que as apólices de Responsabilidade Civil Geral – Cobertura de Poluição Súbita e Acidental, seria suficiente, ou ainda, que um Dano Ambiental de fato nunca afetaria determinada operação, obra ou serviço.

Ao longo dos últimos anos, aqueles clientes que de fato enxergam a real importância de uma apólice específica de seguro ambiental, inclusive em um contexto em que a pauta ESG (*Environmental and Social Governance*)[1] tem sido parte fundamental das agendas corporativas, tem se preocupado em entender mais a respeito das coberturas do seguro para os riscos relacionados, por exemplo, a sua corresponsabilidade em decorrência do transporte terceirizado, do tratamento e/ou disposição final dos resíduos, da estocagem final de seus produtos. Mas são discussões ainda pontuais.

---

1. A abreviação de Environmental, Social and Governance (ambiental, social e governança, em português) foi criada em 2005, em uma conferência liderada por Kofi Annan, então secretário-geral da Organização das Nações Unidas (ONU), que reuniu 20 instituições financeiras de 9 países. Como o próprio nome indica, o ESG não envolve somente sustentabilidade. É necessário um compromisso global, que envolva ações relacionadas à diversidade, mudanças climáticas, governança, ética, entre outros princípios. O "E" refere-se a ações que visam a proteção do meio ambiente, assim como a redução dos impactos negativos causados pelo uso irresponsável dos recursos naturais; o "S" refere-se à preocupação com o bem-estar coletivo, de assumir um compromisso com a sociedade, aliar o desenvolvimento econômico ao social; e o "G" está relacionado às práticas de administração e governança da empresa (INSPER, 2022).

A cobertura de Lucros Cessantes do próprio segurado, em decorrência de "Condições de Poluição", tão comum no mercado americano, teve sua comercialização iniciada nas apólices do mercado brasileiro há pouco tempo.

Certamente há muito espaço para debate e modernização dos clausulados brasileiros. Porém há também um estágio maior de evolução e até mesmo a quebra de barreiras culturais, a serem atingidos.

Há que se considerar que os exemplos acima citados, de potenciais danos, envolvem, em sua grande maioria, danos ambientais a fauna, flora, e corpos hídricos. Mas se não há Condição de Poluição nos termos da apólice, ou seja, se não há um contaminante envolvido, não há o que se remediar. De que forma então seria reparado tal dano? De que forma podem vir as indenizações por parte dos órgãos ambientais?

Diversas são as metodologias e teorias acerca da valoração ambiental, porém, diferente da Diretiva Europeia, que prevê a valoração no próprio teor da legislação, no Brasil não temos uma metodologia de valoração definida, tampouco prevista, em Lei.

A única referência mais próxima que pode ser aqui citada seria a constante na Lei de Crimes Ambientais (Lei 9605/1998), Art. 19. *"A perícia de constatação do dano ambiental, sempre que possível, fixará o montante do prejuízo causado para efeitos de prestação de fiança e cálculo de multa.",* que atribui aos peritos ambientais o cálculo do dano, mas tampouco estabelece a valoração em si, e suas possíveis metodologias aceitáveis.

Segundo a Diretiva:

Identificação de medidas de reparação complementar e compensatória

1.2.2. Ao determinar a escala das medidas de reparação complementar e compensatória, considerar-se-á em primeiro lugar a utilização de abordagens de equivalência recurso-a-recurso ou serviço-a-serviço. Segundo esses métodos, devem considerar-se em primeiro lugar as acções que proporcionem recursos naturais e/ou serviços do mesmo tipo, qualidade e quantidade que os danificados. Quando tal não for possível, podem proporcionar-se recursos naturais e/ou serviços alternativos. Por exemplo, uma redução da qualidade pode ser compensada por um aumento da quantidade de medidas de reparação.

1.2.3. Se não for possível utilizar as abordagens de equivalência de primeira escolha recurso-a-recurso ou serviço-a-serviço, serão então utilizadas técnicas alternativas de valoração. A autoridade competente pode prescrever o método, por exemplo, valoração monetária, para determinar a extensão das medidas de reparação complementares e compensatórias necessárias. Se a valoração dos recursos e/ou serviços perdidos for praticável, mas a valoração dos recursos naturais e/ou serviços de substituição não puder ser efectuada num prazo ou por um custo razoáveis, a autoridade competente pode então escolher medidas de reparação cujo custo seja equivalente ao valor monetário estimado dos recursos naturais e/ou serviços perdidos.

As medidas de reparação complementar e compensatória devem ser concebidas por forma a permitir que os recursos naturais e/ou serviços suplementares reflictam as prioridades e o calendário das medidas de reparação.

Por exemplo, quanto maior for o período de tempo antes de se atingir o estado inicial, maior será o número de medidas de reparação compensatória a realizar (em igualdade de circunstâncias).

Existe, portanto, no cenário europeu, uma previsão legal para a mensuração dos danos.

Porém, no cenário legal brasileiro, o fato de não termos tal previsão torna complexo, do ponto de vista das seguradoras, a subscrição e mensuração do potencial dano, considerando que os clausulados brasileiros, assim como os americanos e europeus, sempre se baseiam "na medida exigida pelas leis ambientais".

De que forma o risco de um rompimento de uma barragem de água, com seus diversos potenciais danos ecológicos associados, poderia então ser mensurado? De que forma viriam as demandas por indenizações por parte dos órgãos ambientais? Quais seriam as formas de medidas compensatórias, ou ainda, do ponto de vista atuarial, quais os potenciais custos associados?

O formato atual das apólices, ou seja, o gatilho vinculado sempre a "liberação de um material poluente ou contaminante" permite as seguradoras uma análise técnica e atuarial dos potenciais danos. Sabe-se o custo de uma remediação, ainda que a sua abrangência, período, tecnologia e características do local afetado possam variar os custos significativamente, mas existe uma forma tangível e concreta de se analisar e mensurar o risco. O mesmo ocorre com o recurso natural afetado por um determinado contaminante.

Porém, ao avaliarmos a cobertura de "Eventos Não Relacionados a Poluição" este cenário se torna desafiador no mercado brasileiro, especialmente em função da imprevisibilidade acima mencionada.

Há de observar, portanto, a evolução da Legislação Ambiental e jurisprudência no Brasil acerca do tema, de forma que o mercado segurador possa ter mais segurança do ponto de vista de subscrição em relação ao tema aqui abordado, e que as apólices possam, em algum momento, adotar uma abrangência similar a existente no mercado europeu, no que tange esta cobertura em específico.

REFERÊNCIAS

AIG EUROPE. Burning issues for environmental claims. Claims Intelligence Series, AIG Europe, 2018.

AIG UK. EnvironPro. Disponível em: https://www.aig.co.uk/content/dam/aig/emea/united-kingdom/documents/Environmental/enviropro-uk-0309-brochure.pdf. Acesso em: 17 de Setembro de 2022.

BRASIL. Lei 6938 (1981). Dispõe sobre a Política Nacional do Meio Ambiente, seus fins e mecanismos de formulação e aplicação, e dá outras providências. Brasília, DF, Senado, 1988.

BRASIL. LEI 9605 (1998). Dispõe sobre as sanções penais e administrativas derivadas de condutas e atividades lesivas ao meio ambiente, e dá outras providências. Brasília, DF, Senado, 1998. Disponível em: http://www.planalto.gov.br/ccivil_03/leis/l9605.htm. Acesso em: 25 de Setembro de 2022.

INSPER. O que é ESG? Saiba o que significa e entenda melhor esse conceito. Disponível em: https://www.insper.edu.br/noticias/o-que-e-esg/. Acesso em: 20 de Setembro de 2022.

PELEGRINI, Laura. Seguro Ambiental como Instrumento de Gestão dos Riscos e Proteção do Meio Ambiente. São Paulo: Pontifícia Universidade Católica, 2018.

POLIDO, Walter. Seguro de Riscos Ambientais no Brasil: Particularidades. In: GOLDBERG, Ilan; JUNQUEIRA, Thiago. *Temas atuais de direito dos seguros*. São Paulo: Thomson Reuters Brasil, 2020.

POLIDO, Walter. *Seguro para riscos ambientais no Brasil*. 5. ed. São Paulo: Juruá, 2021.

QBE. Environmental Liability Insurance UK Policy ENVUK032017. Disponível em: file:///C:/Users/NGallina/Downloads/environmental-liability-insurance-uk-policy-envuk032017%20(1).pdf. Acesso em: 19 set. 2022.

UNIÃO EUROPEIA. DIRECTIVA 2004/35/CE DO PARLAMENTO EUROPEU E DO CONSELHO (2004). relativa à responsabilidade ambiental em termos de prevenção e reparação de danos ambientais. Portugal, 2004.

TRANSAÇÕES IMOBILIÁRIAS DE ÁREAS CONTAMINADAS NO ESTADO DE SÃO PAULO: SEGURO AMBIENTAL COMO INSTRUMENTO ECONÔMICO PARA MINIMIZAÇÃO DOS RISCOS AMBIENTAIS DO NEGÓCIO JURÍDICO

Fabio Garcia Barreto

MBA's em Gestão & Tecnologias Ambientais e Gerenciamento de Áreas Contaminadas, Desenvolvimento Urbano Sustentável & Revitalização de *Brownfields* pela USP, e em Perícia & Valoração do Dano Ambiental pela PUC-Minas. Graduado em Administração de Empresas pela Universidade Paulista – UNIP. Professor na Conhecer Seguros. Diretor Regional América Latina para Seguros Ambientais na maior seguradora multinacional de grandes riscos (P&C). E-mail: fabiogbarreto2878@gmail.com.

Sumário: 1. Introdução – 2. Áreas contaminadas – conceito, gerenciamento e potencial de reabilitação pelo setor imobiliário – 3. Reponsabilidade ambiental relacionada às áreas contaminadas – 4. Transações imobiliárias; 4.1 Bases conceituais; 4.2 Função socioambiental dos contratos; 4.3 Aspectos da incorporação da variável ambiental nos contratos; 4.4 Principais riscos ambientas associados à aquisição de áreas contaminadas; 4.5 *Due diligence* ambiental na aquisição de áreas contaminadas; 4.6 Transações imobiliárias – cláusulas usuais nos estados unidos e sua aplicação no brasil; 4.6.1 Definições (defined terms); 4.6.2 Representações e garantias ambientais (environmental representations and warranties); 4.6.3 Obrigações (covenants); 4.6.4 Indenização (indemnification ou indemnities); 4.6.5 Direitos de acesso (access rights) – 5. Seguro ambientais para mitigação dos riscos ambientais associados às áreas contaminadas; 5.1 Seguros de riscos ambientais – surgimento e estágio atual de desenvolvimento; 5.2 Seguros de riscos ambientais para transações imobiliárias – aplicação prática – 6. Considerações finais – 7. Referências.

1. INTRODUÇÃO

Não diferente dos países desenvolvidos, o processo de industrialização no Brasil também ocorreu num período em que o desenvolvimento econômico caminhava dissociado das questões ambientais, o que deixou profundas cicatrizes no solo urbano da sociedade contemporânea, a exemplo das áreas contaminadas, sobretudo no Estado de São Paulo, principal polo industrial da região sudeste.

As áreas contaminadas representam um enorme risco à saúde humana e ao meio ambiente caso não sejam remediadas e seu número cresce a cada ano.[1] Esses riscos e

---

1. Informações obtidas no site da CETESB em 2022.

incertezas a ele associados vem requerendo do Estado, do Direito e da sociedade um processo de transformação e adaptação para lidar com temática tão complexa.

Políticas, leis, normativos e instrumentos vem sendo criados com foco na prevenção e correção; novas teses de responsabilidades e obrigações vem sendo imputadas sobre o poluidor; e, a sociedade vem exigindo seu direito por um meio ambiente ecologicamente equilibrado.

Nesse cenário, surgem alguns outros riscos intrínsecos, fazendo que o empreendedor se prepare para enfrentá-los. Ferramentas importantes como o apoio jurídico na estruturação dos contratos de transações imobiliárias com foco na prevenção a fim de minimizar os impactos dos passivos e eventuais outras contingências ambientais foi uma delas.

Mas, mais do que isso, os seguros, um dos instrumentos econômicos mais eficazes da transferência de riscos, mais precisamente os seguros ambientais, começam a se mostrar como importante aliado na minimização dos riscos gerados na transação imobiliária de áreas contaminadas e que podem ameaçar sua conclusão.

Ainda em estágio de desenvolvimento no Brasil, o produto já se encontra em estágio avançado nos Estados Unidos e por esta razão será apresentado neste artigo.

O capítulo 2 trará uma breve conceituação do termo áreas contaminadas e passará rapidamente sobre o seu processo de gerenciamento e seu potencial de reabilitação para o uso imobiliário.

Já o capítulo 3 apresentará rapidamente a base legal sobre a qual o direito tem imputado a responsabilização aos adquirentes de áreas contaminadas.

No capítulo seguinte será conceituado transações imobiliárias e apresentado como as *due diligences* ambientais são instrumentos importantes para a atribuição das responsabilidades e obrigações ambientais aos referidos contratos, bem como, ao processo de aceitação do seguro ambiental. Também apresentar como tem funcionado a incorporação de cláusulas ambientais nos contratos e seu caráter preventivo, passando pelas mais utilizadas no exterior e que já se aplicam aqui no Brasil.

Por fim, o capítulo 5 apresentará uma breve introdução do contrato de seguros adentrando ao estágio atual de desenvolvimento dos seguros para riscos ambientais no Brasil e como funciona especificamente os seguros ambientais voltados para as transações imobiliárias de áreas contaminadas.

2. ÁREAS CONTAMINADAS – CONCEITO, GERENCIAMENTO E POTENCIAL DE REABILITAÇÃO PELO SETOR IMOBILIÁRIO

Este capítulo consiste em apresentar rápida fundamentação teórica do tema abordado a fim de contextualizar o leitor das informações pertinentes para entendimento geral do tema proposto e embasar as discussões que serão realizadas nos próximos capítulos.

De acordo com a Resolução do Conselho Nacional do Meio Ambiente (CONAMA) 420/2009,[2] Art. 6º, V, *contaminação* significa a

Presença de substância(s) química(s) no ar, água ou *solo*, decorrentes de atividades antrópicas, em *concentrações tais* que restrinjam a utilização desse recurso ambiental para os usos atual ou pretendido, definidas com base em avaliação de risco à saúde humana, assim como aos bens a proteger, em cenário de exposição padronizado ou específico.

A conceituação e tratativa do tema *áreas contaminadas* decorre inicialmente do conceito de proteção dos solos. Este "[...] foi o último a ser abordado nas políticas ambientais dos países industrializados, bem após os problemas ambientais decorrentes da *poluição* das águas e da atmosfera terem sido tematizados e tratados".[3]

A Companhia de Tecnologia de Saneamento Ambiental (CETESB) do Estado de São Paulo, órgão ambiental responsável pela avaliação dos processos que envolvem *áreas contaminadas*, explica que

O *solo* foi considerado por muito tempo um receptor ilimitado de substâncias nocivas descartáveis, como o lixo doméstico e os resíduos industriais, com base no suposto poder tampão e potencial de autodepuração, que leva ao saneamento dos impactos criados. Porém essa capacidade, como ficou comprovado posteriormente, foi superestimada e, somente a partir da década de 70, direcionada maior atenção a sua proteção.[4]

Já no ordenamento legal vigente, podem ser encontradas *duas definições* para *área contaminada* que se assemelham e se complementam, sendo que uma está no Art. 3º, II da Lei 12.305, de 2 de agosto de 2010,[5] intitulada Política Nacional de Resíduos Sólidos (PNRS), e a outra também no Art. 3º, II, porém, da Lei 13.577, de 8 de julho de 2009:[6]

Art. 3º, II – local onde há contaminação causada pela disposição, regular ou irregular, de quaisquer substâncias ou resíduos [Lei 12.305/2010];

Art. 3º, II – área, terreno, local, instalação, edificação ou benfeitoria que contenha quantidades ou concentrações de matéria *em condições* que causem ou possam causar danos à saúde humana, ao meio ambiente ou a outro bem a proteger [Lei 13.577/2009].

---

2. BRASIL. Ministério do Meio Ambiente. Resolução CONAMA 420, de 28 de dezembro de 2009 (itálico nosso).
3. CETESB – Companhia de Tecnologia de Saneamento Ambiental. Manual de gerenciamento de áreas contaminadas. 2. ed. São Paulo: CETESB; GTZ, 2001, p. 1. (itálico nosso).
4. Op. cit.
5. BRASIL. Lei 12.305/2010, de 02 de agosto de 2010. Política Nacional de Resíduos Sólidos (PNRS).
6. SÃO PAULO (Estado). Lei 13.577/2009, de 08 de julho de 2009.

O tratamento dado à uma área contaminada se dá através de um processo denominado Gerenciamento de Áreas Contaminadas (GAC) qual é definido como

> [...] uma abordagem técnica executada em *etapas* que visam a reduzir, para níveis aceitáveis, os riscos a que estão sujeitos a população e o meio ambiente em decorrência da exposição de organismos às substâncias provenientes de áreas contaminadas.[7]

Importante salientar que a área contaminada nunca é remediada a "zero", ou seja, nunca tem sua recuperação integral. Sua remediação é realizada até níveis aceitáveis que não ofereçam mais riscos à saúde humana e ao meio ambiente. Consequentemente, sempre haverá uma parcela residual no local, o que significa que o risco é mitigado, porém, não eliminado.

No Estado de São Paulo, depois do Manual de Gerenciamento de Áreas Contaminadas, editado inicialmente em 1999 e depois em 2001, foi editada a Decisão de Diretoria (DD) CETESB 103/2007/C/E de 2007,[8] e ainda por último, em 2017, a DD 038/2017/C,[9] válida até os dias atuais, a qual descreve detalhadamente e padroniza as etapas a serem desenvolvidas em todo o processo de gerenciamento com foco na identificação de suspeitas ou comprovação de processos de contaminação do solo, das águas subterrâneas e do ar presente no solo, até a reabilitação de áreas degradadas.[10]

A Metodologia de GAC é composta de *dois processos*: (i) o Processo de Identificação de Áreas Contaminadas e (ii) o Processo de Reabilitação de Áreas Contaminadas.

O Processo de Identificação de Áreas Contaminadas objetiva identificar as *áreas contaminadas*, determinar sua localização e características e avaliar os riscos a elas associados, possibilitando a decisão sobre a necessidade de adoção de medidas de intervenção, e é constituído por *seis etapas*:

a) Identificação de Áreas com Potencial de Contaminação;

b) Priorização de Áreas com Potencial de Contaminação;

c) Avaliação Preliminar;

---

7. BERTOLO, R.; ALVES, C. C.; MAXIMIANO, A. Áreas Contaminadas. In: OLIVEIRA, A. M. dos S.; MONTICELI, J. J. (Ed.). *Geologia de engenharia e ambiental* – aplicações. São Paulo: ABGE – Associação Brasileira de Geologia de Engenharia e Ambiental, 2018, v. 3, p. 243, itálico nosso.

8. CETESB. Decisão de Diretoria 103/2007/C/E, de 22 de junho de 2007.

9. Idem. Decisão de Diretoria 038/2017/C, de 07 de fevereiro de 2017.

10. A CETESB define área degradada como sendo a área onde há a ocorrência de alterações negativas das suas propriedades físicas, tais como sua estrutura ou grau de compacidade, a perda de matéria devido à erosão e a alteração de características químicas, devido a processos como a salinização, lixiviação, deposição ácida e a introdução de poluentes. Dessa forma, uma área contaminada pode ser "[...] considerada um caso particular de uma área degradada, onde ocorrem alterações principalmente das propriedades químicas, ou seja, contaminação", mas não o contrário. (Ibidem, p. 1-4).

d) Investigação Confirmatória;

e) Investigação Detalhada;

f) Avaliação de Risco.

As duas primeiras etapas do Processo de Identificação, são realizadas pela própria CETESB conforme disposto no Decreto 59.263, de 05 de junho de 2013.[11]

Já o Processo de Reabilitação de Áreas Contaminadas possibilita selecionar e executar, quando necessárias, as medidas de intervenção, visando reabilitar a área para o uso declarado, e é constituído por *três etapas*:

a) Elaboração do Plano de Intervenção;

b) Execução do Plano de Intervenção;

c) Monitoramento para Encerramento.

O desenvolvimento dessas etapas visa o atingimento das condições necessárias para a emissão do Termo de Reabilitação para o Uso Declarado.

Apenas será dado enfoque, mais a frente, às etapas *Avaliação Preliminar* e *Investigação Confirmatória* em função da sua importância tanto para o empreendedor imobiliário no processo de tomada de decisão sobre adquirir determinada área contaminada quanto para a seguradora no processo de tomada de decisão sobre os termos e condições que estabelecerá para aceitação do seguro para riscos ambientais específicos para transações imobiliárias.

Importante ressaltar que dar um novo uso às áreas contaminadas da forma como vem acontecendo hoje só se tornou possível com a introdução do conceito de Área Reabilitada para Uso Declarado (AR), previsto na legislação brasileira (Decreto 59.263/2013),[12] assim como na dos países mais desenvolvidos.

> Art. 3º [...]
>
> X – área, terreno, local, instalação, edificação ou benfeitoria anteriormente contaminada que, depois de submetida às medidas de intervenção, ainda que não tenha sido totalmente eliminada a massa de contaminação, tem restabelecido o nível de risco aceitável à saúde humana, ao meio ambiente e a outros bens a proteger; [...]

As possibilidades de reuso de uma área contaminada ou *brownfield*[13] são vários (comércio, residencial, educacional, espaços de lazer, serviços, entre ou-

---

11. BRASIL. Decreto 59.263/2013, de 05 de junho de 2013. Regulamenta a Lei 13.577, de 8 de julho de 2009.

12. Op. cit.

13. Um *brownfield* é uma propriedade, a expansão, o redesenvolvimento ou reutilização da qual pode ser complicada pela presença ou presença potencial de uma substância perigosa, poluente ou contaminante (tradução nossa). Disponível em: https://www.epa.gov/brownfields/overview-epas-brownfields-program. Acesso em: 16 set. 2020.

tros), e tendem a ser muito positivas e benéficas para o desenvolvimento urbano da área onde o imóvel está inserido.

Todo esse aparelhamento legal e regulatório que veio se delineando em São Paulo nos últimos anos, representa a construção uma sólida política de áreas contaminadas, desenvolvida sobre um sistema de diretrizes e procedimentos consistentes visando a proteção da qualidade do solo, das águas subterrâneas e consequentemente da coletividade.

Conforme Sanchéz,[14] uma política de áreas contaminadas, deve essencialmente buscar responder a certas questões fundamentais: (i) quanto à partilha de custos entre o poder público e os agentes responsáveis pela contaminação e (ii) quanto à opção de vincular a limpeza de uma área a seu futuro ou de exigir a restauração das condições de multifuncionalidade do solo.

Ainda sob mesmo raciocínio, o referido autor[15] diz que

> As orientações dessa política determinarão a escolha dos instrumentos de ação, como: (1) inventário e cadastro, (2) responsabilidade civil, (3) auditoria e avaliação de terrenos, (4) valores de referência para qualidade do solo, (5) regulação e controle do uso do solo, (6) *instrumentos econômicos*, (7) apoio ao desenvolvimento tecnológico, (8) auxílio à participação pública, (9) avaliação de impacto ambiental, (10) análise de risco.

É justamente este tópico (6), apoiado pelos demais instrumentos de ação acima, que levará a compreensão do *seguro* como instrumento econômico, e ressalta-se, com fim *social*, que dará suporte na viabilização do negócio jurídico envolvendo as áreas contaminadas a fim de revitalizá-las.

Ainda assim, tanto o item (6) quanto o item (5), ambos "[...] tem grande influência sobre as possibilidades de revitalização desses imóveis, assim como as definições sobre eventuais limites de responsabilidade civil".[16]

E, neste ponto, Sanchéz[17] nos apresenta uma questão importante, pois volta da mesma situação a qual as autoridades norte-americanas se depararam quando começaram a desenhar políticas para o incentivo da revitalização de áreas contaminadas: "os agentes promotores da revitalização, como os investidores em projetos de reutilização, poderão ser responsabilizados por danos ambientais ocorridos no futuro, mas decorrentes de atividades realizadas no passado?"

Foi justamente essa incerteza, ou melhor, o risco de ser responsabilizado por um dano ambiental causado pelo poluidor e não por ele, empreendedor, que levou ao surgimento dos *brownfields*.

---

14. SANCHÉZ, L. E. (2001 apud SANCHÉZ, 2004, p. 87) SANCHÉZ, L. E. *Desengenharia*: o passivo ambiental na desativação de empreendimentos industriais. São Paulo: Editora da Universidade de São Paulo, 2001.
15. SANCHÉZ, L. E. (2001 apud SANCHÉZ, 2004, p. 87) Op. cit.
16. Ibidem.
17. Ibidem, p. 88

Inclusive, isso também aconteceu no Brasil. Em 2015, a Revista Construção Mercado[18] soltou uma matéria denominada Passivos Ambientais – Terreno Inseguro – Construção em áreas contaminadas vem crescendo nas capitais brasileiras, mas sofre com insegurança jurídica e dificuldades técnicas.

Essa insegurança jurídica surge na medida que o risco não é eliminado, e sim minimizado. Todavia, se a busca pela recuperação completa da área exige altíssimos custos prejudicando assim seu redesenvolvimento e revitalização do entorno, a questão deve ser melhor avaliada.

No entanto, a reabilitação de uma área potencializa seu valor tanto para sua própria venda quanto para a construção de imóveis para comercialização, pois, não obstante o investimento a ser feito com a remediação da área possa ser negociado com o vendedor, o potencial de retorno tende a aumentar na medida em que a área se aproxima das características de mercado para áreas semelhantes.[19]

Todo esse processo ainda envolve um passo fundamental para o empreendedor imobiliário seguir com o investimento em determinada área contaminada – a análise de viabilidade econômica e financeira de um empreendimento.

A aquisição da área é considerada parte dos investimentos relacionados à criação de infraestrutura básica do empreendimento imobiliário. Da mesma forma, a remediação da área contaminada integra os dispêndios de criação desta mesma infraestrutura, constituindo-se, portanto, investimento também.

Dessa maneira, a avaliação do impacto econômico da remediação no empreendimento imobiliário se mostra de extrema importância para decisão de viabilidade do negócio. E para isso, compreender os tipos de contaminantes presentes na área e as técnicas de remediação a serem empregadas, com seus respectivos custos e prazos envolvidos, certamente farão a diferença.[20]

Para fechar este capítulo, convém abordar alguns incentivos e ferramentas de gerenciamento de risco quanto à reutilização de uma área contaminada, os quais suportarão o empreendedor, durante o processo de aquisição, diante das incertezas desencadeadas pela exposição aos riscos ambientais.

Ainda assim, esses riscos devem ser levantados durante a execução dos estudos ambientais elencados no processo de gerenciamento da área conta-

---

18. BARONI, L. L. Passivos ambientais: terreno inseguro: construção em áreas contaminadas vem crescendo nas capitais brasileiras, mas sofre com insegurança jurídica e dificuldades técnicas: veja como minimizar esses problemas. *Revista Construção Mercado*, n. 166, São Paulo, maio 2015.
19. GUIMARÃES, Y. B. T. et al. Viabilidade do empreendimento imobiliário. In: DELLA MANNA, E.; ARAÚJO, M. M. de; MELLO JR., R. F. de (Org.). *A produção imobiliária e a reabilitação de áreas contaminadas* [livro eletrônico]. São Paulo: IPT – Instituto de Pesquisas Tecnológicas do Estado de São Paulo; SECOVI-SP, 2018, p. 64.
20. Ibidem, p. 70.

minada.[21] Pois, a partir dos resultados obtidos, é fundamental que as partes envolvidas, comprador (empreendedor imobiliário) e vendedor (proprietário da área) negociem as diversas opções para mitigar, alocar e, na medida do possível, transferir os riscos para a aquisição da propriedade.

Dentre elas, Blanco, Rebelo e Yoshikawa,[22] mencionam três: (i) o *seguro*; (ii) os programas governamentais; e (iii) o Fundo Estadual para Prevenção e Remediação de Áreas Contaminadas (FEPRAC).

Considerando que o primeiro item – *seguro* – ganha destaque ímpar neste trabalho, não será introduzido nesta seção, apesar de merecê-lo em virtude do posicionamento da referida agência ambiental (mais abaixo),[23] relativizando importante ferramenta de gestão e mitigação de riscos e para manutenção do equilíbrio socioeconômico da sociedade, principalmente nos *países desenvolvidos* – posição que evidentemente o Brasil não alcançou ainda como país.

Aliás, Sanchéz[24] já assegurou isso há alguns anos, dizendo que

> É fato que às empresas em geral não agrada ter de fornecer tais garantias, já que elas representam um *custo*, seja porque o dinheiro posto à parte não pode ser utilizado para investimentos ou outras aplicações, seja porque as instituições financeiras cobram pela prestação desse serviço.

Mesmo diante essa realidade, registra-se abaixo as principais vantagens do uso de garantias financeiras para fins de proteção ambiental:[25]

> a) A internalização dos custos ambientais não contabilizados pelo mercado, como condição para a firma reaver a caução depositada;
>
> b) Um registro explícito do valor dos danos ambientais potenciais, abrindo assim a possibilidade de levar a questão a debate público;
>
> c) Deslocamento do ônus da prova para a empresa, no caso de retenção da garantia pelo governo; assim, caberia à firma intentar uma ação judicial para reaver a garantia, devendo, portanto, provar que corrigiu o dano causado;
>
> d) Incentivo para pesquisa e desenvolvimento de técnicas para reduzir os custos de recuperação ambiental e, por conseguinte, o valor das garantias exigíveis; como normalmente o valor dessas garantias pode ser corrigido ao longo do tempo para refletir um aumento ou diminuição do dano ambiental causado, esse ajuste também poderia levar em conta uma eventual redução dos custos de recuperação.

---

21. BLANCO, M. J.; REBELO, C. Z. T.; YOSHIKAWA, N. K. *Financiamento bancário e incentivos para a reutilização de áreas contaminadas.* Idem, p. 74.
22. Ibidem, p. 74-75.
23. Item "a" da Instrução Técnica (IT) 039/2017, CETESB.
24. SÁNCHEZ, L. E. *Desengenharia*: o passivo ambiental na desativação de empreendimentos industriais. São Paulo: Editora da Universidade de São Paulo, 2001, p. 185, itálico nosso.
25. SHOGREN et al., 1993 apud Ibidem, p. 184): SHOGREN, J. F.; HERRIGES, J. A.; GOVINDASAMY, R. *Limit to Environmental Bonds.* Ecological Economics, 8:109-133, 1993.

Já com relação aos programas governamentais, o Decreto 59.263/2013,[26] que regulamenta a Lei de Áreas Contaminadas do Estado de São Paulo, prevê o incentivo a reutilização de áreas remediadas, tornando-as de interesse público, e desta forma, apoiando o empreendedor imobiliário na sua revitalização.

Desta forma, a CETESB, com base na Instrução Técnica (IT) 039/2017[27] estabeleceu novos procedimentos para a identificação e reabilitação das áreas contaminadas que preveem a reutilização dessas áreas, dentre as quais estão:[28]

a) Empreendedores estarão *dispensados* da garantia bancária e *seguro ambiental*;

b) As penalidades previstas não serão endereçadas aos empreendedores que propuserem reutilização da área contaminada, e sim ao causador da contaminação;

c) Não será necessária a apresentação da análise técnica, econômica e financeira no Plano de Intervenção para Reutilização que comprove a inviabilidade de utilização de técnica de remediação para tratamento;

d) Nos casos em que sejam propostas medidas de remediação para contenção, medidas de engenharia e medidas de controle institucional, será necessária apenas a avaliação da adequação das medidas propostas realizada por ocasião da avaliação do Plano de Intervenção;

e) Nos casos com proposta de reutilização, em que as fontes de contaminação tenham sido removidas ou controladas e os resultados das campanhas de Monitoramento para Encerramento indiquem tendência de redução ou estabilidade das plumas de contaminação das águas subterrâneas, a restrição de uso dessas águas terá vigência por tempo indeterminado e sem necessidade de monitoramento analítico;

f) Nos casos em que houver a necessidade de realização de monitoramento analítico da restrição de uso das águas subterrâneas e o Plano de Intervenção atribuir ao Condomínio sua execução, a CETESB cobrará do síndico o cumprimento do cronograma aprovado.

Por último, cita-se o FEPRAC, fundo vinculado à Secretaria de Infraestrutura e Meio Ambiente (SIMA) do Estado de São Paulo, destinado à proteção do solo contra degradações ambientais bem como à identificação e remediação de áreas contaminadas. Ele pode ser pleiteado por órgãos ou entidades da administração direta e indireta, consórcios intermunicipais, concessionárias de serviços públicos, empresas privadas e pessoas físicas para a finalidade acima mencionada.[29]

3. REPONSABILIDADE AMBIENTAL RELACIONADA ÀS ÁREAS CONTAMINADAS

O número de áreas contaminadas vem crescendo a cada ano no Estado de São Paulo, e os empreendedores sem opções de áreas para erguer seus empreendi-

---

26. Op. cit.
27. CETESB. Instrução Técnica 039/2017. Gerenciamento de Áreas Contaminadas.
28. BLANCO, M. J.; REBELO, C. Z. T.; YOSHIKAWA, N. K. *Financiamento bancário e incentivos para a reutilização de áreas contaminadas*. Idem, p. 74.
29. Ibidem.

mentos, viram nas áreas contaminadas um nicho de mercado principalmente por estarem inseridas no tecido urbano onde a infraestrutura está pronta e a valorização do investimento é certa. Todavia, junto com o bônus, vem também o ônus.

O objetivo deste capítulo não é se aprofundar no tema o qual já conta com vasto material proporcionado pelos principais doutrinadores do direito ambiental no país.[30] Mas, apenas, contextualizar o entendimento da corrente que mais faz sentido a este autor.

A obrigação de remediar essas áreas bem como a responsabilização por passivos ambientais criados pelos vendedores proprietários de áreas contaminadas tem se apresentado como imbróglio no processo de aquisição. Por esta razão, avança-se para compreender a responsabilidade que vem na esteira do negócio jurídico e que tem se apresentado como crítica do ponto de vista do comprador.

Não há, no Brasil, legislação específica tratando das áreas contaminadas, sendo o tema regulado apenas Resolução CONAMA 420/2009.[31]

Em contrapartida, no Estado de São Paulo, como já mencionado, existe a Lei 13.577/2009[32] e ela traz no seu Art. 13 a questão da responsabilidade pela área contaminada determinando que

> [...] São considerados responsáveis legais e solidários pela *prevenção, identificação e remediação* de uma área contaminada:
>
> I – o causador da contaminação e seus sucessores;
>
> II – o proprietário da área;
>
> III – o superficiário;
>
> IV – o detentor da posse efetiva;
>
> V – quem dela se beneficiar direta ou indiretamente.

Da forma que está posta a lei, pode-se afirmar que todos os sujeitos listados acima são considerados responsáveis pela existência de uma área contaminada, sendo estas relacionadas à sua atividade ou à sua propriedade.[33]

O mesmo artigo da referida Lei, ainda acrescenta no seu parágrafo único que: "[...] poderá ser desconsiderada a pessoa jurídica quando sua personalidade for obstáculo para a identificação e a remediação da área contaminada".[34]

---

30. Cf. LEITE, J. R. M.; AYALA, P. de A., 2020; ANTUNES, P. de B., 2021; SARLET, I. W.; FERSTENSEIFER, T., 2022; entre outros.

31. Op. cit.

32. Op. cit., (grifo nosso).

33. DIB, P. P.; CIBIM, J. C.; MACHADO, L. DE A. Áreas Contaminadas. In: CIBIM, J. C.; VILLAR, P. C. (Coord.). Direito, gestão e prática: direito ambiental empresarial. São Paulo: Saraiva, 2017, (Série GVlaw), p. 256.

34. Ibidem.

TRANSAÇÕES IMOBILIÁRIAS DE ÁREAS CONTAMINADAS NO ESTADO DE SÃO PAULO

Segundo Paulo Affonso Leme Machado[35]

O rol de responsáveis solidários tem essa amplitude toda para "evitar a fraude na responsabilização administrativa e civil e de impedir o 'jogo de empurra', todos procurando fugir de suas obrigações e imputando a outrem sua parte da responsabilidade".

Erika Bechara,[36] ratifica que "dessa forma, a lei procurou imputar igual responsabilidade a todos aqueles que tenham alguma ligação, direta ou indireta, com a área contaminada".

Quando tomamos o empreendedor, adquirente de uma área contaminada, foco desse artigo, existe uma grande problemática quando o causador direto do dano faliu ou não existe mais, muito comum em áreas órfãs.[37] No entanto, o tema é complexo mesmo nos cenários em que o causador direto do dano existe e está vendendo a área contaminada.

Steigleder[38] explica que a combinação dos dispositivos, ambos da CF/88,[39] art. 225, caput, que impõe ao Poder Público e a coletividade o dever de defender e preservar o meio ambiente, e art. 186, II, que a função social é cumprida quando a propriedade rural atende, entre outros, utilização adequada dos recursos naturais disponíveis e preservação do meio ambiente, cria um "[...] dever de preservação, portanto uma obrigação de fazer ao titular do direito real de propriedade [...]".

Na visão da referida autora

Este dever de preservação vincula-se ao exercício da função social da propriedade, que integra, ao lado do direito subjetivo, o conteúdo do direito de propriedade, e, por este motivo, é transmitido ao novo adquirente do bem.

Daí que se reconhece na obrigação de recuperar a área contaminada uma obrigação de natureza real – obrigação *propter rem*, que se integra ao conteúdo do direito real de que é acessória.

---

35. MACHADO (2011, p. 663 apud BECHARA, 2013, p. 150) MACHADO, P. A. L. *Direito ambiental brasileiro*. 19. ed. São Paulo: Malheiros, 2011.
36. BECHARA, E. Áreas contaminadas: caracterização, remediação, utilização e informação. In: ROSSI, F. F. et al. (Coord.). *Aspectos controversos do direito ambiental*. Belo Horizonte: Fórum, 2013, p. 150.
37. Área Contaminada Órfã (ACO) – Uma ACO é definida como uma área contaminada cujo responsável legal não foi identificado ou esse, apesar de identificado, não possui capacidade financeira ou não adotou as medidas necessárias para o enfrentamento do problema apesar das ações administrativas do Órgão Ambiental Gerenciador. Sem um responsável legal capaz ou interessado em arcar com os custos de investigação e execução de medidas de intervenção, na maioria das vezes, a ACO permanece abandonada, podendo causar danos à população do entorno e outros bens a proteger. Disponível em: https://cetesb. sp.gov.br/areas-contaminadas/documentacao/manual-de-gerenciamento-de-areas-contaminadas/ introducao-ao-gerenciamento-de-areas-contaminadas/procedimento-de-gerenciamento-de-areas--contaminadas-orfas/. Acesso em: 03 out. 2022.
38. STEIGLEDER, A. M. Aspectos jurídicos da reparação de áreas contaminadas por resíduos industriais. In: BENJAMIN, Antonio H. V.; MILARÉ, Edis (Coord.). *Revista de Direito Ambiental*, ano 8, n. 29, p. 147, jan.-/mar. 2003. São Paulo: Ed. RT, 2003.
39. Idem, Constituição (1988). Constituição da República Federativa do Brasil.

Por esta razão, os compradores também "[...] devem conhecer as sanções a que podem estar sujeitos, bem como devem [...] primar pela atuação preventiva na área ambiental de modo a minimizar o risco das contingências se transformarem em passivos".[40]

Defende Steigleder,[41] o entendimento que

> [...] o adquirente de um imóvel que contenha uma área contaminada assume a obrigação de preservar suas condições ambientais, evitando o agravamento do dano ambiental, o que se justifica pela adoção dos princípios de prevenção, da precaução e do poluidor-pagador.

Outro ponto é quando realmente há existência de contaminação do solo, subsolo e/ou água subterrânea na área, fato que poderá não apenas restringir o uso do imóvel, como também resultar na obrigatoriedade de remediar o passivo e indenizar terceiros afetados por tal contaminação.[42]

Nessa esteira, reforça Erika Bechara[43] que "ações preventivas na área ambiental são indubitavelmente mais céleres, eficazes e baratas do que ações de remediação".

Com isso, caso o empreendedor, adquirente da área contaminada, porquanto tendo negociado um desconto sobre o seu valor, assumindo assim a responsabilidade pela sua remediação, exceto tenha se precavido com um *due diligence* apropriado e a incorporação de cláusulas contratuais [temas que serão vistos adiante] que delimitem sua responsabilidade diante eventuais incertezas, e embora esteja promovendo o desenvolvimento da região onde a área está inserida, tem sua responsabilidade claramente transferida com a aquisição da área tanto para remediá-la com a finalidade de novo uso quanto para indenizar quaisquer danos que sua contaminação possa causar.

4. TRANSAÇÕES IMOBILIÁRIAS

4.1 Bases conceituais

O "[...] contrato é a mais comum e a mais importante fonte de obrigação, devido às suas múltiplas formas e inúmeras repercussões no mundo jurídico", ensina Gonçalves.[44]

---

40. GRIZZI, A. L. L. E. Responsabilidade ambiental das partes envolvidas em eventos de contaminação: esferas administrativas, civil e criminal. In: MOERI, E.; RODRIGUES, D.; NIETERS, A. (Ed.). *Áreas contaminadas*: remediação e revitalização: estudos de casos nacionais e internacionais. São Paulo: Signus, 2008, v. 4, p. 128.
41. Ibidem, p. 150-151.
42. Op. cit.
43. Op. cit., p. 129.
44. GONÇALVES, C. R. Contratos e atos unilaterais. 17. ed. São Paulo: Saraiva Educação, 2020, v. 3 (Coleção Direito civil brasileiro), p. 23.

Mesmo autor[45] reforça que "[...] o contrato é uma espécie de *negócio jurídico* que depende, para a sua formação, da participação de pelo menos duas partes". Pode-se dizer então que ele é um *negócio jurídico* bilateral ou plurilateral e por envolver pelo menos duas partes resulta de uma composição de interesses e mútuo consenso.

Objetivo desta seção, obviamente não é adentrar no detalhe dos fundamentos da disciplina de contratos, mas sim, trazer superficialmente os principais pontos que trarão coesão na compreensão da temática e conexão com relação às cláusulas contratuais que envolvem a aquisição de uma área ou terreno contaminado e os termos e condições das coberturas de seguros para riscos ambientais. Por esta razão avança-se para a espécie de contrato a qual é objeto do referido estudo, que é o contrato de Compra e Venda.

Denomina-se *compra e venda*, de acordo com Gonçalves,[46] "[...] o contrato bilateral pelo qual uma das partes (vendedor) se obriga a transferir o domínio de uma coisa à outra (comprador), mediante a contraprestação de certo preço em dinheiro.

O Código Civil (CC) de 2002 o dispõe da seguinte forma: "Art. 481 – Pelo contrato de compra e venda, um dos contratantes se obriga a transferir o domínio de certa coisa, e o outro, a pagar-lhe certo preço em dinheiro".[47]

Ao estudar o tema e fazer sua correlação com a doutrina brasileira, consta-ta-se que:

a) no Direito Civil, uma transação é uma espécie de contrato muito similar a compra e venda. Ambos constituem negócio jurídico bilateral, porém, pelo qual as partes previnem ou terminam relação jurídicas controvertidas, por meio de concessões mútuas. Ou seja, resulta de um acordo de vontades, para evitar riscos de futura demanda, em que cada parte renuncia a uma parcela dos seus direitos, em troca de tranquilidade;

b) os direitos reais sobre imóveis constituídos só se adquirirem com o registro no Cartório de Registro (Art. 1227 do CC);

c) no Direito Imobiliário, a compra e venda de uma área ou terreno, mesmo que não contaminado ou para fins de incorporação imobiliária, não é abordado, justamente por estar debaixo da tutela das Obrigações no Direito Civil.

Por esta razão, será mantido a adoção do termo *transação* para se referir ao contrato de compra e venda de um imóvel. Quanto ao termo acessório *imobiliário*,

---

45. Ibidem, p. 24.
46. Ibidem, p. 231.
47. Idem. Lei 10.406/2002, de 10 de janeiro de 2002. Código Civil (CC).

sua aplicabilidade permanece em função do seu significado, ou seja, relativo ao imóvel ou edificação.

Com isso, avança-se para compreender a função socioambiental dos contratos.

4.2 Função socioambiental dos contratos

Ana Luci Grizzi[48] afirma que "o contrato é o maior expoente jurídico do modelo econômico capitalista por promover a circulação de riquezas e, portanto, colocar a economia em funcionamento". Nesse modelo, portanto, "[...] o contrato é instrumento da ordem econômica e, usualmente, quanto mais eficaz o contrato maior o desenvolvimento econômico".

A função *social* dos contratos, neste primeiro momento, é introduzida pelo Art. 421 do CC em consonância com alguns fundamentos dispostos na Constituição Federal (CF) de 1988 tais como a livre iniciativa, a justiça social, a livre concorrência, a dignidade da pessoa humana, a solidariedade e a função social da propriedade privada.[49]

Dessa maneira, uma vez que incidem sobre o contrato interesses tanto de ordem coletiva quanto individual, entende-se, com base no que rege grande parte da doutrina, que "[...] sua funcionalização detém dupla eficácia no âmbito contratual: uma *interna*, vinculada às partes contratantes, e outra *externa*, referindo-se aos efeitos contratuais para além das partes [...]".[50]

Diante esse cenário, sendo o contrato um dos mecanismos de maior influência no desenvolvimento de operações econômicas, as quais passam a ser observadas sob a variável ambiental, a fim de se concretizar o desenvolvimento sustentável "[...] é que se ramificou a função social do contrato, emergindo a *função socioambiental do contrato*, como cláusula geral implícita nos instrumentos contratuais".[51]

Ou seja, as partes contratantes, passaram a ter um papel protagonista no desenvolvimento sustentável e proteção ambiental a cada contrato celebrado, uma vez que faz-se necessário, então, que a cláusula geral da função socioambiental do contrato preveja que "[...] a satisfação dos interesses dos contratantes atue em conformidade com os interesses da coletividade [...]", sendo que a atividade contratual deve ser não apenas *'não lesiva'* como também preventiva e promocional

---

48. Idem. *Direito ambiental aplicado aos contratos*. São Paulo: Verbo Jurídico, 2008. p. 62.
49. SANTOS, K. A. T. *Função social do contrato & direito ambiental*: aspectos contratuais civis, ambientais e hermenêuticos. Curitiba: Juruá, 2013. p. 100-105.
50. Ibidem, p. 114, itálico nosso.
51. Ibidem, p. 127, itálico nosso.

TRANSAÇÕES IMOBILIÁRIAS DE ÁREAS CONTAMINADAS NO ESTADO DE SÃO PAULO

do meio ambiente, atendendo e tendo como base os princípios constitucionais e ambientais para composição do instrumento contratual.[52]

Dessa forma, ganha a "[...] sociedade enquanto titular do direito difuso a um meio ambiente ecologicamente equilibrado, coletividade esta que tem, juntamente com o Estado, o ônus da tutela [...]" de preservação dos recursos naturais para as presentes e futuras gerações.[53] Mas, também ganha as partes contratantes na medida que passando a adotar medidas precaucionais e preventivas com relação ao objeto do contrato trazem segurança jurídica e perenidade para o contrato, além de mitigação dos riscos ambientais envolvidos.

Com isso, o que inicialmente emergiu como cláusula geral implícita nos instrumentos contratuais começa um processo de materialização através da incorporação efetiva da variável ambiental nos contratos.

4.3 Aspectos da incorporação da variável ambiental nos contratos

Ana Luci Grizzi[54] explica que ao longo do processo produtivo são gerados custos ambientais que "[...] não incorporados ao produto final ou serviço ofertado pelo empreendedor e, portanto, são absorvidos pela sociedade, recebendo a denominação de *externalidades ambientais negativas*". Essas externalidades ambientais são negativas porque seu custo é socializado enquanto o lucro decorrente da comercialização do produto ou prestação do serviço é destinado exclusivamente ao empreendedor. A "[...] imprescindível internalização das externalidades ambientais negativas aos processos produtivos" deu origem ao princípio do poluidor-pagador e com ele "[...] o empreendedor passou a ser obrigado a arcar com a reparação dos danos ambientais causados direta ou indiretamente pelas externalidades ambientais negativas geradas em seu processo produtivo".

Todavia, a "[...] referida imputação não previne efetivamente a ocorrência do dano ambiental", motivo pelo qual, propõe-se a incorporação da variável ambiental ao dia a dia do setor produtivo na esfera jurídica caracterizando-a como "[...] instrumento efetivo de prevenção de danos ambientais", uma vez que na esfera econômica isso já vem ocorrendo por meio da alteração do processo produtivo incorporando métodos de Produção mais Limpa (P+L) ou por meio da implantação de sistemas de reuso de água ou de sistemas para

---

52. Ibidem, p. 128; SALDANHA, 2011 (apud SANTOS, 2013, p. 128). SALDANHA, A. H. T. Função socio-ambiental dos contratos e instrumentalidade pró-sustentabilidade: limites ao exercício de autonomias públicas e privadas. *Revista Veredas do Direito*, v. 8, n. 16, p. 107. Belo Horizonte, jul./dez. 2011.
53. Ibidem, p. 130.
54. Op. cit., p. 59. Exemplos: "[...] utilização de matérias primas escassas, insumos não-renováveis (combustíveis, energia), emissões atmosféricas resíduos sólidos, efluentes etc.".

otimização do uso de matéria-prima objetivando menor geração de resíduos sólidos e efluentes.[55]

Já a "[...] incorporação das normas ambientais aos negócios jurídicos ocorre por meio da coordenação entre normas contratuais e normas ambientais quando da celebração dos contratos".[56]

Segundo a referida autora,[57] os conceitos dos princípios da *prevenção* e *precaução* são:

(i) prevenção dos danos previsíveis e dos riscos conhecidos, iminentes: em havendo risco ao meio ambiente, não deve a atividade potencialmente poluidora ser implementada, a menos que medidas mitigadoras sejam efetivadas; e,

(ii) precaução devida em face dos danos potenciais e dos riscos incertos: em havendo dúvida sobre a segurança do meio ambiente em face de atividade produtiva, a atividade não deve ser iniciada até que se implementem medidas assecuratórias de sua viabilidade ambiental.

Nesse sentido, Canotilho e Vital Moreira[58] afirmam que as práticas negociais "[...] devem evitar sobretudo a criação de poluição e perturbações na origem e não apenas combater posteriormente seus efeitos, sendo melhor prevenir a degradação ambiental do que remediá-la *a posteriori*".

Um ponto a se destacar aqui é que, conforme disposto no Art. 14, § 1º, da Política Nacional do Meio Ambiente (PNMA),[59] ao tratar da responsabilidade civil por danos ambientais, o legislador de maneira brilhante e correta, não especifica se a degradação ambiental deve ser advinda de ato extracontratual ou contratual, não importando, pois, se o dano ambiental decorreu de ato negocial ou não. Ou seja, a responsabilização pelo dano ambiental, sobrevirá ao poluidor de qualquer forma.

Ana Luci Grizzi,[60] então, explica que para incluir cláusulas ambientais em contratos, deve haver uma conformidade prévia com as normas ambientais por parte dos empreendedores.

---

55. Op. cit., p. 60.
56. Ibidem.
57. Idem. Direito ambiental na prática empresarial: cláusulas ambientais contratuais. In: BRAGA FILHO, E. DE O. et al. (Coord.). *Advocacia ambiental*: segurança jurídica para empreender. Rio de Janeiro: Lumen Juris, 2009, p. 230, itálico nosso.
58. CANOTILHO, 1993 (apud SANTOS, 2013, p. 135, negrito e itálico do autor) CANOTILHO, J. J. G.; MOREIRA, V. *Constituição da República Portuguesa anotada*. 3. ed. Coimbra: Coimbra, 1993, p. 348.
59. Idem. Lei 6.938/1981, de 31 de agosto de 1981. Política Nacional do Meio Ambiente (PNMA).
60. GRIZZI, A. L. L. E. Responsabilidade ambiental das partes envolvidas em eventos de contaminação: esferas administrativas, civil e criminal. In: MOERI, E.; RODRIGUES, D.; NIETERS, A. (Ed.). *Áreas contaminadas*: remediação e revitalização: estudos de casos nacionais e internacionais. São Paulo: Signus, 2008, v. 4, p. 68.

Apesar da conformidade legal ser requisito obrigatório, na prática não é que se encontra, atesta a referida autora.[61] Pelo contrário, ela afirma que "[...] poucas são as empresas que estão em integral conformidade com as normas ambientais" e isso ocorre por duas razões: "[...] (i) falta de fiscalização eficaz; e (ii) falta de políticas promocionais e de incentivos para a conformidade ambiental dos empreendedores".

No caso de o empreendimento não estar em conformidade com as normas ambientais aplicáveis e porventura o empreendedor seja compelido a celebrar contratos com cláusulas ambientais, certamente ele precisará "[...] investir em seu negócio para atingir a conformidade ambiental, sem a qual ele não conseguirá adimplir com o contrato.[62]

Conforme Grizzi,[63] o empresariado tem uma visão equivocada de que incluir cláusulas ambientais, e inclusive, tomar as medidas necessárias para sua conformidade ambiental, representa "[...] "custos infundados" para o seu negócio".

Para a negociação e definição das cláusulas ambientais faz-se necessário o envolvimento das próprias partes contratantes bem como assessores jurídicos, pois esse processo decorre da "[...] ampla difusão do conceito de responsabilidade ambiental tríplice [...] e de sua repercussão prática nos negócios, leia-se; supostos custos ambientais".[64]

Conhecer as externalidades negativas do processo é o primeiro passo para minimizar eventuais contingências ambientais decorrentes da atividade produtiva. Nesse sentido Grizzi explica que[65] "o empreendedor deve possuir uma fotografia do seu negócio e ser capaz de detectar onde há risco ambiental e qual a probabilidade desse risco ocorrer".

Esse processo envolve a coleta e análise de informações sobre o processo produtivo e tem por excelente instrumento a *auditora ambiental*, termo introduzido agora, mas que será tratado com particularidade adiante.

A coleta dessas informações, também indicarão ao empreendedor eventuais melhorias aplicáveis ao seu processo operacional que tenham reflexos diretos ou indiretos nos seus contratos celebrados com fornecedores, clientes e prestadores de serviços.

---

61. Idem. Direito ambiental na prática empresarial: cláusulas ambientais contratuais. In: BRAGA FILHO, E. DE O. et al. (Coord.). *Advocacia ambiental*: segurança jurídica para empreender. Rio de Janeiro: Lumen Juris, 2009, p. 232.
62. Op. cit.
63. Op. cit.
64. Ibidem, 2009, p. 233.
65. Ibidem, 2008, p. 69.

Por fim, o resultado de todo este trabalho deve ser materializado em cláusulas ambientais específicas, "[...] *claras* e *exequíveis* (oponíveis apenas entre as partes), de forma a viabilizar a gestão dos riscos jurídico-ambientais inerentes ao negócio jurídico celebrado".[66]

Consequentemente, ao se analisar o tema é inegável a importância da incorporação da variável ambiental nos contratos.

4.4 Principais riscos ambientas associados à aquisição de áreas contaminadas

Conforme Groff[67]

> Os riscos de contaminação de propriedades podem surgir das operações atuais de uma empresa, de operações históricas ou legadas no local ou da migração de poluentes de um local vizinho para a propriedade. Uma empresa também pode ficar exposta à responsabilidade por contaminação de propriedade de terceiros se os contaminantes de seu local migrarem para outras propriedades ou se a empresa participar de atividades externas, como descarte de resíduos em propriedades de terceiros.

De acordo com Rocca,[68] dentre as atividades potencialmente poluidoras do solo, destacam-se como principais fontes de contaminação: atividades industriais; áreas de estocagem, tratamento e descarte de efluentes e resíduos; atividades extrativistas; agricultura; aplicação de efluentes e resíduos no solo; e postos de combustíveis.

Já dentro de cada uma dessas atividades, conforme a Federação das Indústrias do Estado de São Paulo (FIESP), normalmente, um processo de contaminação ocorre por adoção de práticas não recomendadas ambientalmente pelas atividades produtivas e não produtivas, sendo estas realizadas por desconhecimento, desleixo ou de forma acidental. Em processos operacionais da atividade produtiva, as principais causas de geração de áreas contaminadas podem ser:[69] áreas de armazenamento, carregamento ou descarregamento de matérias-primas, insumos ou resíduos contendo substâncias potencialmente contaminantes sem impermeabilização ou mesmo bacia de contenção; tubulações ou dutos de matérias-primas ou efluentes com vazamento; equipamentos que utilizam líquidos (óleo, fluidos hidráulicos ou elétricos etc.) sem manutenção ou controle, ou ainda

---

66. Ibidem, 2009, p. 233.
67. GROFF, S. B. Environmental insurance. In: SCHNAPF, L. P. (Ed.). *Environmental issues in business transactions*. Chicago, IL: ABA Publishing, American Bar Association, 2011, p. 505, tradução nossa.
68. ROCCA, A. C. C. Os passivos ambientais e a contaminação do solo e das águas subterrâneas. In: JUNIOR, A. V.; DEMAJOROVIC, J. (Org.). *Modelos e ferramentas de gestão ambiental*: desafios e perspectivas para as organizações. São Paulo: Editora Senac, 2006, p. 253.
69. FIESP. *Áreas contaminadas*: informações básicas. Departamento de meio ambiente. São Paulo: FIESP-CIESP, 2014, p. 10-11.

TRANSAÇÕES IMOBILIÁRIAS DE ÁREAS CONTAMINADAS NO ESTADO DE SÃO PAULO | 121

obsoletos; armazenamento de produtos ou insumos industriais vencidos em locais inadequados; instalações desativadas com histórico de manuseio de materiais com potencial poluidor; entre vários outros.

Cabe destacar que a contaminação ligada a um passivo ambiental depende da concentração de substâncias no solo, ou seja, necessitam estar acima de limites estabelecidos como seguros, e de que essa concentração não seja natural, podendo ser transportada a partir desses meios, propagando-se por diferentes vias, como, por exemplo, o ar, o solo ou as águas subterrâneas e superficiais, alterando suas características naturais ou qualidades.[70]

De acordo com Baldoni,[71] estas áreas "[...] podem constituir-se em um grande atrativo para o capital imobiliário, resultando em situações ainda não avaliadas".

Por esta razão, faz-se necessário atentar para as práticas industriais passadas, pois que muitas das áreas porventura disponíveis à novos usos, seja na capital ou até mesmo em outras regiões do Estado, ainda mantenham em seu solo e entorno as substâncias e compostos acima que podem comprometer o meio ambiente e a saúde da população.[72]

4.5 *Due diligence* ambiental na aquisição de áreas contaminadas

Com o objetivo de precaver-se, dentro do possível, dos riscos do "[...] tardio descobrimento de responsabilidades ou fatores capazes de influenciar na determinação do preço ou na própria conclusão de um negócio [...]", algumas negociações imobiliárias e todas as grandes operações societárias tem contado com o apoio de auditores, os quais – "[...] embora não com a certeza almejada, mas com o apoio da melhor técnica atualmente disponível [...]" – conferem maior segurança à essas transações.[73]

Aplicáveis a nível nacional e estadual, nosso ordenamento legal vigente, já contempla o termo *auditorias ambientais*, bem como sua definição, nos seguintes dispositivos: Art. 2º, XXIII, do Decreto 4.136,[74] de 20 de fevereiro de 2002 e a Lei 9.509,[75] de 20 de março de 1997, as quais transcreve-se abaixo:

---

70. Ibidem, p. 11.
71. BALDONI, 2002 (apud VALENTIM, 2007, p. 38), BALDONI, M. A. O lugar da indústria na cidade de São Paulo. Dissertação de Mestrado – Faculdade de Arquitetura e Urbanismo, Universidade de São Paulo (USP), 2002.
72. VALENTIM, L. S. O. *Requalificação urbana, contaminação de solo e riscos à saúde*: um caso na cidade de São Paulo. São Paulo: Annablume; Fapesp, 2007, p. 38.
73. ADAMEK, M. V. V. Passivo ambiental. In: FREITAS, V. P. DE (Coord.). *Direito ambiental em evolução* – 2. 1. ed. (2000), 9. reimp. Curitiba: Juruá, 2011, p. 114.
74. Idem. Decreto 4.136/2002, de 20 de fevereiro de 2002. Aplicável apenas a indústria petrolífera.
75. Idem. Lei 9.509/1997, de 20 de março de 1997. Dispõe sobre a Política Estadual do Meio Ambiente, seus fins e mecanismos de formulação e aplicação.

Art. 2° [...]

XXIII – *auditoria ambiental*: é o instrumento pelo qual se avalia os sistemas de gestão e controle ambiental em porto organizado, instalação portuária, plataforma e suas instalações de apoio e dutos, a ser realizada por órgão ou setor que não esteja sendo objeto da própria auditoria, ou por terceira parte; [Decreto 4.136/2002]

Art. 2° [...]

VII – realização periódica de auditorias ambientais nos sistemas de controle de poluição e nas atividades potencialmente poluidoras; [Lei 9.509/1997]

Grizzi[76] explica que o melhor modelo de *auditoria ambiental* são aquelas em que há um trabalho conjunto de auditores internos (integrante da própria atividade auditada) e auditores independentes (terceiros contratados).

Já Rogers[77] complementa que "as investigações ambientais [*due diligence* ambiental] são normalmente acionadas por transações comerciais, à medida que os compradores, inquilinos e credores em potencial buscam proteção contra responsabilidades futuras.

Essas auditorias buscam evidências do emprego de práticas passadas que possam ter acarretado contaminação do solo ou da água subterrânea, ou qualquer outra situação que possa configurar um passivo ambiental e podem ser realizadas de acordo com "[...] diferentes procedimentos e distintos graus de detalhamento".[78]

Sob a temática da transação imobiliária, Lawrence Schnapf[79] ensina que

É importante lembrar que o objetivo das investigações de *due diligence* ambiental não é descobrir todas as informações que existem sobre uma determinada instalação ou empresa, mas fornecer aos compradores ou credores uma compreensão dos potenciais passivos ambientais para que as partes possam *alocá-los contratualmente*.

Da perspectiva do vendedor, é importante ele conduzir internamente sua própria *due diligence* ambiental antes de iniciar as negociações com o comprador. Ao fazê-lo, segundo Schnapf,[80] o vendedor pode ter sucesso nos seguintes pontos:

---

76. Idem. Direito ambiental, auditorias ambientais e atividades econômicas. In: SILVA, B. C. (Org.). *Direito ambiental*: enfoques variados. São Paulo: Lemos & Cruz, 2004. p. 162-163.
77. ROGERS, G. Environmental Disclore 101. In: DAVIS, T. S.; SHERMAN, S. A. (Ed.) *Brownfields*: a comprehensive guide to redeveloping contaminated property. 3. edx. United States of America: ABA – American Bar Association, 2010, p. 96, tradução nossa.
78. SANCHÉZ, L. E. Danos e passivo ambiental. In: PHILIPPI JR., A.; ALVES, A. C. (Ed.). *Curso interdisciplinar de direito ambiental*. Barueri, SP: Manole, 2005, p. 285.
79. SCHNAPF, L. P. Environmental due diligence. In: SCHNAPF, L. P. (Ed.). *Environmental issues in business transactions*. Chicago, IL: ABA Publishing, American Bar Association, 2011, p. 380, tradução nossa, itálico nosso.
80. Op. cit., 2011, p. 381, tradução nossa, itálico nosso.

TRANSAÇÕES IMOBILIÁRIAS DE ÁREAS CONTAMINADAS NO ESTADO DE SÃO PAULO | 123

a) identificar os problemas antes que eles sejam levantados por um comprador para que possam ser resolvidos antes de se tornarem pontos de negociação que poderiam reduzir o preço de compra ou prolongar as negociações;

b) começar a formular soluções para os problemas. O vendedor pode ser capaz de começar a estabelecer as bases com as agências ambientais para resolver os problemas e se familiarizar com as várias opções, como por exemplo, um programa de *brownfield* estadual ou um programa de limpeza voluntária [nos Estados Unidos], que poderia apresentar ao comprador;

c) se antecipar às preocupações do comprador e melhorar a sua percepção sobre o desempenho ambiental da empresa. Informações incompletas ou desorganizadas podem fazer com que o comprador perca a confiança de que a gestão da empresa prestou atenção às questões ambientais ou suspeite que o vendedor as está escondendo. Isso pode complicar as negociações das questões ambientais. O comprador pode insistir em cláusulas *representations and warranties* mais rígidas, exigir uma indenização e, geralmente, aplicar um exame mais minucioso a cláusula *nonmaterial issues*;

d) acelerar o processo de avaliação ambiental, fornecendo ao comprador um pacote de dados que pode ser usado para agilizar sua própria *due diligence*;

e) identificar documentos confidenciais e privilegiados.

Por outro lado, o comprador normalmente realiza uma *due diligence* ambiental, pelo menos nos Estados Unidos, para assegurar o cumprimento da *Comprehensive Environmental Response, Compensation, and Liability Act* (CERCLA) (ou Lei do *Superfund*) ou então sua defesa como comprador inocente conforme lei equivalente em seu no Estado. Entretanto, Schnapf[81] nos informa que há outras razões pelas quais o comprador deveria realizar uma *due diligence* ambiental e são elas:

a) Um comprador que deseja fazer valer a defesa contra reclamações de terceiros deve mostrar que teve o devido cuidado com relação às substâncias perigosas em uma instalação. A menos que o comprador examine minuciosamente um local, pode não ter conhecimento da contaminação e, portanto, não tomar as medidas necessárias para fazer valer a defesa com êxito;

b) Um comprador que deseja preservar as defesas dos *bona fide prospective purchasers* (BFPP) e do *contíguos property owner* (CPO) pode usar a *due diligence* para mostrar que conduziu uma investigação apropriada. As informações também podem ser usadas para capacitá-lo a exercer o "cuidado apropriado" necessário para preservar essas novas defesas;

c) Os estados podem ter promulgado suas próprias versões da CERCLA que podem ter critérios diferentes e que devem ser seguidos para a *due diligence* ambiental, mas na maioria das vezes, as partes devem desenvolver um programa que seja feito sob medida para as circunstâncias particulares da transação;

d) Um comprador pode usar as informações para "traçar uma linha branca" [estabelecer um limite] ao redor da instalação para mostrar quais condições existiam antes do fechamento. Desta forma, o comprador poderia não apenas demonstrar em qualquer litígio futuro qual contaminação ele conhecia, mas também qual contaminação não era atribuível às suas operações;

---

81. Ibidem.

124 FABIO GARCIA BARRETO

e) Se a *due diligence* ambiental for realizada com antecedência suficiente em uma transação, as partes podem usar as informações para alocar responsabilidades identificadas durante a investigação, rascunhar indenizações ou talvez redefinir o preço do negócio;

f) As informações também podem ser usadas para obter *seguro ambiental* que pode ser usado para ajudar a alocar a responsabilidade ambiental;

g) Alguns estados [americanos] têm programas de assistência financeira que podem ajudar a pagar pela contaminação associada a tanques de armazenamento subterrâneo (USTs) ou lavanderias a seco. As partes que conhecem essas fontes de contaminação podem determinar a disponibilidade de fontes de recursos e utilizar essas informações na alocação contratual desses passivos;

h) quase 70% das aquisições corporativas não atingem os objetivos de negócios que foram antecipados quando o comprador concordou em fazer a transação. Uma das principais razões para o mau desempenho é a integração pós-aquisição. As práticas ambientais de um vendedor frequentemente diferem daquelas do comprador. A *due diligence* pré-aquisição ajudará o comprador a identificar os prováveis – custos ambientais dessas mudanças e planejar as mudanças operacionais que podem ser necessárias;

i) Instalações que já existem há muito tempo provavelmente mudaram significativamente suas práticas ambientais. As áreas favoráveis – que podem não parecer representar qualquer risco ambiental atual podem ter sido usadas no passado como lagoas, aterros ou áreas de disposição. Se houver áreas em um local onde materiais perigosos foram manuseados ou dispostos, uma ação corretiva federal – Lei *Resource Conservation and Recovery Act* (RCRA) [exclusiva para os EUA] – pode ser necessária no futuro. Portanto, é importante que o comprador analise as fotografias históricas de uma instalação, examine registros antigos e tente entrevistar ex-funcionários que possam ter conhecimento sobre práticas anteriores;

j) A contaminação das fábricas anteriores pode ter migrado para propriedades adjacentes e expor a empresa a ações de danos materiais. Tem havido um aumento nas reclamações de lesões corporais e danos materiais para pessoas e bens expostos a substâncias perigosas. As partes de uma transação devem estar cientes da possibilidade de contaminação do lençol freático migrar para fora do local ou de emissões atmosféricas que podem levar a tal responsabilidade;

k) As auditorias ambientais também podem ser usadas pelos credores para avaliar a probabilidade de que o tomador do empréstimo altamente alavancado seja obrigado a financiar uma limpeza que poderia torná-lo insolvente;

l) Os credores ou compradores podem usar auditorias ambientais para selecionar ou excluir propriedades da transação ou para identificar propriedades que podem ser barradas;

m) Se o comprador está financiando uma aquisição por meio de um banco ou se um fundo de hedge está fornecendo financiamento bem como assumindo uma posição patrimonial na empresa, o comprador geralmente será obrigado a realizar uma auditoria ambiental para que seu credor e/ou investidor possa se sentir confortável com os *passivos ambientais* associados à empresa [ou imóvel] a ser adquirido.

Sanchéz[82] ensina que as "as investigações de passivo ambiental por auditorias costumam ser divididas em duas etapas, denominadas Fase I *(Phase I)* e Fase II

---

82. Op. cit., 2005, p. 285.

(Phase II). A Fase I fundamenta-se em evidências documentais ou informações verbais obtidas pelo auditor. Já a Fase II, inclui estudos do solo, por meio de sondagens, coleta de amostras de solo, água ou gás, análises laboratoriais e outros métodos de investigação.

Baseado nos resultados obtidos na Fase I, o cliente pode tomar decisões com relação a transações imobiliárias ou comerciais ou ainda com respeito à eventual descontaminação da área, e então, avançar para a Fase II, realizando investigações de campo para verificar a natureza e a extensão da contaminação.

Atualmente, as mais usuais são aquelas que seguem as normas técnicas americanas da *American Society for Testing and Materials* (ASTM).

No Brasil, a Associação Brasileira de Normas Técnicas (ABNT) tema a mesma função da ASTM nos Estados Unidos e seguindo modelo aplicado no mercado norte-americano, vem normatizando o processo de gerenciamento de áreas contaminadas.

As normas que já se encontram disponíveis são:

a) NBR 15515-1:2021 – Avaliação Preliminar;

b) NBR 15515-2:2011 – Investigação Confirmatória;

c) NBR 15515-3:2013 – Investigação Detalhada;

d) NBR 16209:2013 – Avaliação de risco a saúde humana para fins de gerenciamento de áreas contaminadas;

e) NBR 16210:2013 – Modelo conceitual no gerenciamento de áreas contaminadas.

No Estado de São Paulo, em 2003, a Câmara Ambiental da Construção Civil, com o apoio da CETESB e Agência de Cooperação Técnica Alemã (GTZ), divulgou o Guia para Avaliação do Potencial de Contaminação em Imóveis.

O referido guia que teve como objetivo:[83]

Orientar os interessados (empreendedores imobiliários, profissionais e empresas afins) quanto às precauções que devem ser tomadas e aos procedimentos que devem ser adotados, antes da realização de uma transação imobiliária, ou antes do início da implantação de um empreendimento, para verificar se a área a ser ocupada apresenta contaminação que coloque em risco a saúde humana (trabalhadores, usuários e vizinhos do empreendimento, dentre outros) e o meio ambiente.

Sanchéz[84] explica que "o guia propõe um procedimento semelhante a uma avaliação ambiental Fase I, porém, mais simples".

---

83. Idem. Guia para avaliação do potencial de contaminação em imóveis. SILVA, A. C. M. A da et al. (Elab.). São Paulo: CETESB; GTZ, 2003, p. 25.

84. Op. cit., 2005, p. 288.

A avaliação ambiental de um imóvel ou área é constituído basicamente por *três etapas*: (i) análise documental, (ii) reconhecimento do local, e (iii) entrevistas.[85]

A *primeira* envolve o levantamento de informações preexistentes sobre o imóvel e adjacências. Normalmente se encontram informações bem úteis em arquivos de diferentes órgãos públicos ou entidades privadas, no entanto, sua compilação pode ser bastante trabalhosa. Buscam-se dois tipos de informação: (i) sobre fontes de contaminação e (ii) sobre usos atuais e pretéritos do solo. No primeiro caso, cadastros de indústrias ou de fontes de poluição, cadastro de atendimento a emergências ambientais e cadastros de áreas contaminadas são boas fontes de informação. No segundo, quanto ao uso do solo, "[...] busca-se reconstituir o histórico de uso do imóvel a partir das mais variadas fontes [...]" como fotografias aéreas, mapas, ferramentas de geolocalização. Também é possível consultar cadastros de prefeituras e cartórios de registros de imóveis.

A etapa seguinte prevê o reconhecimento da situação atual do imóvel pelo auditor ou usuário dessas normas e guias de avaliação ambiental de terrenos ou áreas.

A *terceira* etapa implica na condução de entrevistas, com os proprietários e ocupantes do imóvel, bem como com funcionários de órgãos públicos que possam ter algum conhecimento sobre as atividades atuais ou passada ali realizadas.

Por fim, o trabalho termina com a preparação de um relatório conclusivo.

Sanchéz[86] relata que

> Há muitas variações sobre esse modelo básico de *due diligence*. Uma delas é incluir uma estimativa do valor do passivo, considerando-se técnicas usualmente empregadas para sua correção (recuperação de áreas degradadas). É claro que a incerteza de tal estimativa é grande e somente com trabalhos de investigação do tipo fase II pode-se ter uma estimativa de custo com menor margem de erro. No entanto, levando em conta os próprios custos de uma investigação fase II e o tempo necessário para realizá-la, muitas estimativas do montante do passivo ambiental são feitas unicamente com base em uma auditoria fase I.

Bill Felix,[87] líder da prática de *Due Diligence* Ambiental na *Chubb Global Risk Advisors*, explica que

> As preocupações ambientais, especialmente aquelas não descobertas durante a aquisição de uma propriedade, apresentam riscos adicionais e às vezes onerosos. As penalidades pela aquisição de um local com comprometimento ambiental podem ter tremendas implicações

---

85. Ibidem, p. 289.
86. Op. cit., 2005, p. 288-289.
87. FELIX, B. *Environmental due diligence*: 9 steps companies should take to effectively manage environmental risks in commercial real estate deals. Chubb Global Risk Advisors – Advisory Series, 2018, itálico nosso, tradução nossa.

TRANSAÇÕES IMOBILIÁRIAS DE ÁREAS CONTAMINADAS NO ESTADO DE SÃO PAULO **127**

financeiras, jurídicas e de reputação para empresas que adquirem propriedades contaminadas. É por isso que é imperativo que os compradores/investidores utilizem procedimentos de *due diligence* ambiental abrangentes e em conformidade com as regulamentações para avaliar com eficácia a exposição ambiental em transações imobiliárias comerciais.

O processo inicial de identificação de uma área contaminada para o setor imobiliário é tipicamente composto por um Estudo Básico e pela etapa de Avaliação Preliminar, que consistem no reconhecimento da área. Ambos são caracterizados pela realização de levantamento de dados e pela reunião de informações iniciais para a decisão de aquisição ou não da propriedade.

Ainda não é nesta fase que o empreendedor terá a confirmação ou não da existência da contaminação, a quantificação das massas das substâncias químicas de interesse e tampouco os limites das plumas de contaminação, uma vez que esta parte é vista da Investigação Detalhada, a qual não será vista neste trabalho.

Durante essas etapas serão obtidos os primeiros indícios sobre a existência e natureza das contaminações, uma estimativa sucinta da eventual contaminação do solo e da água subterrânea e uma avaliação preliminar da viabilidade do negócio.

Restando dúvidas e suspeitas em relação a eventuais contaminações, a próxima etapa, antes da aquisição da área ou terreno, ou contratação da operação e do início da obra, deve haver a realização de uma Investigação Confirmatória (Fase II), que serve para legalmente enquadrar a área como contaminada e assim subsidiar decisões para avançar ou declinar eventual aquisição da área ou o desenvolvimento do projeto imobiliário.

Neste contexto, a etapa antes da eventual aquisição da propriedade deve ser a de Investigação Confirmatória, que serve para legalmente enquadrar a área como contaminada ou não e, desta forma, subsidiar as decisões para continuar ou encerrar o desenvolvimento do projeto imobiliário no terreno e, quando necessário, para a obtenção da permissão de construção perante o órgão ambiental competente.

Neste trabalho, não será dado enfoque às etapas seguintes pois que na grande maioria das vezes, exceto por alguns empreendedores imobiliários mais arrojados, o processo para exatamente na Investigação Confirmatória, e não avança nas demais etapas do processo de gerenciamento de áreas contaminadas, realizando a Investigação Detalhada.

4.6 Transações imobiliárias – cláusulas usuais nos Estados Unidos e sua aplicação no Brasil

As disposições ou cláusulas contratuais gerais, denominadas *provisions* em inglês, mais importantes em qualquer contrato de aquisição seja de um *brownfield* ou área ou propriedade contaminada são, obviamente, as cláusulas que tratam dos aspectos ambientais da transação.[88]

Connoly and Goslin[89] ensinam que "as disposições contratuais mais importantes para entender e alocar passivos ambientais no contrato" são:

a) representações e garantias ambientais (*environmental representations and warranties*);

b) indenização (*indemnification* ou *indemnities*);

c) direitos de acesso (*access rights*).

Outras disposições também merecem destaque tais como: Definições (*Defined Terms*) e Obrigações (*Covenants*), razão pela qual também estarão listadas abaixo.

Importante observar que em cada tópico busca-se incluir considerações do Prof. Evandro Pontes[90] sobre os aspectos gerais dessas cláusulas e seu enquadramento, na medida do possível, dentro do direito brasileiro. Embora sua obra tenha sido direcionada para os contratos de Fusões e Aquisições, as terminologias se assemelham e de certo modo também seu objeto, uma vez que quando empresas adquirem outras, assumem também suas propriedades e instalações, e com isso, seu passivo ambiental, caso houver.

Abaixo será visto as cláusulas mais usuais aplicadas nos Estados Unidos, com uma breve explicação de cada uma delas, mas que já são encontradas em contratos de compra de imóveis contaminados aqui no Brasil, principalmente por fundos de investimento internacionais com interesse no desenvolvimento imobiliário em áreas contaminadas.

4.6.1   Definições (Defined Terms)

Pontes[91] nos ensina que

> [...] todos os contratos convencionam cuidadosamente, a linguagem adotada. Na abertura do contrato as partes estabelecem cláusulas de interpretação, de referência cruzada, função de rubricas ou cabeçalhos das cláusulas e limitação para interpretação no emprego de termos restritivos como "*to the best knowledge of*" [segundo o seu melhor conhecimento], "*best efforts*" [melhores esforços], "*commercially reasonable efforts*" [esforços comercialmente razoáveis] ou

---

88. MARGOLIS, K. D.; DAVIS, T. S. Doing the brownfields deal. In: DAVIS, T. S.; SHERMAN, S. A. (Ed.) *Brownfields*: a comprehensive guide to redeveloping contaminated property. 3. ed. United States of America: ABA – American Bar Association, 2010, p. 113, (tradução livre).

89. CONNOLLY, A.; GOSLIN, T. D. *Environmental due diligence and risk allocation in M&A transactions*. Practical guidance at Lexis Practice Advisor, 2015, (tradução livre).

90. PONTES, E. F. de. *Representations & warranties no direito brasileiro*. São Paulo: Almedina, 2014, p. 54.

91. Ibidem, 2014, p. 54-55.

amplificativos como *"without limitation to"* [não se limitando a], *"including but not limited to"* [incluindo e não se limitando a]."

Mesmo pequenas mudanças na redação das principais definições do contrato podem servir para modificar a alocação contratual de riscos ambientais. O escopo das definições deve ser revisado para termos equivalentes para garantir a cobertura desejada de possíveis questões ambientais.

Por exemplo, nos Estados Unidos são termos importantes para serem revisados, entre outros:

a) *release* (liberação ou lançamento [de contaminantes e poluentes]);

b) *environmental laws* (leis ambientais);

c) *environmental liabilities and costs* (custos e responsabilidades ambientais);

d) *hazardous materials* (materiais perigosos);

e) *loss* (perda);

f) *remedial action* (ações de remediação).

Farber[92] observa que as armadilhas mais comuns em contratos são os termos ambíguos, tais como "limpeza", "padrões" e "contaminação", os quais requerem consideração cuidadosa. Exclusões, cláusulas de aceleração ou quaisquer termos que possam afetar outras definições também devem ser esclarecidos com a maior precisão possível para evitar conflitos posteriores na interpretação.

4.6.2 Representações e garantias ambientais (Environmental representations and warranties)

Pontes[93] aduz que os termos que melhor expressam a referida cláusula no Brasil, já consagrado na lei (Art. 219 do CC), são *cláusulas representativas* ou *declarações enunciativas*. Isto porque os termos *representação* e *garantia* separadamente possuem aplicações distintas em outros normativos legais (Lei das Sociedades por Ações (LSA), CC e Código de Defesa do Consumidor (CDC).

O referido autor[94] explica que "uma cláusula com declarações enunciativas do tipo *Representations and Warranties* é dotada de peculiaridades que a diferencia de outras espécies de declarações enunciativas ou representativas".

---

92. FARBER, T. *Managing environmental risks in real estate transactions.* Miller Thomson LLP, 2007, tradução nossa.

93. Ibidem, 2014, p. 15.

94. Ibidem, 2014, p. 55.

Guilherme Pereira[95] lembra que

> [...] as *representations* são declarações sobre fatos e circunstâncias que devem ser verdadeiras tanto no momento anterior quanto no momento exato em que as partes convencionam e o instrumento é assinado. São declarações sobre o passado e o presente. Já o conceito de *warranties* dirá respeito à precisão e a certeza do fato num certo período de tempo que pode compreender uma data futura. Portanto, seriam declarações sobre o passado, o presente, e, eventualmente, um momento superveniente da negociação.

Numa outra visão, Murphy and Conant[96] explicam que uma *representation* é uma declaração expressa de um fato feito por uma parte de um contrato para induzir a outra parte a celebrar o contrato; e que uma *warranty* é uma promessa que a *representation* é verdade.

Como acontece com qualquer transação, as *representações e garantias* relativas a questões ambientais irão variar dependendo da natureza da atividade que está sendo adquirida. Desse modo, no ambiente de hoje, quase todo contrato de compra conterá pelo menos algumas representações e garantias ambientais.[97]

Connolly and Goslin[98] ensinam que "as representações e garantias ambientais podem servir a *dois* propósitos: (i) *primeiro*, podem ajudar a facilitar a *due diligence*, exigindo que um vendedor divulgue o que sabe sobre certas questões ambientais das suas instalações; em (ii) *segundo* lugar, podem ajudar a distribuir a responsabilidade por questões ambientais entre o comprador e o vendedor.

A maior parte das representações e garantias relacionadas a questões ambientais são feitas pelo *vendedor* ao *comprador*. As considerações ao redigir e negociar essas disposições incluem:[99]

a) não há contaminação presente nas propriedades que estão sendo adquiridas;

b) as operações da empresa adquirida não causaram contaminação em nenhum outro imóvel;

c) a área está e tem estado em conformidade com as leis ambientais;

d) não há processos ambientais pendentes ou ameaçados em relação aos ativos ou ao negócio.

As representações e garantias ambientais devem ser adaptadas à área objeto em questão. Por exemplo, se a área tiver um longo histórico de fabricação, um

---

95. PEREIRA, 1995, p. 104-113 (apud PONTES, 2014, p. 62, itálico do autor). PEREIRA, G. de C. *Alienação do poder de controle acionário*. São Paulo: Saraiva, 1995.
96. MURPHY, M.; CONANT, E. Contractual allocation of environmental liabilities: recente developments and practice considerations. *Environmental Claims Journal*, v. 9, n. 2, p. 91-104, London, 1996. DOI: 10.1080/10406029709383865. Disponível em: https://doi.org/10.1080/10406029709383865.
97. Op. cit., 2015, (tradução livre).
98. Ibidem.
99. Ibidm.

comprador pode solicitar uma declaração de que a empresa não fabrica e não fabricou produtos que contenham materiais perigosos, como o amianto. Se um comprador achar que não teve a oportunidade de realizar uma ampla *due diligence* na instalação, ele pode solicitar uma declaração de que certas características não estão presentes na propriedade que está sendo adquirida, incluindo tanques de armazenamento subterrâneos ou aterros/área de disposição de resíduos industriais. Os compradores também costumam pedir ao vendedor que declare que disponibilizou ao comprador toda a documentação ambiental relevante, para que o comprador possa obter algum nível de conforto de que está ciente de todas as responsabilidades ambientais conhecidas.

Dependendo da natureza da atividade da área objeto da transação, pode ser necessário incluir certas qualificações nas representações e garantias ambientais, principalmente no que diz respeito à *materialidade* e ao *conhecimento*. Por exemplo, um contrato de compra de área onde funciona uma indústria química altamente regulamentada provavelmente conteria termos definidos nas representações que a empresa está e tenha "cumprido substancialmente" todas as leis ambientais ou que a empresa esteja em conformidade, exceto por qualquer não conformidade que não poderia ser razoavelmente esperada que resultasse em responsabilidades concretas da empresa. As representações também podem ser qualificadas pelo conhecimento. Por exemplo, o vendedor exporia que, pelo seu conhecimento, a área está livre de qualquer contaminação. Se e quando as qualificações de materialidade e conhecimento são apropriadas para representações e garantias ambientais dependerá em grande parte da natureza da transação e da tolerância das partes para assumir ou reter riscos e a força de sua posição de barganha.

Farber[100] complementa que deve ser considerado também o valor das representações e garantias ambientais, quando qualificado. Representações e garantias irrestritas são de maior valor para um comprador, enquanto representações e garantias que são limitadas pelo tempo, "*best of knowledge*" ou que podem ter um "*material adverse effect*" são de menor valor para o comprador. As representações e garantias também podem ser limitadas no tempo ou por uma quantia no caso de uma violação. As indenizações, como será visto mais a frente, podem exigir a violação de uma representação ou garantia como condição.

4.6.3 Obrigações (Covenants)

Evandro Pontes[101] explica que se tratam, em sua grande maioria, de "[...] obrigações de fazer e obrigações de não fazer, relacionadas e em referência cru-

---

100. Op. cit., 2007, (tradução livre).
101. Op. cit., 2014, p. 55.

zada com as cláusulas representativas, o preâmbulo e as condições e termos para o fechamento".

Aqui o comprador pode pedir ao vendedor que se comprometa a facilitar a investigação e a remediação de questões ambientais. Esses incluem:

a) direitos de acesso. O comprador pode exigir que o vendedor conceda acesso aos locais onde a empresa opera para facilitar a *due diligence* e as inspeções ambientais. O vendedor pode desejar limitar certas ações do comprador, como amostragem de solo ou água subterrânea;

b) problemas ambientais conhecidos. O comprador pode exigir que o vendedor investigue e corrija os problemas suspeitos, e essas obrigações podem ir além do fechamento. Importante aqui considerar uma linha de base para a contaminação atual, de modo que a contaminação futura possa ser alocada entre as partes.

4.6.4   Indenização (Indemnification ou indemnities)

Evandro Pontes[102] explica que

> [...] é uma das cláusulas mais disputadas em negócios de alienação e controle, ao lado das cláusulas enunciativas. É com base nesta cláusula que o planejamento de sucessão de um alienante para um adquirente do controle é construído. Os procedimentos para notificação de contingências, passivos ocultos [inclua-se aqui os passivos ambientais] ou ativos subavaliados sã previamente estabelecidos, com prazos para ciência, resposta, providências, descontos ou execuções de garantia, ajustes de preço ou prestações vincendas e demais fluxos de pagamento em um período de transição de controle e possível intertemporalidade das responsabilidades assumidas Nessa cláusula também se estabelecem prazos bastante exíguos de decadência para o exercício do direito de regresso normalmente relacionados a alguma preclusão processual que envolver a contingência a ser arguida no regresso.

A seção de indenização do contrato de aquisição pode incluir disposições específicas para problemas ambientais. A indenização cobriria violações das representações e garantias do vendedor, e as partes podem negociar cláusulas adicionais de indenização ambiental.

Conforme Murphy and Conant[103] explicam, o comprador geralmente buscará indenização do vendedor contra quaisquer responsabilidades resultantes da presença de qualquer contaminação preexistente no momento da venda. Geralmente, as indenizações estabelecem que uma das partes de um contrato promete compensar ou reembolsar a outra parte por perdas ambientais ou danos decorrentes após o fechamento.

Dependendo do resultado da *due diligence* ambiental, da atividade da área a ser adquirida e da força de negociação das partes, certos acordos de transação

---

102. Ibidem.
103. Op. cit., 1996, p. 95, (tradução livre).

podem fornecer ao comprador uma indenização no caso de o vendedor violar uma representação ou garantia ambiental.

Uma consideração chave em tais acordos é se as representações ambientais "sobrevivem". Em acordos em que as representações sobrevivem, o comprador pode ter direito a indenização (muitas vezes sujeito a franquias e limites máximos, denominado *caps*) se for descoberto que uma declaração não era verdadeira e o comprador sofreu uma perda como resultado da violação antes do término da sobrevivência período. Os períodos de sobrevivência para representações ambientais variam, assim como para outros tipos de representações: eles podem sobreviver por um breve período de tempo ou, em alguns casos raros, podem sobreviver para sempre.[104]

Uma variante do conceito de sobrevivência visto em alguns acordos prevê que a representação sobreviverá até o término da prescrição. Isso representa uma questão única no contexto ambiental, porque o prazo prescricional de certas leis ambientais não começa a vigorar até que a questão ambiental seja descoberta. Um período de sobrevivência vinculado ao término da prescrição cria indiscutivelmente uma situação em que essa representação sobreviveria indefinidamente. Por exemplo, se um acordo contém uma declaração de que não há contaminação presente no imóvel adquirido pelo comprador, e essa representação sobrevive até a expiração do prazo de prescrição, então, indiscutivelmente, o comprador poderia demonstrar uma violação da declaração se daqui a 20 anos, a contaminação atribuível ao vendedor é descoberta na propriedade.[105]

Uma situação dessas no Brasil, em virtude da doutrina e jurisprudência, as questões ambientais seriam imprescritíveis.

Além da indenização por violações de representações ambientais, pode ser apropriado que as partes concordem com uma indenização específica para questões ambientais. Elas podem assumir várias formas e cobrir problemas específicos conhecidos, responsabilidades contingentes ou ambos. Indenizações ambientais específicas podem ser particularmente úteis quando a *due diligence* identifica um problema conhecido, mas a magnitude da responsabilidade ainda não pode ser calculada. Nessas circunstâncias, as partes podem não ser capazes de chegar a um acordo sobre um ajuste do preço de compra para contabilizar a responsabilidade e, portanto, podem concordar com uma indenização ambiental especial que fornecerá ao comprador algum nível de proteção, permitindo que a transação seja fechada antes que toda a extensão total da responsabilidade seja conhecida.[106]

---

104. Op. cit., 2015, (tradução livre).
105. Ibidem.
106. Op. cit., 2015, (tradução livre).

134 | FABIO GARCIA BARRETO

Resumindo, os direitos e obrigações de indenização ambiental podem variar significativamente de uma transação para outra e geralmente são ditados pelos problemas identificados (ou não identificados) durante o processo de *due diligence* ambiental.[107]

4.6.5   Direitos de acesso (Access Rights)

Embora uma parte significativa da *due diligence* ambiental ocorra antes da assinatura de um contrato definitivo, em certas transações a *due diligence* ambiental continuará a ocorrer entre a assinatura e o fechamento. Na medida em que o comprador deseja continuar a *due diligence* ambiental após a assinatura do contrato, o comprador deverá garantir que tem o direito de fazê-lo no contrato. A maioria dos acordos de transação incluirá disposições que garantem ao comprador certo acesso às propriedades e registros do vendedor. Essas disposições de acesso geralmente incluem limitações que impedem o comprador de realizar amostragens ambientais invasivas. Na medida em que um comprador acredita que pode desejar realizar tal amostragem, ele deve procurar incluir termos definidos na provisão de acesso explicitamente autorizando-o a fazê-lo.

Os vendedores muitas vezes relutam em fornecer aos compradores o direito de conduzir uma amostragem invasiva porque, se o comprador identificar um problema significativo, o contrato pode permitir que o comprador encerre o negócio, deixando ao vendedor lidar sozinho com um novo passivo ambiental. Por outro lado, o comprador pode desejar incluir direitos de conduzir amostragem nas disposições de acesso onde uma investigação anterior sugere que pode haver um problema potencialmente significativo em uma propriedade. Dependendo da dinâmica do negócio, o vendedor pode não ter escolha a não ser concordar.

5.   SEGURO AMBIENTAIS PARA MITIGAÇÃO DOS RISCOS AMBIENTAIS ASSOCIADOS ÀS ÁREAS CONTAMINADAS

5.1   Seguros de riscos ambientais – surgimento e estágio atual de desenvolvimento

Polido[108] afirma que "[...] entre os diversos papéis financeiros existentes no setor econômico, o contrato de seguro tem lugar de destaque, em face da *proteção patrimonial* que ele representa e que efetivamente outorga".

---

107. Ibidem.
108. Idem. Contrato de seguro: a efetividade do seguro ambiental na composição de danos que afetam direitos difusos. Revista do Tribunal Regional Federal da Primeira Região, Brasília: v. 28, n. 11/12, p. 52-71, nov./dez. 2016, p. 52, itálico do autor.

TRANSAÇÕES IMOBILIÁRIAS DE ÁREAS CONTAMINADAS NO ESTADO DE SÃO PAULO **135**

Ratifica-se este entendimento, uma vez que diante dos riscos e consequências adversas sobrevindas dos sinistros, o *seguro* se apresenta como a "[...] melhor garantia de proteção criada pelo homem, até o momento" visto que permite a manutenção e continuidade da atividade econômica, "[...] minimizando as perdas e garantindo a estabilidade social".[109]

O modelo do contrato de seguros, quanto à sua estrutura de coberturas, oferece duas opções, principalmente tomando por base modelos internacionais já comercializados para alguns ramos de seguro aqui no Brasil: riscos nomeados – *named periods* ou na base todos os riscos – *all risks*.

Se utilizando de referências de Polido,[110] explica-se abaixo cada um deles:

> Neste modelo de estrutura [riscos nomeados], o clausula identifica nominalmente cada um dos riscos ou situações que estão cobertos pelo contrato de seguro, de forma taxativa, ou seja, tudo aquilo que não estiver especificado ou predeterminado estará excluído da garantia do seguro. Nem sempre este é o modelo mais eficiente, notadamente naqueles ramos de seguros onde a previsão detalhada de toda e qualquer situação de risco nem sempre é possível de ser preconcebida. Nos seguros de responsabilidade civil, por exemplo, esta característica aventada se apresenta, na medida em que é impossível determinar todas as possíveis situações de riscos a que estão sujeitos os segurados. Corre-se o risco, portanto, de impor a diminuição da abrangência das garantias do seguro, em prejuízo do consumidor segurado, se o citado modelo for aplicado de maneira *standard* sempre.

> Neste modelo [base todos os riscos], o clausula determina a cobertura para todos os riscos, exceto em relação àqueles que estiverem taxativamente *excluídos* e desta forma determinados no contrato de seguro. A nomenclatura – *all risks,* de origem norte-americana e largamente utilizada pelos diversos mercados internacionalmente, não é a melhor no campo da técnica securitária. Ela pode despertar entendimento errôneo, na medida em que mesmo na condição de cobertura para "todos os riscos", o contrato de seguro certamente apresenta lista de "riscos excluídos" e a expressão "todos os riscos", por sua vez, não equivale a afirmar que a Seguradora garante integralmente os riscos do segurado, sem nenhuma exceção. Não obstante a imperfeição que repousa apenas no nome deste modelo, ele constitui a melhor opção em muitas situações de riscos, pois que alarga o espectro de cobertura da apólice, melhor protegendo os consumidores-segurados e até mesmo conta riscos ou situações de sinistros que não poderiam ser perfeitamente imaginadas no momento da contratação do seguro, mas que acaba sobrevindo.

Como visto acima, esta última estrutura "importada" dos países desenvolvidos, dá enfoque mais às cláusulas de exclusão, que têm o efeito de afastar a cobertura em relação a certos eventos, normalmente ligados às incertezas, que não se consegue mensurar, que possuem alto grau de materialização, ou ainda, cuja materialização implica perda de valor excessivo.[111]

---

109. Op. cit., 2015, p. 21.
110. Ibidem, p. 36, (itálico do autor).
111. ARAUJO, P. D. R. DE; SOUZA, P. G. G. DE. Riscos, incertezas e seguros ambientais. In: CIBIM, J. C.; VILLAR, P. C. (Coord.). *Direito, gestão e prática*: direito ambiental empresarial. São Paulo: Saraiva, 2017, (Série GVlaw), p. 272.

Por esta razão, é preciso que haja uma conscientização da necessidade, uma vez que o seguro está diretamente relacionado a prevenção do risco, a fim de que o mercado possa amadurecer e ampliar não só o escopo de produtos, mas também disponibilizar coberturas mais abrangentes, acompanhando as mudanças que tem ocorrido na sociedade, principalmente relacionada a doutrina e normatização da tutela do meio ambiente.

Sobre a afirmação de Grizzi et al.[112] de que "a implementação de um contrato de seguro para as atividades potencialmente ou efetivamente poluidoras é ação indispensável à efetividade das obrigações de reparação do meio ambiente", avança-se para conhecer melhor este seguro e compreender seu estágio atual de desenvolvimento, principalmente no Brasil.

Demajorovic[113] observa que "é precisamente quando os perigos e riscos produzidos pela sociedade se tornam incalculáveis e as medidas de segurança socialmente aceitas tornam-se inócuas que se caracteriza a emergência da *sociedade de risco*".[114]

O referido autor ainda acrescenta que "nada é mais representativo dessa nova fase do que o posicionamento das empresas de seguro nos últimos anos.[115]

No entanto, mais do que o vislumbre de uma grande oportunidade de negócios consequentes do aumento das regulamentações ambientais, o seguro de riscos ambientais foi criado e incorporado ao portfólio de produtos das seguradoras americanas na década de 1970, em razão dos bilhões de dólares que estavam sendo destinados ao pagamento de indenizações em virtude do aumento das reclamações por problemas ambientais que não estavam, inicialmente, cobertos nas apólices, e ameaçavam a solvência desse mercado.

O risco ambiental, a reboque da falta de conhecimento e conscientização da sociedade para com as questões ambientais, não tinha a devida atenção pelo mercado segurador, que não tratava o tema com a devida particularidade e complexidade que merece, cobrindo esta parcela de risco deliberadamente dentro das apólices de seguro *Commercial General Liability* (CGL), cujo objetivo é cobrir eventuais danos causados a terceiros decorrentes da atividade e produtos do segurado.

Com isso, as seguradoras começaram a tratar os riscos de poluição com a atenção requerida, ainda nas apólices de CGL, até que o mercado entendeu, na

---

112. GRIZZI, A. L. L. E. et al. *Responsabilidade civil ambiental dos financiadores*. Rio de Janeiro: Lumen Juris, 2003, p. 62.

113. DEMAJOROVIC, J. *Sociedade de risco e responsabilidade socioambiental*: perspectivas para a educação corporativa. 2. ed. São Paulo: Editora Senac, 2013, p. 39, itálico nosso.

114. Sugestão de leitura para melhor compreensão da expressão desenvolvida por Ulrich Beck: BECK, U. *Sociedade de risco*: rumo a uma outra modernidade. São Paulo: Editora 34, 2011.

115. Op. cit., 2013, p. 39.

medida que os riscos ambientais começaram a ganhar relevância mundial, sinistros complexos começaram a aparecer, o ambiente regulatório tornou-se mais restritivo, para então, desenhar um produto separado a fim de tratar as particularidades e complexidades que envolvem este tipo de risco de maneira apropriada.

No Brasil, este tipo de seguro chega em 2004, através de uma seguradora americana, e pouco se desenvolve. Havendo apenas um produto e um único fornecedor, os potenciais compradores não tinham parâmetro para saber se estavam os termos e condições eram adequados ou se não estariam pagando muito caro por um seguro "novo".

No Brasil, apesar de criado em 2004, como já mencionado, o *seguro de riscos ambientais* experimenta seu ápice após a abertura do mercado de resseguros brasileiro em 2008.

Tendo emergido dos seguros de responsabilidade civil geral (RCG), e estes transmitirem a ideia, a partir de sua concepção, de um *dever social,* ressalta-se a mesma relevância especificamente para os seguros de riscos ambientais, diferente de outros ramos, tanto em face da sua estrutura de coberturas alcançar os danos ou prejuízos causados a outrem (terceiros) por cenários de contaminação delineados pela definição *Condição de Poluição Ambiental* quanto pela importância do tema ambiental dentro da sociedade contemporânea em que alguns riscos ambientais ainda representam uma ameaça e insegurança.

Desde 2006, o seguro de riscos ambientais começa ganhar espaços nas normas legais como instrumento econômico de proteção ao meio ambiente.

Saraiva Neto[116] nos relata que a previsão legal sobre seguro ambiental apareceu pioneiramente no ano de 2006, em alterações à PNMA, mas muito no intuito de dar coerência aos objetivos da Lei 11.284, 02 de março de 2006, que trata da gestão de florestas públicas para a produção sustentável.

Na PNMA,[117] o *seguro ambiental* aparece no Art. 9º, como instrumento ou mecanismo econômico pelo qual a Administração Pública pode se valer para que os objetivos da política nacional sejam alcançados: "XIII – instrumentos econômicos, como concessão florestal, servidão ambiental, *seguro ambiental* e outros".

Já PNRS,[118] incluiu o seguro ambiental como instrumento de exigência facultativa por parte dos órgãos ambientais no licenciamento ambiental de empre-

---

116. SARAIVA NETO, P. Seguros ambientais como instrumentos econômicos de garantia de reparação de danos ao meio ambiente: bases conceituais para o seu desenvolvimento no Brasil. In: NUSDEO, A. M. de O.; TRENNEPOHL, T. (Coord.). *Temas de direito ambiental econômico.* São Paulo: Thomson Reuters Brasil, 2019, p. 151.
117. BRASIL. Lei 6.938/1981, de 31 de agosto de 1981. Política Nacional do Meio Ambiente (PNMA).
118. Idem. Lei 12.305/2010, de 02 de agosto de 2010. Política Nacional de Resíduos Sólidos (PNRS).

endimentos ou atividades que operem com resíduos perigosos. E na Lei Estadual 13.577[119] e respectivo Decreto, é cometido o maior desastre ao elencar o seguro ambiental tradicional como se seguro garantia fosse.

Diferentemente da estrutura contratual padrão do seguro a qual tem-se o segurado adverso ao risco e disposto a pagar prêmio em troca da sua transferência ao segurador, propenso ao risco e disposto a oferecer cobertura em caso de sinistro, no seguro garantia, "[...] o segurado é a parte credora do contrato principal a ser garantido" enquanto a "[...] assunção de obrigações perante o segurador é realizada pelo tomador, devedor do contrato principal".[120]

Na visão de Poveda[121] o seguro garantia tem por objetivo:

> [...] garantir o cumprimento integral e fiel do contrato ou termo de compromisso o que implica no *seguro da obrigação de fazer* [*Performance Bond*] firmado na avença e não no patrimônio do próprio segurado frente o seu dever de indenizar ou de reparar o meio ambiente afetado, em consequência de dano ambiental ocorrido na vigência da apólice.

Portanto, o risco nesta modalidade de seguro é o de inadimplência do contrato por parte do tomador. Poveda resume dizendo que o seguro garanta vai cobrir "[...] prejuízos decorrentes de falhas técnicas ou de caráter econômico que se enquadrem como inadimplemento contratual".[122]

Ainda é produto não disponível no mercado brasileiro. Nenhuma seguradora se lançou a criá-lo. Por esta razão, apresenta bem a DD 038/2017/C diz bem quando não há disponibilidade do produto.

O mercado no Brasil vem crescendo desde 2011 (quando a SUSEP criou o ramo específico conforme mencionado acima) até 2021. O que iniciou como um mercado de R$ 20 milhões em 2011 evoluiu para aproximadamente R$ 117 milhões em prêmios emitidos.[123]

Recentemente, novos *players* têm chegado ao mercado que hoje é composto de aproximadamente 10 seguradoras.

Tanto no exterior quanto aqui no Brasil quanto no exterior os produtos já são muito similares.

O seguro ambiental já está apto para cobrir tanto, cenários de poluição súbita e acidental, ou seja, aqueles que possuem uma data de identificação clara do início do evento (uma explosão, um incêndio etc.) sem qualquer limitação temporal,

---

119. Op. cit., 2009.
120. Op. cit., 2017, p 289.
121. POVEDA, E. P. R. Seguro garantia como instrumento econômico para a sustentabilidade na mineração. In: LECEY, E.; CAPPELLI, S. (Coord.). *Revista de Direito Ambiental – RDA*, a. 17, v. 65, p. 289-308, jan./mar. 2012, p. 302, itálico do autor.
122. Op. cit., 2012, p. 303.
123. Fonte: SUSEP – http://novosite.susep.gov.br/.

como também os cenários de poluição gradual e paulatina, ou seja, aqueles que não possuem uma data de identificação clara do início do evento (uma tubulação subterrânea que rompeu e começou a vazar).

Já estão disponíveis clausulados com cobertura na base *all risks* que diante uma responsabilidade ambiental, se mostram mais abrangentes a fim de comportar inúmeros cenários que possam desencadear um evento ambiental, sem o segurado precisar se preocupar se estará coberto ou não. Exceto eventual ressalva na apólice, uma vez que não estão nos riscos excluídos, estarão cobertos.

Dentro desse escopo *all risks* estão cobertos os custos de remediação on--site (dentro dos limites da área do segurado) e off-site (além dos limites da área do segurado), os danos materiais, corporais e morais reclamados por terceiros decorrentes de qualquer condição de poluição ambiental, bem como os danos ambientais, e eventuais despesas de contenção de sinistros e ainda os custos judiciais de defesa do segurado.

Os danos ambientais, neste caso, são intitulados "danos a recursos naturais" e possuem ampla definição, fundamentada na doutrina do Direito Ambiental, porém limitado ao meio ambiente natural. Não estão cobertos meio ambiente artificial, cultural e do trabalho.

As apólices estão basicamente estruturadas para cobrir o que é chamado condição de poluição nova, ou seja, qualquer condição de poluição ambiental iniciada primeiramente a partir da vigência da apólice.

Neste produto especificamente, além da cobertura básica mencionada acima – Condição de Poluição Ambiental para eventos *novos* – também é possível a contratação da cobertura para Condição de Poluição Ambiental Preexistente ou para eventos *já existentes*, "[...] amparando situações de contaminação que tiveram início antes da contratação da apólice, ou seja, um passivo ambiental desconhecido pelo Segurado no momento da contratação da mesma" explica Gallinari e Saraiva Neto.[124]

Os referidos autores[125] ainda complementam que neste cenário:

> [...] pode-se amparar todo o passivo, independente do histórico, ou ainda, estabelecer uma Data de Retroatividade, que limitará a cobertura para situações que tiveram início entre essa data e a data de contratação da apólice. Esta opção é usualmente adotada em situações em que se tem o conhecimento exato da data de início das operações de determinada planta e, portanto, do eventual início do passivo ambiental no local.

---

124. GALLINARI, N. S.; SARAIVA NETO, P. O seguro ambiental como ferramenta de gerenciamento de áreas contaminadas. In: CARLINI, A.; SARAIVA NETO, P. (Org.). *Aspectos jurídicos dos contratos de seguro – Ano III*. Porto Alegre: Livraria do Advogado, 2015, p. 104.

125. Ibidem.

Certificações, auditorias ambientais, estudos ambientais, entre outros ferramentas de gestão ambiental "[...] devem ser destacados como importantes ferramentas de identificação e mensuração de riscos [ambientais]", além de inegável contribuição para a estruturação de uma apólice voltada à garantia de riscos ambientais.[126]

Já a *inspeção de risco* ou *inspeção técnica*, diferente das *auditorias ambientais*, é realizada pelo segurador nos estabelecimentos comerciais ou industriais, objeto da apólice de seguro, geralmente *após* a contratação do seguro, principalmente diante de riscos com baixo grau de severidade, com o objetivo de avaliar as práticas de gestão ambiental adotadas, sob dois aspectos: (i) se realmente refletem as informações disponibilizadas previamente pelo proponente à contratação do seguro, e (ii) se estão em conformidade legal com as normas estabelecidas para a atividade desenvolvida.

Sendo *antes* ou *após* a contratação do seguro, Luciana Betiol[127] garante que tal exigência é vista como "[...] um instrumento apto a concretizar princípio da prevenção por danos ambientais".

Os principais produtos de seguros ambientais disponíveis atualmente são:

a) Premises Pollution Liability (PPL) ou *Pollution Legal Liability* (PLL). São os seguros ambientais tradicionais para as instalações e operações do segurado;

b) Contractors Pollution Liability (CPL). São os seguros ambientais para obras e prestação de serviços em locais de terceiros;

c) Contractors Pollution Liability / Errors & Omissions (CPL/E&O). Igual ao produto anterior, porém adicionando cobertura para erros e omissões na elaboração de projetos, análises laboratoriais etc.

d) Transportation Pollution Liability (TPL). São os seguros ambientais voltados para o transporte próprio ou realizado por terceiros, de produtos perigosos ou resíduos;

e) Storage Tank Pollution Liability (STPL). São similares aos seguros ambientais tradicionais, porém para acidentes e incidentes decorrentes especificamente de tanques aéreos ou subterrâneos;

f) Cleanup Cost Cap (CCC). Este não é uma apólice de responsabilidade com as demais acima. Ao contrário, foi desenvolvida como um produto de seguro exclusivo projetado para cobrir um aumento não previsto nos custos de remediação de um passivo conhecido.

---

126. Op. cit., 2017, p. 280.
127. BETIOL, L. S. *Responsabilidade civil e proteção ao meio ambiente*. São Paulo: Saraiva, 2010, p. 203.

5.2 Seguros de riscos ambientais para transações imobiliárias – aplicação prática

O seguro de riscos ambientais é uma apólice de seguro de responsabilidade por poluição de instalações (PPL ou PLL) com termos e condições adicionais que o tornam adequado para garantir os riscos ambientais transferidos por meio de uma obrigação ou cláusula de indenização ambiental (*indemnification* ou *indemnities*).

Schroeder[128] diz que "as apólices concedem cobertura para a remedição requerida pela autoridade competente, as responsabilidades de acordo com a legislação e a responsabilidade contratual" impostas ao segurado, comprador.

O autor referido[129] ainda acrescenta que geralmente, o comprador é segurado da apólice, que responde pelo pagamento da apólice.

Pode ser usado para gerenciar riscos ambientais em transações imobiliárias e comerciais, facilitando-os, fornecendo proteção financeira robusta contra riscos ambientais conhecidos e desconhecidos.

Esta apólice de seguro pode agregar valor positivo à transação imobiliária, trazendo a identificação e validação de risco necessária e a minimização de perdas e experiência em tratamento de sinistros para a transação em virtude do processo de gestão de subscrição e sinistros, bem como agregar a solidez financeira e experiência de uma seguradora experiente e qualificada.

A principal preocupação transacional é o risco de descobrir condições de poluição *prexistentes*.

A poluição pode ser conhecida e segurável. Muitas variáveis – devem ser consideradas no processo de subscrição que servem para definir o que constitui poluição conhecida segurável para fins de risco ambiental transferível.[130]

Essas variáveis incluem:

a) suspeita de problemas ambientais (poluição não confirmada);

b) migração de contaminação ambiental;

c) existência de contaminação em níveis cientificamente aceitos ou em níveis que não requeiram qualquer ação de resposta ou remediação por parte do órgão governamental com jurisdição sobre o assunto;

---

128. SCHROEDER, M. Environmental insurance: a risk management tool for real estate. *Environmental Claims Journal*, London, v. 25, n. 2, p. 99-110, Maio 2013. DOI: 10.1080/10406026.2013.781471. Disponível em: http://dx.doi.org/10.1080/10406026.2013.781471. (tradução livre)
129. Ibidem, (tradução livre)
130. Ibidem, p. 107-108, (tradução livre).

d) o problema ambiental que foi resolvido com ou sem resposta por parte do órgão governamental ou com medidas de controles institucionais que operam durante um período; ou

e) a extensão da falta de envolvimento de uma parte em (e conhecimento de) questões ambientais.

Uma vez divulgados e apresentados como parte do processo de envio de subscrição, a maioria das seguradoras fornecerá cobertura para novos sinistros ou reabertura de sinistros encerrados (sinistros feitos após a data de início da apólice) decorrentes desses cenários variáveis.

Às vezes, é possível negociar a cobertura de condições de poluição preexistentes para condições conhecidas no local que tenham sido objeto de encerramento regulatório (ou seja, confirmação por escrito de que foram limpas – entenda-se, emissão do Termo de Reabilitação para Uso Declarado) ou que tenham pouco risco de dar origem a uma obrigação de limpeza que excede a franquia.

Se essas condições de poluição de alguma forma exigirem uma limpeza adicional, esses custos serão cobertos. Além disso, algumas apólices preveem que as condições de poluição conhecidas que são excluídas da cobertura no início da apólice serão cobertas tanto no fechamento regulatório do processo de remediação durante o período da apólice quanto na aprovação da seguradora no caso de esses problemas serem reabertos posteriormente e remediação adicional for necessária.

Nessa apólice, os riscos ambientais são transferidos para uma seguradora que assume os riscos que as partes da transação preferem evitar. Por exemplo:

a) as partes de uma transação podem ter dificuldade em concordar sobre quem pagará o custo para limpar a contaminação preexistente que pode ser descoberta na propriedade segurada no futuro; ou

b) quem pagará se proprietários vizinhos apresentarem reclamações por danos materiais ou corporais decorrentes de condições de poluição que tenham migrado da propriedade segurada; mesmo se,

c) as partes concordam que esses riscos têm uma baixa probabilidade de ocorrer, nenhuma delas pode estar disposta a ser deixada em risco.

O seguro de riscos ambientais elimina todos os problemas fundamentais associados ao uso da cláusula de indenizações (*indemnification* ou *indemnities*) ambientais para lidar com os custos de perda ambiental de baixa probabilidade, mas de alta gravidade em transferências de propriedade.

Schroeder[131] explica que este seguro pode operar no lugar da cláusula de indenizações ou em certas ocasiões – por exemplo, quando o vendedor está con-

---

131. Ibidem, p. 107-108, (tradução livre).

cedendo uma indenização – o seguro pode ser aplicado em excesso ou após a falha da indenização em se aplicar dentro dos termos e condições da apólice de seguro.

No entanto, a história mostra que o seguro ambiental é subutilizado pela "comunidade jurídica" transacional. A subutilização sistêmica de uma ferramenta poderosa de gerenciamento de risco só pode ser explicada pela falta de conscientização.

Além disso, essas apólices abordam lacunas de cobertura de muitos programas padrão de *property*, responsabilidade geral e riscos de engenharia, uma vez que incluem exclusões de poluição.

A cobertura é normalmente solicitada apenas para condições preexistentes e depende de muitos fatores, tais como: caracterização suficiente do local, uso atual do local e uso planejado do local, ambiente regulatório, acordos de indenização (*indemnification* ou *indemnities*) etc.

A data retroativa definirá até onde se estende a cobertura anterior para condições preexistentes / históricas (passivos ambientais). Esta data é talvez o principal item da apólice pois ela deve voltar no tempo até a data em que o vendedor iniciou suas atividades na área objeto da transação. Só assim será possível dar cobertura principalmente para eventuais passivos desconhecidos que não tenham sido mapeados no processo de *due diligence* ambiental.

Outro ponto importante é que as apólices normalmente são comercializadas por longos períodos de vigência e não são renováveis. Elas tendem a acompanhar o prazo de validade da cláusula de indenizações definidos no contrato da transação imobiliária. Ela podem ser de 1 (um) ano, 3 (três) anos, 5 (cinco) anos ou até 10 (anos). Lembra-se que o período da validade das indenizações, e que influenciará na vigência da apólice, é justamente o grau de passivo ambiental que uma área tem identificado nos relatórios de *due diligence*. Como o seguro funciona como uma espécie de garantia, quanto mais "limpa" a área está, menos tempo de indenização e garantia poder ser requerido pelo comprador; quanto mais "suja" está, mais tempo de indenização e garantia será requerido.

A cobertura ambiental também pode apoiar acordos de indenização (*indemnification* ou *indemnities*) para passivos ambientais preexistentes conhecidos e desconhecidos, enquanto protege novos proprietários de exposições futuras.

Os potenciais clientes que tem adquirido este tipo de apólice são:

a) proprietário da propriedade;

b) gestores imobiliários;

c) investidores e empreendedores imobiliários;

d) compradores;

e) vendedores;

As coberturas concedidas por este tipo de apólice são adaptadas às necessidades dos segurados:

a) custos de remediação *on-site* pela descoberta de condições de poluição ambiental "desconhecidas" (ou seja, não mapeadas nos relatórios de Avaliação Preliminar e Investigação Confirmatória);

b) custos de remediação *off-site* pelas reclamações de terceiros de condições de poluição ambiental "desconhecidas" (ou seja, não mapeadas nos relatórios de Avaliação Preliminar e Investigação Confirmatória);

c) reclamações de danos materiais, danos corporais e danos morais feitas por terceiros;

d) reclamações de interrupção de negócios e diminuição de valor de propriedade de terceiros;

e) danos a recursos naturais;

f) custos e despesas judiciais de defesa do Segurado;

Além delas, há ainda coberturas adicionais que deixam o seguro ainda mais amplo, minimizando ainda mais as exposições

a) reclamações de danos materiais, danos corporais e danos morais feitas por terceiros para condições de poluição "conhecidas";

b) cobertura de reabertura do processo de remediação em razão da necessidade de ter que remediar a área em função de alteração legal ou normativa impondo parâmetros mais restritivos ou até requerendo outros tipos de investigação como foi o caso da DD 038/2017/C e a análise de vapores (para remediação que foi fechada);

c) responsabilidade contratual (estrutura a cobertura com base nas indenizações estabelecidas no contrato de transação imobiliária);

d) tanques subterrâneos de armazenamento;

e) transporte de resíduos;

f) locais de terceiros para disposição ou destinação de resíduos.

Junto a esta apólice de seguro, nos Estados Unidos, normalmente ainda são contratadas mais duas apólices: uma é a CCC e a outra o CPL.

A *primeira* visa garantir um aumento não antecipado nos custos previstos no Plano de Remediação/Intervenção para remediação de passivo conhecido – ainda não está disponível no Brasil. Já a *segunda* visa garantir os custos de remediação e eventuais reclamações de terceiros consequentes da exacerbação ou ampliação das plumas de contaminação relacionadas às condições de poluição ambiental conhecida (passivo ambiental) durante o processo de remediação realizado pela empresa contratada – já disponível no Brasil e permite ser contratado em conjunto com a apólice principal.

Dessa maneira, o segurado comprador fica protegido de forma ainda mais ampla.

Para a seguradora subscrever este risco são necessárias as seguintes informações:

a) Relatórios de *due diligence* ambiental do local: Fase I ou Avaliação Preliminar (mínimo) e Fase II ou Investigação Confirmatória (pode ser necessária dependendo dos resultados da Fase I);

b) Correspondência com agências ambientais aplicáveis;

c) Status regulatório atual do local, incluindo todas as licenças ambientais do vendedor;

d) Planos de desenvolvimento ou redesenvolvimento do local, construção e operações, incluindo novo uso;

e) Contrato (completo) da Transação Imobiliária entre o Vendedor e o Comprador;

f) Plano de Gerenciamento de Resíduos Sólidos (PGRS) do vendedor.

A contratação deste tipo de seguro oferece inúmeros benefícios. Conforme mencionado acima, as apólices de seguro ambiental podem fornecer cobertura que inclui proteção contra mudanças na lei; reclamações de terceiros e órgãos ambientais entre outras autoridades competentes; perdas consequentes, danos à propriedade, danos corporais e custos de remediação; e custos de defesa legal e técnica.

Já os benefícios comerciais significativos que os clientes podem obter de uma apólice de seguro ambiental podem incluir:

a) o seguro está disponível para atender às necessidades das partes interessadas e pode minimizar o risco associado a uma transferência de propriedade;

b) o uso de seguro pode, em última instância, ocasionar a venda desejada de um imóvel, levando à reutilização e ganhos econômicos;

c) provisões contábeis – a cobertura de seguro para uma responsabilidade potencial pode melhorar o balanço de uma empresa;

d) alta classificação de crédito e proteção podem garantir os financiadores e, em alguns casos, reduzir o nível de classificação de risco pelo financiador e, portanto, as taxas de juros do empréstimo;

e) uma abordagem de longo prazo e sustentável – o seguro permanece intacto mesmo se um membro do projeto se tornar insolvente;

f) as apólices de seguro são baseadas na ocorrência de perda financeira e agilizam o processo caso ocorra um sinistro, em vez de perseguir várias partes;

g) a crescente consciência do verdadeiro impacto financeiro dos passivos ambientais, em termos de custos, perdas e valores de propriedade deteriorados, e a capacidade de obter proteção de longo prazo com boa relação custo-benefício contra tais passivos resultou em um aumento significativo no número de empresas rotineiramente usando seguro ambiental para facilitar as transações de propriedade onde riscos ambientais estão presentes.

Schroeder[132] explica que utilização do seguro como uma ferramenta de gerenciamento de risco requer um forte trabalho de conhecimento de seguro ambiental e o escopo de coberturas disponíveis no mercado em que as coberturas são frequentemente adicionadas às apólices, negociadas e customizadas para atender os riscos e as partes a fim de viabilizar a transação da propriedade.

Um prêmio anual baixo para seguro ambiental é certamente mais atraente do que uma despesa de limpeza de cinco ou seis dígitos, que desvia dinheiro que poderia ter beneficiado um projeto de desenvolvimento em outro lugar.

Fica evidente que quando a transação imobiliária envolver uma área contaminada, os compradores estarão sempre expostos a riscos ambientais, em maior ou menor grau, assumindo ou não a responsabilidade pela remediação da área contaminada após o *closing* do negócio. Ainda assim, eventual responsabilização por uma remediação em imóvel de propriedade de terceiros poderia resultar em perda de uso do imóvel com consequente indenização por lucros cessantes.

Outro risco que recai sobre o Comprador é o fato de a área estar tendo medida de controle institucional implementada – restrição do uso da água subterrânea. Se isso está ocorrendo, a remediação não deve estar sendo realizada com objetivo de atingir os valores de referência de qualidade do solo e águas subterrâneas, principalmente se para fins residenciais, o que resulta num risco residual que deverá ser monitorado e garantido pelo empreendedor imobiliário à empresa que se configurará proprietária e administradora do condomínio que será construído no local, bem como seu síndico e administradores.

É observado também que a análise da seguradora no processo de aceitação do seguro envolve uma profunda análise de risco. Da mesma forma que as *due diligences* e a estruturação das cláusulas contratuais se apresentam como instrumento de prevenção e mitigação dos riscos ambientais, assim os seguros ambientais também o fazem. O comprador deve enxergar a seguradora como parceira na identificação dos riscos envolvidos na medida que este trabalho não se sobrepõe as *due diligences* realizadas e tampouco a assessoria jurídica na elaboração das

---

132. Op. cit., 2013, p. 107.

cláusulas contratuais. Por outro lado, o seguro se apresenta como instrumento que completa o processo de tomada de decisão para aquisição da área. Uma vez realizada as *due diligences* a seguradora vai analisar e identificar os riscos. Uma vez identificado os riscos, eles podem colaborar com o processo de estruturação das cláusulas contratuais. Por fim, os riscos ambientais e responsabilidades identificados e que não foram possíveis evitar no contrato, deverão ser transferidos para o seguro, permitindo assim, que o Comprador seja o menos afetado possível diante de situações que possam resultar em custos e prejuízos;

Também que é possível transferir a maior parte das responsabilidades e riscos remanescentes para a seguradora, através do seguro. Um outro ponto importante é que contratualmente, todos os custos judiciais de defesa com eventuais contingências que possam surgir serão assumidos pelo vendedor e neste caso faz parte da cobertura do seguro, obviamente, desde que a causa seja um evento coberto. Os custos judiciais especializados em matéria ambiental são extremamente onerosos e podem representar um prejuízo expressivo para o Comprador ou até mesmo Vendedor (estando ele coberto, como é este caso), caso não seja transferido para o seguro. Importante reforçar também que o seguro ambiental seja colocado com a retroatividade (ou seja, retroagindo a cobertura para trás a fim de cobrir todos os passivos desconhecidos não identificados nos estudos de *due diligence* bem como os passivos conhecidos). Neste caso, os passivos conhecidos não têm o seu custo de remediação cobertos. Mas, por exemplo, esses passivos estão sendo remediados e a área receberá o Termo de Reabilitação. Futuramente, surgindo uma alteração regulatória ou legal aplicando parâmetros mais restritivos para contaminantes presentes na área fazendo com que o órgão ambiental requeira do Comprador uma reabertura do processo para nova remediação do passivo, isso estará coberto pelo seguro. Mais um ponto importante é que a apólice deve vigorar pelo mesmo prazo estabelecido em contrato para as contingências ambientais, o que ocorreu neste caso. Qualquer possibilidade de aditivo contratual estendendo este prazo, também deve ser replicado para a apólice de seguro em termos de prorrogação.

Imprescindível comentar que dentro das parcelas de responsabilidade também estão as multas ambientais. Todavia, estas não são amparadas pelo seguro ambiental, pois que retiraria da multa seu caráter punitivo educativo bem como sua cobertura poderia transparecer uma licença para o agente poluir ou reincidir na poluição.

Ademais dos riscos e responsabilidades ambientais transferidas através do seguro ambiental, apesar do seguro usualmente ser uma exigência contratual do Comprador consciente dos riscos envolvidos e preocupado com sua mitigação, da parte do Vendedor, a entrega da apólice como instrumento de garantia traz conforto e tranquilidade ao Comprador, e também ao Vendedor na medida que pode ser configurado como cossegurado, para seguir com a efetivação do negócio jurídico. O não cumprimento deste requisito pode resultar em violação contratual e desmotivar o Comprador a evoluir com o processo mesmo em estágio avançado. A apólice de seguro usualmente configura-se como aval de um expert, entidade com experiência que fez um *double check* nas informações e decidiu fazer parte do negócio garantindo os riscos que não foram possíveis ser mitigados contratualmente, pelo lado do Comprador, viabilizando assim o negócio jurídico.

6. CONSIDERAÇÕES FINAIS

Isto posto, pode-se observar que o seguro ambiental se apresenta como instrumento *eficaz* na medida que cumpre o seu papel diante dos riscos e responsabilidades remanescentes da operação e que existem em todos os casos quando se trata de aquisição de uma área contaminada. Apesar de um seguro *tailor made*, ou seja, estruturado para cada caso em particular, suas coberturas são claramente endereçadas as exposições que virão sobre o Comprador.

Também se apresenta como instrumento *efetivo* na medida que seu impacto na transação imobiliária de uma área contaminada é positivo sempre e corre-se o risco de afirmar que nunca negativo, a não ser que não tenha sido aceito por algum motivo específico, como por exemplo, um Comprador que vai adquirir uma área contaminada sem realizar *due diligence* prévio, deixando de cumprir o seu papel de diligência sobre os riscos que podem advir sobre ele, acreditando que a seguradora procede da mesma maneira. Além de impacto positivo, vai de encontro as expectativas principalmente do Comprador preocupado com os riscos do negócio. Também é efetivo pelo fato de ter a capacidade de transformar a situação existente. Uma área contaminada que pode parecer complicada aos olhos do Comprador, mas, ao envolver a seguradora na operação, pode ter sua percepção aclarada permitindo-o avançar as negociações e não perder o que de repente pode ser a oportunidade um excelente negócio.

Com isso, diante da sua eficácia e efetividade, questiona-se o porquê da sua baixa utilização no mercado brasileiro, principalmente no Estado de São Paulo, onde o desenvolvimento imobiliário em áreas contaminadas continua crescendo?

Ao mesmo tempo que cresce, viu-se nos últimos 10 anos a crise econômica ter pegado algumas construtoras no contrapé. Como consequência, acabaram atrasando ou suspendendo a entrega de empreendimentos por falta de recursos financeiros. Algumas faliram e outras entraram com pedido de recuperação judicial. Como será que estão as áreas contaminadas incorporadas ao banco de terrenos? Será que foram remediadas ou estão ainda contaminadas apresentando risco a sociedade?

Por que a CETESB considera um incentivo ao empreendedor imobiliário a "dispensa" do seguro, sendo este importante instrumento para a sociedade, e sendo o empreendedor sujeito aos mesmos cenários macroeconômicos e movimentos de mercado que empresas de outros segmentos, e assim, sujeito a uma possível insolvência, resultando no agravo de risco de uma área contaminada cuja responsabilidade de remediação foi assumida por ele, mas não tem condições financeiras para remediá-la?

Não é objetivo deste trabalho responder a estas perguntas, mas bem certo é que o seguro no Brasil ainda é visto como uma despesa, ou seja, mais um custo para a operação; e não, um investimento, o que nos leva a um problema de conscientização em comparação aos países desenvolvidos, como Estados Unidos, Reino Unido, entre muitos outros, onde nenhum empreendedor imobiliário se arriscaria a avançar em uma transação imobiliária de uma área contaminada ou potencialmente contaminada sem ter no seguro ambiental um aliado para minimizar os riscos que poderiam ameaçar o negócio jurídico.

A sociedade brasileira já está se conscientizando sobre os riscos que os passivos ambientais representam para a saúde pública e o meio ambiente, bem como sobre as vantagens econômicas da revitalização de áreas contaminadas, sobretudo nos grandes centros urbanos e industriais.

A conscientização sobre a inclusão do seguro como instrumento econômico capaz de mitigar esses riscos no dia a dia das transações imobiliárias é o próximo passo desse processo natural de evolução da sociedade de risco.

Infelizmente, muitas vezes não é possível convencer os agentes envolvidos da importância desse valioso instrumento de prevenção, proteção e reparação de danos ambientais. Mas, algumas vezes, acabam percebendo sua necessidade através de uma experiência desagradável que acaba impactando diretamente seus bolsos.

Obviamente que o seguro não resolverá todos os problemas ambientais relacionados à transação imobiliária, mas, este artigo tem por objetivo evidenciar que eles são alternativa importante na contribuição do desenvolvimento econômico, deste importante segmento da sociedade que é o ramo imobiliário.

7. REFERÊNCIAS

ADAMEK, M. V. V. Passivo ambiental. In: FREITAS, V. P. DE (Coord.). *Direito ambiental em evolução* – 2. 1. ed. (2000), 9. Reimp. Curitiba: Juruá, 2011.

ARAUJO, P. D. R. DE; SOUZA, P. G. G. DE. Riscos, incertezas e seguros ambientais. In: CIBIM, J. C.; VILLAR, P. C. (Coord.). *Direito, gestão e prática: direito ambiental empresarial*. São Paulo: Saraiva, 2017. (Série GVlaw).

BARONI, L. L. Passivos ambientais: terreno inseguro: construção em áreas contaminadas vem crescendo nas capitais brasileiras, mas sofre com insegurança jurídica e dificuldades técnicas: veja como minimizar esses problemas. *Revista Construção Mercado*, n. 166, São Paulo, maio 2015.

BECHARA, E. Áreas contaminadas: caracterização, remediação, utilização e informação. In: ROSSI, F. F. et al. (Coord.). *Aspectos controversos do direito ambiental.* Belo Horizonte: Fórum, 2013.

BERTOLO, R.; ALVES, C. C.; MAXIMIANO, A. Áreas Contaminadas. In: OLIVEIRA, A. M. DOS S.; MONTICELI, J. J. (Ed.). *Geologia de engenharia e ambiental* – aplicações. São Paulo: ABGE – Associação Brasileira de Geologia de Engenharia e Ambiental, 2018. v. 3.

BETIOL, L. S. *Responsabilidade civil e proteção ao meio ambiente.* São Paulo: Saraiva, 2010.

BLANCO, M. J.; REBELO, C. Z. T.; YOSHIKAWA, N. K. Financiamento bancário e incentivos para a reutilização de áreas contaminadas. In: DELLA MANNA, E.; ARAÚJO, M. M. de; MELLO JR., R. F. de (Org.). *A produção imobiliária e a reabilitação de áreas contaminadas* [livro eletrônico]. São Paulo: IPT – Instituto de Pesquisas Tecnológicas do Estado de São Paulo; SECOVI-SP, 2018.

BRASIL. Lei 6.938/1981, de 31 de agosto de 1981. Política Nacional do Meio Ambiente (PNMA).

BRASIL. Constituição da República Federativa do Brasil, de 1988.

BRASIL. Lei 10.406/2002, de 10 de janeiro de 2002. Código Civil (CC).

BRASIL. Decreto 4.136/2002, de 20 de fevereiro de 2002. Dispõe sobre a especificação das sanções aplicáveis às infrações às regras de prevenção, controle e fiscalização da poluição causada por lançamento de óleo e outras substâncias nocivas ou perigosas em águas sob jurisdição nacional, prevista na Lei 9.966, de 28 de abril de 2000, e dá outras providências

BRASIL. Lei 11.284/2006, de 02 de março de 2006. Dispõe sobre a gestão de florestas públicas para a produção sustentável; institui, na estrutura do Ministério do Meio Ambiente, o Serviço Florestal Brasileiro – SFB; cria o Fundo Nacional de Desenvolvimento Florestal – FNDF; altera as Leis 10.683, de 28 de maio de 2003, 5.868, de 12 de dezembro de 1972, 9.605, de 12 de fevereiro de 1998, 4.771, de 15 de setembro de 1965, 6.938, de 31 de agosto de 1981, e 6.015, de 31 de dezembro de 1973; e dá outras providências.

BRASIL. Ministério do Meio Ambiente. Resolução CONAMA 420, de 28 de dezembro de 2009. Dispõe sobre critérios e valores orientadores de qualidade do solo quanto à presença de substâncias químicas e estabelece diretrizes para o gerenciamento ambiental de áreas contaminadas por essas substâncias em decorrência de atividades antrópicas.

BRASIL. Lei 12.305/2010, de 02 de agosto de 2010. Política Nacional de Resíduos Sólidos (PNRS).

CETESB – Companhia de Tecnologia de Saneamento Ambiental. *Manual de gerenciamento de áreas contaminadas.* 2. ed. São Paulo: CETESB; GTZ, 2001.

CETESB – Companhia de Tecnologia de Saneamento Ambiental. *Guia para avaliação do potencial de contaminação em imóveis.* SILVA, A. C. M. A da et al. (Elab.). São Paulo: CETESB; GTZ, 2003.

CETESB – Companhia de Tecnologia de Saneamento Ambiental. Decisão de Diretoria 103/2007/C/E, de 22 de junho de 2007. Dispõe sobre o procedimento para gerenciamento de áreas contaminadas. Publicado no Diário Oficial do Estado de São Paulo – Caderno Executivo I (Poder Executivo, Seção I), do dia 27 de junho de 2007.

CETESB – Companhia de Tecnologia de Saneamento Ambiental. Decisão de Diretoria 038/2017/C, de 07 de fevereiro de 2017. Dispõe sobre a aprovação do "Procedimento para a Proteção da Qualidade do Solo e das Águas Subterrâneas", da revisão do "Procedimento para o Gerenciamento de Áreas Contaminadas" e estabelece "Diretrizes para Gerenciamento de Áreas Contaminadas no Âmbito do Licenciamento Ambiental", em função da publicação da Lei Estadual 13.577/2009 e seu Regulamento, aprovado por meio do Decreto 59.263/2013, e dá outras providências. Publicado no Diário Oficial do Estado de São Paulo – Caderno Executivo I (Poder Executivo, Seção I), ed. 127(28) do dia 10 de fevereiro de 2017, p. 47-52.

CETESB – Companhia de Tecnologia de Saneamento Ambiental. Instrução Técnica 039/2017. Gerenciamento de Áreas Contaminadas. Diretoria de Controle e Licenciamento Ambiental.

CONNOLLY, A.; GOSLIN, T. D. *Environmental due diligence and risk allocation in M&A transactions*. Practical guidance at Lexis Practice Advisor, 2015.

DEMAJOROVIC, J. *Sociedade de risco e responsabilidade socioambiental*: perspectivas para a educação corporativa. 2. ed. São Paulo: Editora Senac, 2013.

DIB, P. P.; CIBIM, J. C.; MACHADO, L. DE A. Áreas Contaminadas. In: CIBIM, J. C.; VILLAR, P. C. (Coord.). *Direito, gestão e prática*: direito ambiental empresarial. São Paulo: Saraiva, 2017. (Série GVlaw).

FARBER, T. *Managing environmental risks in real estate transactions*. Miller Thomson LLP, 2007.

FELIX, B. *Environmental due diligence*: 9 steps companies should take to effectively manage environmental risks in commercial real estate deals. Chubb Global Risk Advisors – Advisory Series, 2018.

FIESP. *Áreas contaminadas*: informações básicas. Departamento de meio ambiente. São Paulo: FIESP-CIESP, 2014.

GALLINARI, N. S.; SARAIVA NETO, P. O seguro ambiental como ferramenta de gerenciamento de áreas contaminadas. In: CARLINI, A.; SARAIVA NETO, P. (Org.). *Aspectos jurídicos dos contratos de seguro* – Ano III. Porto Alegre: Livraria do Advogado, 2015.

GONÇALVES, C. R. Contratos e atos unilaterais. 17. ed. São Paulo: Saraiva Educação, 2020. v. 3 (Coleção Direito civil brasileiro).

GRIZZI, A. L. L. E. et al. *Responsabilidade civil ambiental dos financiadores*. Rio de Janeiro: Lumen Juris, 2003.

GRIZZI, A. L. L. E. Direito ambiental, auditorias ambientais e atividades econômicas. In: SILVA, B. C. (Org.). *Direito ambiental*: enfoques variados. São Paulo: Lemos & Cruz, 2004.

GRIZZI, A. L. L. E. *Direito ambiental aplicado aos contratos*. São Paulo: Verbo Jurídico, 2008.

GRIZZI, A. L. L. E. Responsabilidade ambiental das partes envolvidas em eventos de contaminação: esferas administrativas, civil e criminal. In: MOERI, E.; RODRIGUES, D.; NIETERS, A. (Ed.). *Áreas contaminadas*: remediação e revitalização: estudos de casos nacionais e internacionais. v. 4. São Paulo: Signus, 2008.

NIETERS, A. Direito ambiental na prática empresarial: cláusulas ambientais contratuais. In: BRAGA FILHO, E. DE O. et al. (Coord.). *Advocacia ambiental*: segurança jurídica para empreender. Rio de Janeiro: Lumen Juris, 2009.

GROFF, S. B. *Environmental insurance*. In: SCHNAPF, L. P. (Ed.). *Environmental issues in business transactions*. Chicago, IL: ABA Publishing, American Bar Association, 2011.

GUIMARÃES, Y. B. T. et al. Viabilidade do empreendimento imobiliário. In: DELLA MANNA, E.; ARAÚJO, M. M. de; MELLO JR., R. F. de (Org.). *A produção imobiliária e a reabilitação de áreas contaminadas* [livro eletrônico]. São Paulo: IPT – Instituto de Pesquisas Tecnológicas do Estado de São Paulo; SECOVI-SP, 2018.

MARGOLIS, K. D.; DAVIS, T. S. *Doing the brownfields deal*. In: DAVIS, T. S.; SHERMAN, S. A. (Ed.) *Brownfields*: a comprehensive guide to redeveloping contaminated property. 3. ed. United States of America: ABA – American Bar Association, 2010.

MORAES, S. L. de; TEIXEIRA, C. E.; MAXIMIANO, A. M. de S. (Org.). *Guia de elaboração de planos de intervenção para o gerenciamento de áreas contaminadas* [livro eletrônico]. São Paulo: IPT – Instituto de Pesquisas Tecnológicas do Estado de São Paulo; BNDES, 2014.

MURPHY, M.; CONANT, E. Contractual allocation of environmental liabilities: recente developments and practice considerations. *Environmental Claims Journal*, v. 9, n. 2, p. 91-104, London, 1996. DOI: 10.1080/10406029709383865. Disponível em: https://doi.org/10.1080/10406029709383865.

POLIDO, W. A. *Contrato de seguro e a atividade seguradora no Brasil*: direito do consumidor. São Paulo: Editora Roncarati, 2015.

POLIDO, W. A. Contrato de seguro: a efetividade do seguro ambiental na composição de danos que afetam direitos difusos. *Revista do Tribunal Regional Federal da Primeira Região*, v. 28, n. 11/12, p. 52-71, Brasília, nov./dez. 2016.

PONTES, E. F. de. *Representations & warranties* no direito brasileiro. São Paulo: Almedina, 2014.

POVEDA, E. P. R. Seguro garantia como instrumento econômico para a sustentabilidade na mineração. In: LECEY, E.; CAPPELLI, S. (Coord.). *Revista de Direito Ambiental* – RDA, a. 17, v. 65, p. 289-308, jan./mar. 2012.

REBELO, C. Z. T.; AIKAWA, T. N.; MAXIMIANO, A. M. de S. Adquirindo e reabilitando uma área contaminada. In: DELLA MANNA, E.; ARAÚJO, M. M. de; MELLO JR., R. F. de (Org.). *A produção imobiliária e a reabilitação de áreas contaminadas* [livro eletrônico]. São Paulo: IPT – Instituto de Pesquisas Tecnológicas do Estado de São Paulo; SECOVI-SP, 2018.

ROCCA, A. C. C. Os passivos ambientais e a contaminação do solo e das águas subterrâneas. In: JUNIOR, A. V.; DEMAJOROVIC, J. (Org.). *Modelos e ferramentas de gestão ambiental*: desafios e perspectivas para as organizações. São Paulo: Editora Senac, 2006.

ROGERS, G. *Environmental Disclore 101*. In: DAVIS, T. S.; SHERMAN, S. A. (Ed.) *Brownfields*: a comprehensive guide to redeveloping contaminated property. 3. ed. United States of America: ABA – American Bar Association, 2010.

SÁNCHEZ, L. E. *Desengenharia*: o passivo ambiental na desativação de empreendimentos industriais. São Paulo: Editora da Universidade de São Paulo, 2001.

SÁNCHEZ, L. E. Revitalização de áreas contaminadas. In: MOERI, E.; COELHO, R.; MARKER, A. (Ed.). *Remediação e revitalização de áreas contaminadas*: aspectos técnicos, legais e financeiros. São Paulo: Signus, 2004.

MARKER, A. Danos e passivo ambiental. In: PHILIPPI JR., A.; ALVES, A. C. (Ed.). *Curso interdisciplinar de direito ambiental*. Barueri, SP: Manole, 2005.

SANTOS, K. A. T. *Função social do contrato & direito ambiental*: aspectos contratuais civis, ambientais e hermenêuticos. Curitiba: Juruá, 2013.

SÃO PAULO (Estado). Lei 9.509/1997, de 20 de março de 1997. Dispõe sobre a Política Estadual do Meio Ambiente, seus fins e mecanismos de formulação e aplicação.

SÃO PAULO (Estado). Lei 13.577/2009, de 08 de julho de 2009. Dispõe sobre diretrizes e procedimentos para a proteção da qualidade do solo e gerenciamento de áreas contaminadas, e dá outras providências correlatas.

SÃO PAULO (Estado). Decreto 59.263/2013, de 05 de junho de 2013. Regulamenta a Lei 13.577, de 8 de julho de 2009, que dispõe sobre diretrizes e procedimentos para a proteção da qualidade do solo e gerenciamento de áreas contaminadas, e dá providências correlatas.

SARAIVA NETO, P. Seguros ambientais como instrumentos econômicos de garantia de reparação de danos ao meio ambiente: bases conceituais para o seu desenvolvimento no Brasil. In: NUSDEO, A. M. de O.; TRENNEPOHL, T. (Coord.). *Temas de direito ambiental econômico*. São Paulo: Thomson Reuters Brasil, 2019.

SCHNAPF, L. P. *Environmental due diligence.* In: SCHNAPF, L. P. (Ed.). *Environmental issues in business transactions.* Chicago, IL: ABA Publishing, American Bar Association, 2011.

SCHROEDER, M. Environmental insurance: a risk management tool for real estate. *Environmental Claims Journal,* v. 25, n. 2, p. 99-110, London, maio 2013. DOI: 10.1080/10406026.2013.781471. Disponível em: http://dx.doi.org/10.1080/10406026.2013.781471.

VALENTIM, L. S. O. *Requalificação urbana, contaminação de solo e riscos à saúde*: um caso na cidade de São Paulo. São Paulo: Annablume; Fapesp, 2007.

SEGUROS EM CONTRATOS DE GERAÇÃO, COMPRA E VENDA DE CRÉDITOS DE CARBONO FLORESTAL

Natascha Trennepohl

Doutora em Direito pela Humboldt-Universität zu Berlin na Alemanha e Mestre pela Universidade Federal de Santa Catarina. Professora de cursos de pós-graduação e autora de diversos livros e artigos em matéria ambiental, incluindo *Mercado de Carbono e Sustentabilidade* (SaraivaJur, 2022). Advogada.

João Daniel de Carvalho

Pós-graduado em Meio Ambiente e Sustentabilidade pela Universidade Federal do Rio de Janeiro (COPPE/UFRJ). Graduado em Direito pela Pontifícia Universidade Católica do Rio de Janeiro. Diretor de Estratégia da ERA – *Ecosystem Regeneration Associates*. Coordenador do GT de Mercados de Carbono da LACLIMA (*Latin American Climate Lawyers for Mobilizing Action*). Pesquisador do *Blockchain & Climate Institute*. Advogado e gestor ambiental.

Sumário: 1. Considerações iniciais – 2. Créditos de carbono: a críptica natureza que se desvela no Brasil – 3. Contratos de geração, compra e venda de créditos de carbono – 4. O papel do setor de seguros na descarbonização; 4.1 Experiências pretéritas norteadoras no direito securitário brasileiro – 5. Os seguros e os contratos de créditos de carbono; 5.1 Contratos de geração; 5.2 Contratos de compra e venda – 6. Conclusão – 7. Referências.

1. CONSIDERAÇÕES INICIAIS

Os mercados de carbono, regulados ou voluntários, afirmam-se como uma solução eficiente para se tangibilizar o financiamento climático e mecanismos de descarbonização. De natureza multifacetada, muitas experiências refletem estratégias de se criar mercados de carbono regulados, como sistemas de *cap-and-trade*, a exemplo do mercado europeu do EU-ETS (*European Union Emission Trading System*), ou mercados híbridos, como o sistema de taxação de emissões operacionalizado na Colômbia.

Nesse sentido, a experiência brasileira com tais mercados tem obtido êxito dentro do que se denomina os mercados "voluntários" de carbono, transações entre partes privadas, com aquisições de créditos de carbono emitidos por certificadoras internacionais, como a Verra (com seu *Verified Carbon Standard*), *Gold Standard* e outras.

Anteriormente, o Brasil teve também participação relevante em tais mercados por meio do Mecanismo de Desenvolvimento Limpo (MDL), representando créditos de carbono que eram desenvolvidos, gerados e negociados dentro do contexto do Protocolo de Quioto, em projetos de países em desenvolvimento, e compradores dos países desenvolvidos, do denominado Anexo I.

Tal mecanismo caiu em desuso, e com a assinatura do Acordo de Paris, há a possibilidade de um mercado pujante se desenvolver por meio do seu artigo 6, embora sua regulamentação e implementação seguem aguardando novos desdobramentos da Conferência das Partes (COP), no contexto da Convenção-Quadro das Nações Unidas sobre a Mudança do Clima.

Dessa forma, o mercado voluntário de carbono segue oferecendo ao Brasil uma possibilidade especialmente auspiciosa de se endereçar a principal matriz de emissões do nosso país, a mudança do uso da terra. Com o desmatamento representando 46% das emissões brasileiras no ano de 2020[1], os projetos de créditos de carbono de soluções baseadas na natureza (SBN), especialmente aqueles baseados em conservação e regeneração florestal, criam uma verdadeira panaceia financeira para se rentabilizar atividades de cunho ecológico.

Sendo assim, o mercado voluntário tem visto uma ressurgência de amplas proporções no país, com estudos apontando um crescimento vertiginoso[2], com investimentos bilionários em curso. Atualmente se destacam duas grandes categorias que vem se desenvolvendo no Brasil, os projetos de Redução de Emissões de Desmatamento e Degradação (REDD+) e de reflorestamento.

Esses movimentos têm destacado com clareza a necessidade de o direito pátrio acompanhar as inovações desse segmento, trazendo segurança jurídica para investidores, desenvolvedores de projeto e compradores de créditos de carbono.

Por consequência, o mercado segurador brasileiro encontra uma oportunidade ímpar para amparar a consolidação do mercado de carbono no Brasil, ofertando soluções para mitigação de riscos e a devida subvenção para atividades que se tornam vítimas das próprias consequências que buscam combater, quais sejam, as mudanças climáticas, com eventos de incêndios, e o próprio desmatamento.

Neste contexto, o presente artigo aborda inicialmente a natureza jurídica dos créditos de carbono, bem como as principais particularidades dos contratos de comercialização de tais créditos. Na sequência, são apresentadas algumas reflexões sobre o papel do setor de seguros no desenvolvimento de uma economia

---

1. Análise das emissões brasileiras de gases do efeito estufa e suas implicações para as metas climáticas do Brasil. 1990-2020. SEEG. POTENZA, Renata et al. SEEG. Disponível em: https://seeg.eco.br/.
2. TURNET, Guy et al. *Future Demand, Supply and Prices for Voluntary Carbon Credits* – Keeping the Balance. Disponível em: https://trove-research.com/wp-content/uploads/2021/06/Trove-Research--Carbon-Credit-Demand-Supply-and-Prices-1-June-2021.pdf.

SEGUROS EM CONTRATOS DE GERAÇÃO, COMPRA E VENDA DE CRÉDITOS DE CARBONO FLORESTAL **157**

de baixo carbono, alguns tipos de contratos de seguro que já existem e a potencial aplicação nas operações ligadas ao mercado de carbono nacional.

2. CRÉDITOS DE CARBONO: A CRÍPTICA NATUREZA QUE SE DESVELA NO BRASIL

A partir do entendimento exposto sobre a importância de o ordenamento jurídico brasileiro acompanhar os mercados de carbono, torna-se premente a necessidade de entender a natureza jurídica dos créditos de carbono até o momento presente.

A Política Nacional de Mudanças Climáticas (Lei 12.187/2009), em seu artigo 9º, indica que o Mercado Brasileiro de Redução de Emissões (MBRE) será operacionalizado em bolsas de mercadorias e futuros, bolsas de valores e entidades de balcão organizado, autorizadas pela Comissão de Valores Mobiliários (CVM), onde se daria a negociação de títulos mobiliários representativos de emissões de gases de efeito estufa evitadas certificadas. Tal disposição se baseava na demanda por as chamadas Reduções Certificadas de Emissões (RCE) oriundas do MDL, que prejudicada pela insegurança jurídica e falta de demanda, se tornou um mecanismo pouquíssimo utilizado no País.[3]

Não obstante, tal disposição da Lei 12.187/2009 já nasceu equivocada, uma vez que a própria CVM, no processo administrativo CVM RJ2009/6346, decidiu que os créditos de carbono não configurariam valores mobiliários, ausentes os pressupostos jurídicos consagrados na Lei 6.385/76, em seu artigo 2º. Tal cisma obviamente criou um vácuo no entendimento jurídico sobre o tema.

Importante lembrar que o processo CVM RJ2009/6346 versava especificamente sobre as RCE, dentro do contexto do Protocolo de Quioto, embora o próprio voto do Relator Diretor Otávio Yazbek já mencionava a possibilidade de se aplicar tais entendimentos por analogia aos créditos de carbono gerados no mercado voluntário, em circunstâncias que não decorressem das obrigações do protocolo.

Na ceara tributária, a Receita Federal se manifestou a respeito do tema pela Solução de Consulta DISIT 193/09,[4] em que expressou com clareza o entendimento de que "a prerrogativa de emitir gases poluentes, na medida em que esgotável (limitado), passível de apropriação pelo homem (individualizado) e de avaliação econômica, passou a constituir um direito subjetivo de seu titular, bem intangível

---

3. BEZERRA, Luis Gustavo Escórcio. *Direito ambiental econômico*: mercado como instrumento do meio ambiente. Rio de Janeiro: Lumen Juris, 2021, p. 123.
4. RECEITA FEDERAL. Solução de Consulta DISIT 193/09. Disponível em: http://normas.receita.fazenda. gov.br/sijut2consulta/link.action?naoPublicado=&idAto=88955&visao=original. Acesso em: 11 set. 2022.

integrante de seu patrimônio. Tratando-se de um bem incorpóreo, sua transferência, a título oneroso ou gratuito, constitui cessão de direito".

Assim sendo, cabe ressaltar que alguns anos depois, a Lei de Proteção da Vegetação Nativa, (Lei 12.651/2012, também conhecida como "Código Florestal"), no inciso XXVII do seu artigo 3º, atribuiu ao crédito de carbono a natureza de "título de direito sobre bem intangível e incorpóreo transacionável". Por muitos anos, essa foi a definição norteadora presente na legislação do país, pautando uma série de direitos e obrigações.

Em maio de 2022, o Governo Federal publicou o Decreto 11.075/2022, que definiu o crédito de carbono como "ativo financeiro, ambiental, transferível e representativo de redução ou remoção de uma tonelada de dióxido de carbono equivalente, que tenha sido reconhecido e emitido como crédito no mercado voluntário ou regulado". Tal definição evidentemente aprofundou a definição do Código Florestal, atribuindo ao gênero de bem intangível, a espécie de ativo financeiro, o que continua a desdobrar consequências tributárias e jurídico-ambientais, conquanto não seja o objeto desse artigo esmiuçar tais detalhamentos.

3. CONTRATOS DE GERAÇÃO, COMPRA E VENDA DE CRÉDITOS DE CARBONO

No mercado voluntário de carbono, os contratos envolvendo operações de créditos de carbono florestal hoje podem ser separados em dois momentos distintos. Em um primeiro momento do ciclo de projeto, há um contrato versando sobre a geração dos créditos, usualmente pactuado entre o proprietário de imóvel rural e uma desenvolvedora de projetos.

A desenvolvedora de projetos é a empresa responsável pela implementação das atividades de redução de emissões ou remoção de gases do efeito estufa, implementando atividades de monitoramento dos estoques florestais ou participando da atividade de reflorestamento, por exemplo.

Posteriormente, em uma segunda etapa, há o contrato de compra e venda dos créditos, comumente celebrado entre a desenvolvedora de projetos, enquanto outorgada do proprietário, e de um outro lado, os compradores dos créditos de carbono.

Tais contratos carecem de amplo amparo nas leis brasileiras, motivo pelo qual por algum tempo, tais contratos poderiam ter sido considerados atípicos. Contudo, de especial destaque é a promulgação da Lei de Pagamentos por Serviços Ambientais – PSA (Lei 14.119/2021), que considera, em seu inciso III, do artigo 3º, uma modalidade de PSA a compensação vinculada a certificado de redução de emissões por desmatamento e degradação, o que enquadraria projetos de REDD+.

SEGUROS EM CONTRATOS DE GERAÇÃO, COMPRA E VENDA DE CRÉDITOS DE CARBONO FLORESTAL **159**

Importante salientar que a lista não é taxativa, portanto, projetos de refloresta-mento e restauração ecológica poderiam ser contemplados pela lei, se beneficiando de disposições presentes e futuras desse diploma normativo.

Embora a lei tenha caráter programático, ela trouxe algumas disposições de extrema importância para continuidade e segurança jurídica dos projetos de créditos de carbono. O mencionado contrato de geração de crédito de carbono, pode ser hoje averbado na matrícula do imóvel rural, no cartório de registro de imóveis da comarca competente, por força do item 45, inciso I, do artigo 167 da Lei 6.015/1973, inserido pela Lei de PSA, que dispõe que o contrato de pagamentos por serviços ambientais, do qual o contrato de geração de créditos de carbono é espécie, tem natureza *propter rem*.

Além disso, a Lei de PSA também inseriu o inciso V, do artigo 10º, da Lei 8.629/1993, que dispõe sobre a regulamentação dos dispositivos constitucionais relativos à reforma agrária. O inciso V é cristalino em reconhecer como "não aproveitáveis" os "remanescentes de vegetação nativa efetivamente conservada não protegidas pela legislação ambiental e não submetidas a exploração nos termos do inciso IV do § 3º do art. 6º desta Lei", e, portanto, não passíveis de desapropriação.

Tais disposições legitimam a atividade de conservação de vegetação nativa, incluindo o reflorestamento. Isso também demonstra que o ordenamento jurídico brasileiro caminha para consolidar o PSA e os créditos de carbono dentro de uma sistemática mais sólida, possibilitando avanços em outros segmentos, tal como o direito securitário.

4. O PAPEL DO SETOR DE SEGUROS NA DESCARBONIZAÇÃO

A transição para uma economia de baixo carbono apresenta desafios e opor-tunidades para vários setores, inclusive para as companhias seguradoras. Além da contribuição clássica de redução de emissões das suas operações diretas, um grande avanço é a atuação junto à carteira de subscrição das seguradoras.

Em 2021, impulsionada pelos Princípios da ONU para Seguros Sustentáveis, foi lançada a *Net-Zero Insurance Alliance (NZIA)*, uma iniciativa formada por um grupo de seguradoras que se comprometeram a contribuir com a Campanha 'Race to Zero' das Nações Unidas através da transição das suas carteiras de seguros e resseguros, objetivando zerar as emissões líquidas de gases de efeito estufa até 2050.

Dentre os diversos compromissos assumidos pelas seguradoras, que vão desde o engajamento com clientes nas suas estratégias de descarbonização e a integração de critérios de riscos ESG nas suas avaliações e gestão de riscos, pode ser destacado o de "desenvolver e oferecer produtos, soluções e arranjos de seguros e resseguros para tecnologias de baixa emissão e soluções baseadas na natureza que são fundamentais para a transição net-zero".[5]

Dessa forma, percebe-se que se antigamente o seguro era visto apenas como um instrumento para absorver os impactos financeiros e que em termos de mudanças climáticas estaria mais conectado às questões de adaptação em razão dos riscos físicos, a tendência é de uma ampliação do papel do setor e uma maior integração com a agenda ESG e seus aspectos ambientais, sociais e de governança.[6]

A agenda de sustentabilidade está em crescente expansão no setor. Em junho de 2022 foi publicada a Circular SUSEP 666[7] dispondo sobre os requisitos de sustentabilidade a serem observados pelas seguradoras, incluindo não apenas referências à elaboração de uma política de sustentabilidade que considere aspectos relacionados com a transição para uma economia de baixo carbono (art. 8°, §1°, IV), mas também a elaboração de relatórios de sustentabilidade que descrevam aspectos da gestão dos riscos de sustentabilidade e contenham informações referentes aos riscos climáticos.[8]

De acordo com o art. 2° da referida Circular, os riscos de sustentabilidade são aqueles formados pelos riscos climáticos, ambientais (degradação do meio ambiente) e sociais (violação de direitos e garantias fundamentais ou atos lesivos ao interesse comum). Os riscos climáticos, por sua vez, podem ser classificados de acordo com as seguintes vertentes: a) riscos físicos, perdas por eventos que possam ser relacionadas a mudanças em padrões climáticos; b) riscos de transição, pardas por eventos associados ao processo de transição para uma economia de baixo carbono; c) riscos de litígio, perdas por sinistros em seguros de responsabilidade ou ações diretas contra a seguradora em razão de falhas na gestão dos riscos climáticos anteriores.

Semelhante ao que aconteceu com os investimentos sustentáveis, a expectativa é de que daqui para frente haja uma maior atenção para quais ativos e atividades estão sendo seguradas e os seus impactos no meio ambiente e na sociedade. Assim, há uma grande oportunidade para as seguradoras na medida em que realizem ajustes em produtos e serviços para que possam ser usados na gestão dos riscos relacionados com o desenvolvimento e a geração de créditos de carbono, estimulando, assim, um mercado de carbono eficiente e seguro.[9]

---

5. UNEP (2021): The Net-Zero Insurance Alliance. *Statement of Commitment by Signatory Companies*. Disponível em: https://www.unepfi.org/psi/wp-content/uploads/2021/07/NZIA-Commitment.pdf.
6. UNEP (2022): *Insuring the net-zero transition: Evolving thinking and practices*. Disponível em: https://www.unepfi.org/wordpress/wp-content/uploads/2022/04/Insuring-the-net-zero-transition.pdf p. 25.
7. Circular SUSEP 666, de 27 de junho de 2022.
8. Vide artigo 15, II, f e artigo 16, II da Circular SUSEP 666/2022.
9. UNEP (2022): *Insuring the net-zero transition: Evolving thinking and practices*. Disponível em: https://www.unepfi.org/wordpress/wp-content/uploads/2022/04/Insuring-the-net-zero-transition.pdf p. 29.

4.1 Experiências pretéritas norteadoras no Direito Securitário Brasileiro

Considerando o potencial mencionado do mercado securitário de impulsionar os mercados de carbono, resta claro que a experiência do segmento no nosso país já apresenta paralelos relevantes para se tecer um caminho mínimo de desenvolvimento. O seguro agrícola é por excelência um instrumento da política agrícola nacional[10], e por esse motivo a mesma dicotomia deveria ditar a criação de instrumentos securitários que contemplem a política de PSA, entendendo a potência do mercado de carbono nesse contexto.

Assim sendo, o seguro de florestas, regido pela Resolução CNSP 404/2021, que por sua vez é enquadrado por tal resolução como espécie de seguro rural, é experiência com evidentes paralelos úteis. Neste caso, o objeto segurado tem costumeiramente sido florestas plantadas para exploração econômica, como se observa com o pinus e eucalipto, ambas espécies exóticas legalmente exploradas no Brasil.

Nessa modalidade, o valor em risco usualmente corresponde ao valor comercial da floresta plantada, informado na proposta de seguro. Para florestas em formação esse valor poderá corresponder ao valor das despesas de custeio direto (implantação e manutenção).

De outro modo, os seguros de responsabilidade civil são regidos pela Circular SUSEP 637/2021, e se destinam à cobertura por danos causados a terceiros, a título de reparação, como, por exemplo, por decisão judicial ou administrativa ou por acordo com os terceiros prejudicados.

Segundo a circular, em seu artigo 4º, os seguros de responsabilidade civil são classificados, conforme a natureza dos riscos a serem cobertos, com especial relevância para os riscos dispostos nos incisos III e V, quais sejam, riscos ambientais e riscos de responsabilidade civil em geral. Novamente, mais uma experiência de notável adaptação para os contratos de créditos de carbono. Especialmente, há duas modalidades que merecem especial atenção para esse tipo de operação, contemplando danos ambientais (poluição) e danos morais.

Se torna claro que o desenvolvimento da "técnica securitária" acompanhará a necessidade de se ter de estimular as atividades econômicas que envolvem o mercado voluntário de carbono, ou qualquer outra forma de mercado regulado que venha a se consolidar por meio das SBN, mitigando riscos por intermédio dos seguros.[11]

---

10. RIZZARDO, Arnaldo (2018): *Direito do Agronegócio*. Rio de Janeiro. Forense, p. 461.
11. MIRAGEM, Bruno. PETERSEN, Luiza. *Direito dos Seguros*. Rio de Janeiro: Forense, 2022, p. 62.

5. OS SEGUROS E OS CONTRATOS DE CRÉDITOS DE CARBONO

É necessário compreender como que os seguros se inserem no contexto da estrutura e posições contratuais das operações envolvendo créditos de carbono. Tal como suprarreferenciado, há relevantes paralelos já tecidos, mas é cabível se detalhar qual é o risco, as partes e os ativos segurados.

De fundamental importância, deve se delinear a figura do risco no contrato de seguro. O risco deve se caracterizar um evento possível, adverso, não intencional e predeterminado, o que é claramente configurado pelos sinistros que gravitam os projetos de créditos de carbono.

5.1 Contratos de geração

O seguro de florestas é evidentemente adaptável para a realidade dos contratos de geração de créditos de carbono. Não obstante, a composição de valor de indenização tradicional dos seguros de florestas evidencia diferenças estruturais com projetos de créditos de carbono, que é um ativo financeiro/ambiental que é lastreado na vegetação nativa do imóvel rural.

Inobstante, essa modalidade poderia apresentar uma solução acertada para minimizar os riscos de proprietários e desenvolvedoras de projetos, uma vez que haveria uma indenização em face de ambos, cobrindo o valor dos créditos de carbono que seriam gerados em determinado período de verificação. Essa formatação seria cabível para projetos de REDD+, já com florestas e/ou vegetação nativa madura, conservadas.

A composição do valor de indenização ao segurado, acordada no contrato de seguro, poderia ser baseada no último período de verificação, na quantidade de créditos gerados, e o valor seria baseado no índice de preços acordado entre as partes. Com o avanço dos mercados voluntários, há uma pletora de índices de preços de créditos de carbono para pautar tais transações.[12]

Importante ressaltar que há maneiras diversas de se estruturar projetos de geração de créditos de carbono. Muitas vezes, as desenvolvedoras de projetos são outorgadas com poderes amplos para todo o ciclo do projeto, da geração à comercialização, motivo pelo qual a titularidade dos créditos é transferida para elas. Esses detalhes são de suma importância para entender qual seria a figura do tomador e do segurado no contrato de seguro em tela, que como se observa, poderá variar entre a desenvolvedora ou o proprietário do imóvel rural em que o projeto está sendo implementado.

---

12. NOWAK, Eric (2022): *Voluntary Carbon Markets. SIX White Paper*. Disponível em: SSRN: https://ssrn.com/abstract=4127136. Acesso em: 11 set. 2022.

SEGUROS EM CONTRATOS DE GERAÇÃO, COMPRA E VENDA DE CRÉDITOS DE CARBONO FLORESTAL **163**

Projetos de reflorestamento, por sua vez, traçariam paralelos muito mais diretos com os contratos já praticados para florestas em formação, que conforme explicado, seriam indenizados em relação ao valor das despesas de custeio direto (dentre outros, que poderiam ser negociados em contrato).

Projetos de reflorestamento demandam maior quantidade de investimento inicial, motivo pelo qual tal seguro, formatado desta maneira, seria fundamental para garantir a subvenção de tais atividades. Igualmente, a figura do tomador e do segurado poderá variar entre o proprietário, a desenvolvedora do projeto e/ou um investidor.

5.2 Contratos de compra e venda

Os contratos de compra e venda de créditos e carbono apontam desafios próprios que diferem fundamentalmente dos contratos de geração. Via de regra, é importante diferenciar tipos e perfis de operações de créditos de carbono que ocorrem no mercado voluntário de carbono.

Os contratos de créditos de carbono podem ter como compradores os próprios beneficiários finais, que irão aposentar esses créditos em seu próprio nome, compensando seu inventário de emissões, ou podem ser intermediários, que usualmente compram os créditos para revendê-los aos beneficiários finais.

Importante diferenciar esses perfis, pois é possível que a real demanda por soluções securitárias recaia sob a primeira categoria de usuários finais dos créditos de carbono, embora obviamente possa transbordar para envolver intermediários. Riscos ambientais e de responsabilidade civil tem sido amplamente discutido no âmbito da compra de créditos de carbono.

O risco de reversão do projeto, por causas naturais ou antrópicas, como incêndios ou desmatamento, produz uma situação em que florestas maduras ou em processo de desenvolvimento são destruídas, e, portanto, anulam o efeito líquido climático ao qual os créditos de carbono que já foram vendidos para terceiros.

Não é irrelevante o fato que as certificadoras, como a Verra, têm um mecanismo denominado *"Pooled Buffer Account"*, aqui traduzido como "conta de reserva agrupada", que nada mais é que uma reserva de créditos não negociáveis que serve como seguro compartilhado para todos os projetos de AFOLU.[13] Se os estoques de carbono são perdidos em um projeto individual como resultado de eventos de reversão, como os descritos acima, os "créditos" dessa reserva podem ser cancelados da conta de reserva agrupada para compensar a perda em questão.

Nessa primeira hipótese, o evento de reversão é considerado efetivamente um risco ambiental, podendo gerar uma demanda na esfera administrativa ou

---

13. VERRA (2022): *VCS Standard*. Disponível em: https://verra.org/wp-content/uploads/2022/06/VCS-
-Standard_v4.3.pdf. Acesso em: 16 set. 2022.

judiciária, provocada pelos órgãos ambientais ou ministério público. Considere, por exemplo, que um projeto de REDD+ de alta integridade institua uma Reserva Particular de Patrimônio Natural (RPPN), e, portanto, assuma para si a obrigação de assegurar os atributos ambientais da RPPN de forma mais rigorosa, ao instituir uma unidade de conservação em área privada. Tal proprietário estaria suscetível às demandas administrativas e multas, como, por exemplo, eventos de desmatamento que fujam do seu poder de agência.

Não obstante, as partes, mais precisamente as pessoas jurídicas que se sentirem lesadas por tais eventos, tais como grandes compradores de créditos de carbono, especialmente se tal evento ocorrer por imprudência, omissão ou imperícia dos proprietários ou desenvolvedoras de projetos, podem ingressar com ações judiciais e demandar indenização. Essa realidade já não é tão distante do segmento. É notório que a pessoa jurídica pode sofrer dano moral, consagrada pela súmula 227 do Superior Tribunal de Justiça (STJ). Conforme entendimento do TJDFT, o dano moral ocorre quando a honra objetiva da pessoa jurídica for atingida, sendo assim – "a indenização é devida como forma de compensação pelo dano causado à sua imagem, admiração, respeito e credibilidade no tráfego comercial, de forma a atenuar o abalo à sua reputação perante terceiros".

O seguro poderia funcionar de forma bipartite, nessa ocasião. O comprador de créditos de carbono poderia contratar um seguro de responsabilidade civil, contra negligência ou fraude de terceiros. Tal modalidade já se encontra em franca ascensão.[14]

De igual maneira, proprietários poderiam contratar tais seguros para se proteger de demandas que versem sobre pedidos de indenização por danos morais, em decorrência de terceiros que julguem que o evento de reversão afetou a sua imagem corporativa, ao associar sua estratégia de descarbonização aos créditos de carbono do projeto em questão.

Por fim, destaque-se que no setor de seguros, é bem difundida a prática desses modelos de compartilhamento, com a formação de *pools*, ou seja, conglomerados para minimizar custos e melhor atender as exigências das atividades seguradas. Assim, como mencionado acima, nos standards para soluções baseadas na natureza, pode-se aplicar a prática dos pools para lidar com os riscos de reversão. O Padrão de Combustível de Baixo Carbono do Estado da Califórnia (LCFS), por exemplo, utiliza a estratégia de pool nos casos de remoções tecnológicas, com os operadores direcionando um determinado percentual dos créditos/certificados gerados para o pool.[15]

---

14. JESSOP, Simon et al. *Howden offers first insurance against fraud in voluntary carbon markets*. Disponível em: https://www.reuters.com/business/sustainable-business/howden-offers-first-insurance-against--fraud-voluntary-carbon-markets-2022-09-06/. Acesso: 15 de Setembro de 2022.

15. REPMANN, Mischa et al. (2021): *The Insurance Rationale for Carbon Removal Solutions*. Zurich. Swiss Re Institute. p. 28.

6.   CONCLUSÃO

Os mercados de carbono passam para uma ressurgência significante, trazendo novamente ferramentas necessárias para auxiliar o mundo nesse período de transição, com amplos esforços de descarbonização. No Brasil, onde um mercado regulado passa a ser delineado, o mercado voluntário preenche uma lacuna de significativa importância, especialmente considerando atividades de SBN, que canalizam recursos para atividades especial interesse ecológico.

Contudo, tal mercado ainda tem riscos significativos, muitas vezes próprios das atividades de mitigação. As conservação e restauração florestais são atividades com diversos eventos de reversão, que merecem uma matriz complexa de contingenciamento de riscos. Nessa toada, novos mecanismos securitários se tornarão cada vez mais necessários para atrair investimentos e estruturar o mercado.

Essa estruturação atrairá novas camadas de segurança para todos os agentes dos mercados de carbono. Para investidores, proprietários e desenvolvedoras de projeto, nos casos de seguros de florestas, os riscos de eventos de reversão – antrópicos ou naturais – se tornarão menos impactantes em suas modelagens de negócios.

Por outra perspectiva, no caso de seguros de responsabilidade civil, uma vez que as seguradoras deverão se utilizar de auditorias para avaliar e esmiuçar os riscos de projetos segurados, além de se protegerem dos riscos previstos no objeto da apólice, compradores poderão ter a certeza da qualidade daqueles créditos de carbono, funcionando como uma camada adicional da devida diligência.

7.   REFERÊNCIAS

BEZERRA, Luis Gustavo Escórcio. *Direito ambiental econômico: mercado como instrumento do meio ambiente*. Rio de Janeiro: Lumen Juris, 2021.

JESSOP, Simon et. al. *Howden offers first insurance against fraud in voluntary carbon markets*. Disponível em: https://www.reuters.com/business/sustainable-business/howden-offers-first-insurance-against-fraud-voluntary-carbon-markets-2022-09-06/. Acesso em: 15 set. 2022.

MIRAGEM, Bruno. PETERSEN, Luiza. *Direito dos seguros*. Rio de Janeiro: Forense, 2022.

NOWAK, Eric (2022): *Voluntary Carbon Markets*. SIX White Paper. Disponível em: SSRN: https://ssrn.com/abstract=4127136. Acesso em: 11 set. 2022.

POTENZA, Renata et al. SEEG. Disponível em: https://seeg.eco.br/.

RECEITA FEDERAL. Solução de Consulta DISIT 193/09. Disponível em: http://normas.receita.fazenda.gov.br/sijut2consulta/link.action?naoPublicado=&idAto=88955&visao=original. Acesso em: 11 set. 2022.

REPMANN, Mischa et. al (2021): *The Insurance Rationale for Carbon Removal Solutions*. Zurich. Swiss Re Institute.

RIZZARDO, Arnaldo. *Direito do Agronegócio*. Rio de Janeiro. Forense, 2018.

UNEP (2022): Insuring the net-zero transition: Evolving thinking and practices. Disponível em: https://www.unepfi.org/wordpress/wp-content/uploads/2022/04/Insuring-the-net-zero--transition.pdf.

TURNET, Guy et al. *Future Demand, Supply and Prices for Voluntary Carbon Credits* – Keeping the Balance. Disponível em: https://trove-research.com/wp-content/uploads/2021/06/Trove-Research-Carbon-Credit-Demand-Supply-and-Prices-1-June-2021.pdf.

VERRA (2022): *VCS Standard*. Disponível em: https://verra.org/wp-content/uploads/2022/06/VCS-Standard_v4.3.pdf. Acesso: 16 set. 2022.

SINISTROS EM SEGUROS AMBIENTAIS – ASPECTOS GERAIS E PRÁTICOS

Carlos Eduardo Sato

Mestre em Engenharia da Energia – Área de Concentração: Energia, Sociedade e Meio Ambiente (Universidade Federal de Itajubá – UNIFEI). Engenheiro Ambiental pela UNIFEI. Ex-Professor e Coordenador do Núcleo de Resíduos da Universidade Guarulhos (UnG). Membro do Grupo Nacional de Trabalho em Meio Ambiente, Mudanças Climáticas e Sustentabilidade da Associação Internacional do Direito do Seguro (AIDA – Brasil). Fundador da EE Consultores Associados, empresa especializada na análise de sinistros ambientais para Companhias Seguradoras.

Sumário: 1. Introdução – 2. Incêndio – 3. Vazamento/derrame – 4. Furto/roubo – 5. Contaminação gradual – 6. Transporte – 7. Conclusão – 8. Referências.

1. INTRODUÇÃO

O meio ambiente está em constante modificação, seja ela provocada por eventos naturais (ex.: chuvas intensas, terremotos, atividades vulcânicas etc.), mudanças climáticas (causas naturais ou antrópicas) ou pela ação direta da atividade humana (antrópica).

Braga[1] descreve que o problema de poluição ambiental surge quando o ser humano descobre o fogo e passa a ser capaz de impulsionar máquinas e realizar trabalho, o que conduz a um enorme avanço tecnológico. Esse desenvolvimento da humanidade traz a necessidade de quantidades cada vez maiores de materiais e energia, e, que, resulta também em quantidades significativas de resíduos gerados.

Saraiva Neto[2] aborda que há exposições a ameaças naturais, agravadas e mutáveis por influência do ser humano e que não se pode desconsiderar a existência de outro universo de ameaças, essas diretamente relacionadas a ação humana (*man-made threats*) que implicam em impactos imediatos.

Complementarmente, Polido[3] expõe que a materialização e manifestação de danos ambientais podem ser apreciados de maneira concreta não só no pre-

---

1. BRAGA, Benedito et al. *Introdução à Engenharia Ambiental.* 2. ed. São Paulo: Pearson Prentice Hall, 2005, p. 52.
2. SARAIVA NETO, Pery. *Seguros Ambientais* – Elementos para um sistema de garantias de reparação de danos socioambientais estruturado pelos seguros. Porto Alegre: Livraria do Advogado, 2019, p. 45.
3. POLIDO, Walter. *Seguros para riscos ambientais no Brasil.* 5. ed. Curitiba: Juruá, 2021, p. 49.

sente, mas, também, se deve ter visão no futuro, pois se desconhece em diversos processos, as reais interferências que a atividade e os produtos produzidos pelo homem poderão repercutir mais à frente, como na situação do contexto de uma contaminação gradual.

Nas situações de um evento danoso (sinistro) ambiental, em grande parcela, é observada a causa provocada por ações antrópicas. No entanto, situações decorrentes de fenômenos naturais podem ser observadas como fatos causadores, como na situação de transbordamento de estruturas de contenção provocadas por elevadas precipitações pluviométricas, incêndio provocado por queda de raio e até degradação de estruturas pela biota local.

Neste contexto, a complexidade da vida moderna, advinda do desenvolvimento da humanidade, traz considerável transformação na concepção de risco que inclui, além dos eventos danosos, também o advento de mecanismos de proteção, como o seguro para os riscos ambientais, uma forma de garantia para mitigar ou minorar eventos que possuem desdobramentos no aspecto ambiental.

A apólice para riscos ambientais com maior âmbito de cobertura securitária, denominada pelo mercado segurador como Responsabilidade Civil Riscos Ambientais, estabelece, em linhas gerais, quando da ocorrência de um acidente ou danos que afetam o meio ambiente, algumas premissas, como:

1. O evento deve ser inesperado e involuntário;

2. Existência de um gatilho (fato gerador) para o acionamento da cobertura securitária, geralmente, um evento de liberação ou escape de elementos contaminantes ao meio ambiente; e

3. Quando da identificação ou conhecimento de um fato poluidor, o Segurado deve informar à Companhia Seguradora para que ela possa analisar e acompanhar os trabalhos decorrentes do evento.

Comunicada a ocorrência de um sinistro, inicia-se o processo de análise do evento, denominada no mercado segurador como regulação de sinistro. Em linhas gerais, dois aspectos principais são avaliados:

- Causa: avalia-se as circunstâncias da ocorrência, medidas prévias, o fato gerador e seus desdobramentos, responsabilidade do segurado e, em alguns casos de maior complexidade, avaliação jurídica sobre o tema; e

- Danos ambientais: Avalia-se as medidas adotadas pelo segurado, incluindo aquelas de contenção após a identificação do problema, análise da extensão dos danos, ações administrativas e judiciais decorrentes do evento, e sobre os prejuízos relacionados a ocorrência.

Atualmente no Brasil, os sinistros em apólices de riscos ambientais estão relacionados, principalmente, à ocorrência de eventos de transporte de cargas (ex.: rodoviária, ferroviária, aquaviária etc.), instalações fixas (ex.: plantas industriais, galpões de armazenamento, subestações de energia etc.) e em obras (ex.: construção, instalação etc.).

Nas ocorrências ambientais, como os prejuízos tendem a serem elevadas, em sua maioria, ressalta-se a importância do acompanhamento "de perto" pelos representantes das empresas envolvidas na ocorrência (Segurado e Seguradora) e, principalmente, da empresa segurada, pois, na maioria das apólices, uma parcela dos prejuízos é suportado pelo próprio Segurado através de um valor de Franquia[4] que é estabelecida no contrato de seguro.

Face ao exposto, dar-se-á um aspecto geral sobre a regulação de sinistros ambientais nos subcapítulos seguintes e serão abordadas algumas particularidades observadas em ocorrências nesta temática desde 2011, onde se teve a oportunidade do acompanhamento envolvendo o tema. Devido à abrangência do assunto, neste capítulo serão abordados aspectos gerais e práticos relacionadas a sinistros em instalações fixas e em transporte, que, para facilitar o entendimento, segmentou-se em alguns dos tipos de sinistros ambientais da seguinte forma:

1. Incêndio;
2. Vazamento\Derrame;
3. Furto\Roubo;
4. Contaminação Gradual; e
5. Transporte.

2. INCÊNDIO

A Norma NBR 13860[5] define o termo incêndio como o fogo fora de controle. Já a Norma Internacional ISO 8421-1[6] define incêndio como a combustão rápida que é disseminada de forma descontrolada no tempo e espaço.

Entre os riscos que existem para um evento ambiental, em instalações fixas, é notório que a ocorrência de um incêndio seja um dos principais riscos avaliados

---

4. Franquia: valor fixo ou pelo estabelecimento de um percentual definida em apólice, que, em caso de sinistro, representa a parcela do prejuízo que deverá ser paga pelo segurado ou abatida do valor indenizável.
5. Associação Brasileira de Normas Técnicas (ABNT). Glossário de termos relacionados com a segurança contra incêndio. Norma NBR 13860, de 30.06.1997.
6. International Organization of Standards (ISO). Fire Protection – Vocabulary – Part 1: General Terms and Phenomena of Fire. ISO 8421-1, de 01/01/1987.

CARLOS EDUARDO SATO

pelas Companhias Seguradoras, pois, devido a esse tipo de sinistro, são geradas várias formas de poluentes. Destacamos como consequências geradas de poluição:[7]

A. O poder do calor e a agressividade de um incêndio evidencia que estruturas como tanques, tubulações e recipientes de armazenamento de produtos podem ser danificados e, consequentemente, há liberação de substâncias contaminantes ou com potencial contaminante que podem afetar o solo, corpos hídricos e lençol freático;

B. Na ocorrência deste tipo de evento, a brigada de incêndio e o corpo de bombeiros utilizam água e/ou produtos de combate ao fogo, no intuito de extinguir e minorar os danos, gerando efluentes[8] que podem contaminar o solo, corpos hídricos e lençol freático;

C. Outro dano evidenciado neste tipo de evento é a liberação de fumaça e gases decorrentes do processo de combustão dos materiais afetados pelo incêndio, podendo gerar problemas de saúde de funcionários, da população do entorno e fauna local;

D. A fauna também pode ser afetada pelos contaminantes e\ou efluentes, além dos gases de combustão, principalmente, se houver algum corpo hídrico próximo ao local, podendo comprometer as espécies de peixes que vivem na região (ictiofauna); e

E. Como desdobramento, evidencia-se a geração de grandes volumes de resíduos sólidos decorrentes do processo de desentulho das estruturas civis, equipamentos e produtos consumidos pelo fogo, ou, também, poderá haver a necessidade da remoção de solo contaminado para a realização de remediação ou sua destinação final adequada.

Como tratado acima, uma das causas de contaminação são os efluentes gerados no combate ao incêndio, visto que a função de uma brigada e do corpo

---

7. Braga esclarece que o vocábulo poluição está associado ao ato de manchar ou sujar. É importante distinguir a diferença entre os conceitos de poluição e contaminação, já que ambos são às vezes utilizados como sinônimos. A contaminação refere-se à transmissão de substâncias ou microrganismos nocivos à saúde pela água. A ocorrência da contaminação não implica necessariamente um desequilíbrio ecológico. Assim, a presença na água de organismos patogênicos prejudiciais ao homem não significa que o meio ambiente aquático esteja ecologicamente desequilibrado. De maneira análoga, a ocorrência de poluição não implica necessariamente à saúde de todos os organismos que fazem uso dos recursos hídricos afetados. Por exemplo, a introdução de calor excessivo nos corpos de água pode causar profundas alterações ecológicas no meio sem que isso signifique necessariamente restrições ao seu consumo pelo homem. BRAGA, Benedito et al. Introdução à Engenharia Ambiental. 2ª Ed. São Paulo: Pearson Prentice Hall, 2005, p. 82.

8. Efluente: é o termo usado para caracterizar os despejos líquidos provenientes de diversas atividades ou processos. Conselho Nacional do Meio Ambiente (CONAMA). Resolução 430, de 13 de maio de 2011. Dispõe sobre as condições e padrões de lançamento de efluentes, complementa e altera a Resolução 357. Publicada no PUB DOFC 16/05/2011 000089 1.

de bombeiros é combater e debelar o fogo e, a princípio, não avaliar os desdobramentos que esse efluente poderá causar ao meio ambiente. Assim, cabe ao responsável da instalação possuir um Plano de Ação de Emergência (PAE[9]) e, inclusive, integrar um Plano de Auxílio Mútuo (PAM[10]) de forma prévia a um evento danoso. Nesses tipos de Planos deverão constar as informações e medidas a serem adotadas numa emergência e, nos melhores planos, haverá as medidas de contenção e\ou tratamento dos efluentes gerados do combate ao incêndio ou, ao menos, formas de minorá-los.

Uma particularidade que se observa em situação de incêndio em estruturas civis com pisos impermeáveis pouco afetados pelo calor e quando as medidas de contenção do efluente de combate ao incêndio tenham sido feitas de forma adequada é de que o fogo acabará por consumir uma grande parte dos materiais potencialmente contaminantes, podendo, inclusive, minorar eventuais impactos por contaminação no solo e água subterrânea do local da ocorrência. No entanto, por outro lado, também haverá a geração de fumaça e gases da combustão que podem gerar danos a uma eventual população e fauna do entorno do local do incêndio.

---

9. Plano de Ação de Emergência (PAE): a Companhia de Tecnologia de Saneamento Ambiental (CETESB) define que o PAE é parte integrante de um Programa de Gerenciamento de Riscos (PGR), de modo que as tipologias acidentais, os recursos e as ações necessárias para minimizar os impactos possam ser adequadamente dimensionadas. Os objetivos e características básicas de um PAE são de:
   • Fornecer um conjunto de diretrizes, dados e informações que propiciem as condições necessárias para a adoção de procedimentos lógicos, técnicos e administrativos, estruturados para serem desencadeados rapidamente em situações de emergência, para a minimização de impactos à população e ao meio ambiente.
   • Definir claramente as atribuições e responsabilidades dos envolvidos, prevendo também os recursos, humanos e materiais, compatíveis com os possíveis acidentes a serem atendidos, além dos procedimentos de acionamento e rotinas de combate às emergências, de acordo com a tipologia dos cenários acidentais estudados.
   • Companhia de Tecnologia de Saneamento Ambiental (CETESB). Plano de Ação de Emergência (PAE). Disponível em: https://cetesb.sp.gov.br/emergencias-quimicas/tipos-de-acidentes/rodovias/plano-de-acao-de-emergencia-pae/. Acesso em: 07 ago. 2022.
10. Plano de Auxílio Mútuo (PAM): a Fundação Estadual do Meio Ambiente (FEAM) define que o PAM é uma organização sem fins lucrativos, que tem como objetivo incentivar a criação de meios de colaboração mútua no caso de emergências tecnológicas e ambientais entre as empresas privadas, públicas e órgãos públicos municipais, estaduais e federais, levando-os a se unirem para compor uma força tarefa capaz de prestar atendimento rápido e adequado a qualquer ocorrência anormal, que venha acontecer. O principal intuito de promover esse entendimento é agilizar as ações de resposta, fazendo com que, por exemplo, as empresas que fabricam, manipulam, armazenam ou transportam produtos químicos perigosos disponibilizem equipamentos básicos e mão de obra qualificada para a resposta rápida aos acidentes e emergências ambientais. A gestão do PAM é feita por uma Comissão Gerenciadora formada por representantes de entidades públicas, civis e empresas integrantes. Fundação Estadual do Meio Ambiente (FEAM). Plano de Auxílio Mútuo (PAM). Disponível em: http://www.feam.br/prevencao-e-emergencia-ambiental/plano-de-auxilio-mutuo-pam. Acesso em: 07 ago. 2022.

CARLOS EDUARDO SATO

Como listado anteriormente, existem vários possíveis danos que um incêndio pode provocar ao meio ambiente. Neste contexto, assumido o risco ambiental em apólice por uma Companhia Seguradora caberá a ela acompanhar e, em alguns casos, até orientar (na medida das informações disponibilizadas e dentro do contexto temporal apresentado) de forma conjunta com o segurado e seus consultores, sobre as medidas a serem tomadas para minorar e remediar as áreas impactadas.

Dentro de um processo de regulação de sinistro, superada a análise de cobertura securitária do evento, incluindo a avaliação das coberturas contratadas aplicáveis, em linhas gerais, destacamos as seguintes fases de trabalhos numa ocorrência de acidente com implicações ambientais:

I. Atendimento Emergencial: nesta etapa são desenvolvidas medidas para conter e minorar os possíveis impactos ambientais gerados neste tipo de ocorrência, como construção de diques para a obstrução de passagem de efluentes do combate ao incêndio que poderiam ter a direção de galerias pluviais; instalação de barreiras de contenção e aplicação de materiais absorventes em pontos identificados com passagem de materiais contaminantes, resultantes da ocorrência; monitoramento de eventuais corpos hídricos e assistência de populações próximas que poderiam ser afetados na ocorrência etc.;

II. Gerenciamento de Crise: concomitante ao atendimento emergencial, em casos de maiores proporções são realizadas ações para orientar a população e autoridades públicas do entorno sobre o ocorrido e medidas a serem adotadas para minorar possíveis efeitos do evento;

III. Desentulho: após a realização do combate ao incêndio que é realizada concomitante ao atendimento emergencial, os resíduos[11] ou rejeitos[12] gerados no incêndio devem ser destinados de forma ambientalmente adequada, considerando o tipo de resíduo, se perigosos (Classe I) ou não perigosos (Classe II), baseando-se na Norma NBR 10.004.[13] Nesta

---

11. Resíduos: material, substância, objeto ou bem descartado resultante de atividades humanas em sociedade, com eventual possibilidade de reciclagem, reutilização ou recuperação, considerando os aspectos tecnológicos e econômicos envolvidos. BRASIL. Lei 12.305, de 2 de agosto de 2010. Institui a Política Nacional de Resíduos Sólidos; altera a Lei 9.605, de 12 de fevereiro de 1998; e dá outras providências. D.O.U de 03.08.2010.

12. Rejeito: resíduos que não apresentam qualquer possibilidade de reciclagem, reutilização e recuperação, devendo ser encaminhados para disposição final. SÃO PAULO (Estado). Decreto 54.645, de 5 de agosto de 2009. Regulamenta dispositivos da Lei 12.300 de 16 de março de 2006, que institui a Política Estadual de Resíduos Sólidos, e altera o inciso I do artigo 74 do Regulamento da Lei 997, de 31 de maio de 1976, aprovado pelo Decreto 8.468, de 8 de setembro de 1976. Diário Oficial – Executivo, de 06/08/2009.

13. Associação Brasileira de Normas Técnicas (ABNT). Resíduos Sólidos – Classificação. Norma NBR 10004, de 31.05.2004.

etapa são geralmente utilizados equipamentos de grande porte para a realização da limpeza do local afetado e uso de caminhões para o transporte do resíduo sólido ou dos efluentes para o seu tratamento ou destinação final;

IV. Investigação de Áreas Contaminadas: concomitante aos trabalhos de desentulho, deve ser iniciado o estudo sobre contaminação da área afetada a fim de se avaliar a existência de contaminação no local[14] e sobre os potenciais danos gerados pela ocorrência. O intuito é estabelecer os próximos passos e em até qual fase deverá ser levado o processo de avaliação de áreas contaminadas que pode ficar num estudo apenas de investigação e monitoramento, ou pela necessidade de trabalhos de remediação da área seguindo as premissas estabelecidas pelas Resoluções do Conselho Nacional do Meio Ambiente (CONAMA) 420[15] e 460[16];

V. Processos Administrativos e\ou Judiciais: em casos de maiores proporções são observadas ações administrativas e judiciais movidas contra a empresa envolvida no incêndio. Aqueles com o objeto de danos ambientais, excluindo-se aquelas relacionadas a multas, são acompanhadas e avaliadas pelo corpo jurídico da Companhia Seguradora; e

VI. Restauração do Local: aqueles danos relacionados à liberação de contaminante e que principalmente afetaram os recursos naturais, como corpos hídricos e Área de Preservação Permanente (APP), avalia-se se sobre a necessidade da implantação de um Plano de Recuperação de Áreas Degradadas (PRAD) a fim de se restabelecer as condições prévias ao evento danoso.

Os valores de um atendimento de sinistro ambiental, principalmente em ocorrência de incêndio, geralmente possuem custos de elevadas proporções, visto que os trabalhos elencados anteriormente demandam de uma quantidade expressiva de recursos e de vários profissionais especializados para o acompanhamento das atividades necessárias para o restabelecimento do local e/ou região afetada.

---

14. Em algumas situações há a possibilidade de avaliar se existem estudos pretéritos no local da ocorrência ou do seu entorno, buscando informações de estudos anteriores junto ao proprietário da área e/ou registros junto aos órgãos ambientais.

15. Conselho Nacional do Meio Ambiente (CONAMA). Resolução 420, de 28 de dezembro de 2009. Dispõe sobre critérios e valores orientadores de qualidade do solo quanto à presença de substâncias químicas e estabelece diretrizes para o gerenciamento ambiental de áreas contaminadas por essas substâncias em decorrência de atividades antrópicas. Publicada no PUB DOFC 30.12.2009 000081 1.

16. Conselho Nacional do Meio Ambiente (CONAMA). Resolução 460, de 30 de dezembro de 2013. Altera a Resolução 420, de 28 de dezembro de 2009, do Conselho Nacional do Meio Ambiente-CONAMA. Publicada no PUB DOFC 31.12,2013 000153 1.

3. VAZAMENTO/DERRAME

A situação de vazamento em instalações fixas pode ser observada em diferentes situações, como ruptura de peças de equipamentos (ex.: válvulas, tubulações etc.); ruptura de estruturas subterrâneas; problemas operacionais (ex.: acoplamento de tubulações, conexões etc.); entre outros cenários que podem ser relacionados a uma situação de vazamento ou derrame de material.

No caso de vazamento, a contaminação e as medidas a serem adotadas serão baseadas no produto ou material envolvido, nas áreas afetadas e nos seus desdobramentos (ex.: situação de chuva, interdição da área por autoridades etc.). Portanto, neste tipo de ocorrência teremos uma avaliação específica que deverá ser analisada caso a caso.

Referente às fases de trabalhos numa ocorrência de acidente com implicações ambientais para ocorrências de vazamentos ou derrames, em linhas gerais, poderão ser similares aqueles elencados no capítulo de incêndio e, por isso, não será elaborado para o capítulo em questão.

Assim, para se entender algumas situações deste tipo de ocorrência, tratar-se-á algumas particularidades observadas em situações envolvendo casos de vazamentos ou cenário de derrame.

Um cenário de vazamento a se imaginar seria em tubulações e tanques, mas ressalta-se que não são apenas as tubulações as estruturas possíveis de serem enterradas. Existem cabos subterrâneos que utilizam óleo como substância para a troca de calor e material isolante que também são instalados abaixo da superfície.

Houve um registro de ocorrência envolvendo cabo subterrâneo que, durante as investigações de causa do vazamento de óleo, verificou-se que os pontos de vazamento do cabo afetado haviam sido danificados por ação de cupins. Neste contexto, pesquisou-se na literatura a veracidade sobre o ataque de cupins em cabos. Na dissertação de Mestrado (ESALQ-USP) apresentada pela Bióloga Eleotério[17] evidenciou-se a seguinte referência sobre o tema:

> Segundo Myles (1999), a fim de acessar materiais de origem celulósica, os cupins subterrâneos abrem caminhos em materiais não celulósicos, como poliestireno, plásticos, cabos subterrâneos, reboco entre outros. Portanto deve-se observar danos nesses materiais quando há suspeitas de infestação.

---

17. ELETÉRIO, Eliane Santos da Rocha. Levantamento e Identificação de Cupins (Insecta: Isoptera) em Área Urbana de Piracicaba, SP. Orientador: Evôneo Berti Filho. 2000. 101 f. Dissertação (Mestrado) – Ciência e Tecnologia de Madeiras, Escola Superior de Agricultura "Luiz de Queiroz", Universidade de São Paulo, São Paulo, 2000.

SINISTROS EM SEGUROS AMBIENTAIS – ASPECTOS GERAIS E PRÁTICOS **175**

Face ao exposto constatou-se pela literatura e elementos apresentados para a análise do caso que a causa do vazamento não ocorreu devido a uma ação antrópica, mas pela ação natural da fauna local (cupins) que provocou a liberação de substância contaminante, neste caso, o óleo. Após a constatação do vazamento, os procedimentos foram de reparo do trecho do cabo afetado e, como não houve a liberação de grande volume de óleo, ocorreu a remoção e destinação do trecho de solo afetada pelo evento.

Outro exemplo que será tratado, refere-se ao cenário de vazamento decorrente da falha de uma válvula durante o processo de abastecimento de um tanque de armazenamento. O evento provocou a liberação de uma grande quantidade do produto que estava sendo carregado e, também, parte do produto que estava na linha do tanque de armazenamento.

Nesta ocorrência, devido à grande quantidade de produto, uma extensa área interna do local da ocorrência foi afetada (contaminação de solo e água subterrânea) e, devido à precipitação pluviométrica momentos após o acidente também se gerou uma quantidade de mistura do produto com água de chuva afetando propriedades vizinhas e gerando principalmente a contaminação na porção de solo destas áreas de terceiros.

Neste contexto de contaminação, houve um processo longo de investigações para determinar a efetiva área contaminada e estabelecer o volume de contaminantes a serem remediados e qual a melhor técnica de remediação a ser empregada para a ocorrência em questão. Ressalta-se que neste tipo de cenário de grandes proporções e complexidade, a Companhia Seguradora poderá acompanhar todo o processo, dando suporte tanto técnico, jurídico, como econômico, a fim de se minorar os prejuízos do seu segurado.

Avalia-se que um evento de vazamento ou derrame esteja relacionado a um contaminante de característica líquida ou gasosa, mas um cenário envolvendo a liberação de material sólido também é possível, como exemplo, citamos a ruptura de talude de um aterro sanitário, cujo resultado é o derrame dos resíduos sólidos que estavam armazenados em sua estrutura e que são liberadas para o meio ambiente.

Neste tipo de ocorrência, além da liberação dos resíduos sólidos para áreas nas quais este material não deveria estar depositado, há a liberação de chorume.[18] Isso acontece pelo comprometimento da estrutura de captação que ficaram ex-

---

18. Chorume é um resíduo líquido de elevada carga orgânica e forte coloração, produzido pela decomposição química e microbiológica dos resíduos sólidos depositados em um aterro. A sua composição química apresenta grande variabilidade, uma vez que, além de depender da natureza dos resíduos depositados, da forma de disposição, manejo e da idade do aterro, é extremamente influenciada por fatores climáticos. Morais, Josmaria Lopes de; Sirtori, Carla; Peralta-Zamora, Patrício G. Tratamento de chorume

postos sem devida estrutura de impermeabilização. Também podemos destacar a emissão gases de efeito estufa (ex.: metano) ao meio ambiente e acentuação de odores desagradáveis no entorno do local da ocorrência.

Os valores de um atendimento deste tipo de sinistro ambiental possuem, em linhas gerais, custos de elevadas proporções, visto que demandam uma quantidade de recursos expressivos e vários profissionais especializados para o atendimento do evento.

4. FURTO/ROUBO

As ocorrências de furto[19] ou roubo[20] se relacionam com a situação de vazamento, pois, neste tipo de ocorrência, geralmente o criminoso busca subtrair algum produto interno, estrutura ou peça de algum equipamento a fim de se obter algum ganho econômico.

Neste tipo de situação, na maioria das ocorrências onde houve acionamento de apólice de riscos ambientais, tratou-se de equipamentos que possuíam óleo em seu interior e instalado em estrutura de contenção para situações de vazamentos. No entanto, em eventos de furto, o criminoso apenas avalia o bem subtraído e não os seus desdobramentos. Assim, removido o item furtado, nestes equipamentos com óleo, a pressão no seu interior é geralmente elevada acabando por gerar jato de óleo para fora da estrutura de contenção e provocando a contaminação da área do seu entorno.

Diante do exposto, habitualmente, o valor da subtração é ínfimo (em torno de dezenas ou centenas de reais) se comparado aos danos e custos ambientais decorrentes deste furto (em torno de dezenas ou centenas de milhares de reais, podendo chegar até ao patamar de milhões).

5. CONTAMINAÇÃO GRADUAL

As apólices ambientais não apenas amparam ocorrências de natureza súbita, mas também de eventos inesperados e involuntários, como pequenos vazamentos imperceptíveis gerados ao longo de um período. Neste tipo de cenário, somente

---

de aterro sanitário por fotocatálise heterogênea integrada a processo biológico convencional. Quim. Nova, v. 29, no. 1, 20-23, 2006.

19. O Artigo 155 do Código Penal Brasileiro descreve furto como o ato de subtrair, para si ou para outrem, coisa alheia móvel. BRASIL. Decreto-Lei 2.848, de 07 de dezembro de 1940. Código Penal. D.O.U de 31.12.1940.

20. O Artigo 156 do Código Penal Brasileiro descreve roubo como o ato de subtrair coisa móvel alheia, para si ou para outrem, mediante grave ameaça ou violência a pessoa, ou depois de havê-la, por qualquer meio, reduzido à impossibilidade de resistência. BRASIL. Decreto-Lei 2.848, de 07 de dezembro de 1940. Código Penal. D.O.U de 31.12.1940.

com investigações de áreas contaminadas é que se poderá identificar os danos provocados por este tipo de vazamento gradual.

A decisão de diretoria 038/2017/C[21] da Companhia Ambiental do Estado de São Paulo (CETESB) é descrita em linhas gerais as seguintes etapas para o Gerenciamento de Áreas Contaminadas:

- Avaliação Preliminar: possui o objetivo de caracterizar as atividades desenvolvidas e em desenvolvimento na área sob avaliação, identificar as áreas fonte e as fontes potenciais de contaminação (ou mesmo fontes primárias de contaminação) e constatar evidências, indícios ou fatos que permitam suspeitar da existência de contaminação, embasando sua classificação como Área Suspeita de Contaminação (AS) e orientando a execução das demais etapas do processo de Gerenciamento de Áreas Contaminadas;

- Investigação Confirmatória: tem o objetivo de confirmar ou não a existência de contaminação na área em avaliação, por meio da investigação de todas as fontes potenciais e primárias de contaminação identificadas na etapa de Avaliação Preliminar e, como objetivo adicional, a obtenção de dados iniciais necessários à caracterização do meio físico. Os resultados das análises químicas das amostras obtidas nesta etapa deverão ser comparados com os Valores de Intervenção para solos e águas subterrâneas estabelecidos pela CETESB e, para substâncias químicas de interesse ou meios não contemplados, deverão ser utilizados os valores definidos na última atualização do *Regional Screening Levels* (RSLs), desenvolvidos pela *United States Environmental Protection Agency* (US EPA) ou calculados a partir da Planilha de Avaliação de Risco da CETESB. Para as substâncias que não constarem nessas listas poderão ser utilizados valores orientadores produzidos por outras entidades reconhecidas. A área será classificada como Área Contaminada sob Investigação (ACI) caso sejam constatadas uma ou mais das condições estabelecidas no artigo 28 do Decreto 59.263/2013;[22]

---

21. Companhia de Tecnologia de Saneamento Ambiental (CETESB). Decisão de Diretoria 038/2017/C, de 07 fevereiro de 2017. Dispõe sobre a aprovação do "Procedimento para a Proteção da Qualidade do Solo e das Águas Subterrâneas", da revisão do "Procedimento para o Gerenciamento de Áreas Contaminadas" e estabelece "Diretrizes para Gerenciamento de Áreas Contaminadas no Âmbito do Licenciamento Ambiental", em função da publicação da Lei Estadual 13.577/2009 e seu Regulamento, aprovado por meio do Decreto 59.263/2013, e dá outras providências. Publicado no Diário Oficial Estado de São Paulo. Edição 127 10.02.2017.

22. SÃO PAULO (Estado). Decreto 59.263, de 5 de junho de 2013. Regulamenta a Lei 13.577, de 8 de julho de 2009, que dispõe sobre diretrizes e procedimentos para a proteção da qualidade do solo e gerenciamento de áreas contaminadas, e dá providências correlatas. Diário Oficial – Executivo, de 06.06.2013.

- Investigação Detalhada: possui o objetivo de caracterizar o meio físico onde se insere a Área Contaminada sob Investigação (ACI), determinar as concentrações das substâncias químicas de interesse nos diversos meios avaliados, definir tridimensionalmente os limites das plumas de contaminação, quantificar as massas das substâncias químicas de interesse considerando as diferentes fases em que se encontram, caracterizar o transporte das substâncias químicas de interesse nas diferentes unidades hidroestratigráficas e sua evolução no tempo, e caracterizar os cenários de exposição necessários à realização da etapa de Avaliação de Risco;
- Avaliação de Risco: tem o objetivo de caracterizar a existência de risco aos receptores identificados, expostos e potencialmente expostos às substâncias químicas de interesse presentes na Área Contaminada sob Investigação (ACI) e decidir sobre a necessidade de implementação de medidas de intervenção; e
- Processo de Reabilitação de Áreas Contaminadas: o processo de reabilitação é constituído de três etapas: Elaboração do Plano de Intervenção; Execução do Plano de Intervenção; e Monitoramento para Encerramento.

Na maioria das ocorrências envolvendo o cenário de contaminação gradual, a comunicação para a Companhia Seguradora é apresentada logo após a realização de uma investigação confirmatória ou já numa etapa de investigação detalhada e geralmente em situações de desativação de unidades fabris ou de armazenamento.

Conforme exposto, como trata-se de contaminantes gerados ao longo de uma atividade desenvolvida em local específico e não por um evento súbito, avalia-se inicialmente a possível fonte da contaminação, a região onde eles foram identificados e o período que sua fonte pode ter sido utilizada. Com base nestas informações, os dados são tecnicamente processados para obter-se o período de contaminação e, se no âmbito temporal, a ocorrência está enquadrada no período da vigência ou na data retroativa[23] estabelecida em apólice.

Em alguns casos, a ocorrência pode ter sido provocada anteriormente à retroatividade da apólice, em período total da cobertura securitária ou em parcela do período de contaminação. Neste último cenário, há a possibilidade de avaliação através de estudos técnicos disponíveis no mercado da proporção do volume de contaminantes que é evidenciado no período estabelecido em apólice e aquela que não.

Os trabalhos desenvolvidos e valores de um atendimento deste tipo de evento, em linhas gerais, poderão ser similares àqueles elencados no capítulo sobre incêndio, com exceção da etapa de Atendimento Emergencial, visto que não se

---

23. Período Retroativo: intervalo de tempo estabelecida em data anterior a vigência inicial da apólice, previamente estabelecida no contrato de seguro, compreendendo o intervalo desta data prévia até a data inicial de vigência.

trata de cenário emergencial. No entanto, também demandam de uma quantidade expressiva de recursos e de vários profissionais especializados para a remediação dos contaminantes, a fim de se minorar os impactos da área afetada.

6. TRANSPORTE

Dentre as apólices de riscos ambientais, é inegável que o maior volume de sinistros no mercado brasileiro está relacionado ao transporte rodoviário de cargas, visto que se trata do ramo de apólice de maior comercialização, inclusive, pelo número de Seguradoras que oferecem este tipo de produto em específico. Além disso, o ramo de transporte rodoviário é predominante no sistema logístico nacional.

Neste contexto, variadas situações de sinistros envolvendo uma diversidade de produtos que podem gerar danos ao meio ambiente são evidenciadas, sejam por um produto que não se avaliaria inicialmente com grande potencial de contaminação, até por aqueles que se espera grandes impactos, como os perigosos.

A Organização das Nações Unidas (ONU) identifica em 9 classes os produtos perigosos,[24] visto que cada produto possui sua própria característica e que pode afetar de forma diferente o meio ambiente. A Fundação Estadual de Proteção Ambiental (FEPAM)[25] elaborou um manual que apresenta esta classificação da ONU:

- Classe 1 – Explosivos: Substâncias ou artigos fabricados com o fim de produzir efeito explosivo ou pirotécnico. O explosivo é uma substância que se submete a uma transformação química extremamente rápida, produzindo simultaneamente grandes quantidades de gases e calor. Muitas substâncias desta classe de risco são sensíveis ao calor, choque e fricção em seu transporte, produzindo simultaneamente grandes quantidades de gases e calor;

- Classe 2 – Gases: O gás é um estado físico de matéria com capacidade de se expandir espontaneamente e ocupar o volume do recipiente no qual é acondicionado. Caracteriza-se como suscetível a variações de pressão, volume e temperatura. Esta classe abrange gases comprimidos, gases liquefeitos, gases dissolvidos, gases liquefeitos refrigerados, misturas de um ou mais gases com um ou mais vapores de substâncias de outras classes, artigos carregados de gás e aerossóis;

- Classe 3 – Líquidos inflamáveis: São líquidos puros, misturas de líquidos ou aqueles que contenham sólidos em solução ou suspensão que produzam vapor inflamável capaz de gerar uma reação de combustão. Facilmente

---

24. As Companhias Seguradoras das apólices ambientais de transporte seguem esta classificação ONU como um dos parâmetros para a avaliação do risco de suas apólices.

25. Fundação Estadual do Meio Ambiente (FEAM). Manual de Classificação de Produtos Perigosos. Disponível em: http://www.fepam.rs.gov.br/emergencia/Manual_Classificacao_Produto_Perigoso. pdf. Acesso em: 21 ago. 2022.

inflama-se pelo calor, fagulhas e chamas, ou podem explodir com vapores formados no contato com o ar. Inclui também líquidos em temperaturas iguais ou superiores a seu ponto de fulgor e substâncias a temperaturas elevadas em estado líquido que desprendem vapores inflamáveis à temperatura igual ou inferior à temperatura máxima de transporte;

- Classe 4 – Sólidos inflamáveis: Abrangem substâncias sólidas com facilidade de inflamarem em fonte de ignição ou atrito, contato com o ar e reagente com a água;

- Classe 5 – Substâncias oxidantes e peróxidos orgânicos: Os produtos enquadrados nessa classe em sua maioria não são combustíveis, mas podem liberar oxigênio aumentando ou alimentando a combustão de líquidos ou sólidos inflamáveis. Alguns produtos dessa classe reagem com materiais orgânicos;

- Classe 6 – Substâncias tóxicas e infectantes: Esta classe está dividida em substâncias tóxicas (capazes de provocar morte, lesões graves ou danos à saúde humana e ao meio ambiente) e substâncias infectantes (aquelas que contêm patógenos ou estejam sob suspeita razoável de contê-los. Patógenos são microrganismos e outros agentes. As diretrizes dos produtos desta classe são determinadas pelos Ministérios da Saúde e Agricultura);

- Classe 7 – Materiais radioativos: Qualquer material que contenha isótopos instáveis com capacidade de eliminar energia por ondas eletromagnéticas ou partículas. Provenientes das indústrias, clínicas, hospitais e laboratórios de pesquisa, a contaminação ou exposição de materiais e rejeitos radioativos podem ser nocivos ao meio ambiente e seres vivos;

- Classe 8 – Substâncias corrosivas: São substâncias que por ação química causam severos danos quando em contato com tecidos vivos e materiais. Corrói e destrói, em caso de vazamento de embalagens, outras cargas ou o próprio veículo. Algumas substâncias liberam vapores irritantes e tóxicos. Outras reagem com metais gerando gás inflamável, acarretando assim um risco adicional. Existem diversas substâncias que se enquadram nessa classe, sendo as principais os ácidos e as bases; e

- Classe 9 – Substâncias e artigos perigosos diversos: Englobam artigos e substâncias que apresentam riscos à saúde e ao meio ambiente, mas que não atendam às definições de outra classe.

O Sindicato das Empresas de Transportes de Carga de São Paulo e Região (SETCESP)[26] apresentou os dados apurados no ano de 2021 pela Comissão de Estudos e

---

26. Sindicato das Empresas de Transportes de Carga de São Paulo e Região (SETSESP). Levantamento estatístico de acidentes no Transporte Rodoviário de Produtos Perigosos no estado de São Paulo. Disponível em: https://setcesp.org.br/noticias/levantamento-estatistico-de-acidentes-no-transporte-rodoviario-de-produtos-perigosos-no-estado-de-sao-paulo/. Acesso em: 16 ago. 2022.

Prevenção de Acidentes no Transporte Rodoviário de Produtos Perigosos no estado de São Paulo (CEPATRPP-SP). Os resultados apontam um total de 1.095 ocorrências[27] (acidentes[28] e incidentes[29]) tendo a média de 91,25 ocorrências por mês. Esse número teve uma elevação em relação ao ano de 2020, com um total de 939 ocorrências, com média de 78,25 ocorrências mensais. No Gráfico 1 apresentam-se as ocorrências com incidência ou não de vazamento do produto transportado no ano de 2021.

Gráfico 1: Incidência de ocorrência de vazamentos ou não dos produtos transportados, decorrentes dos acidentes rodoviários de 2021.

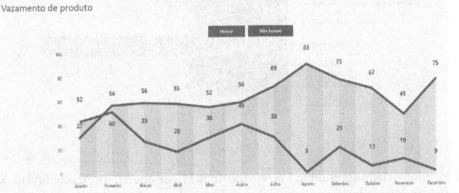

(Fonte: CEPATRPP-SP, 2022)

No levantamento da Comissão de Estudos e Prevenção de Acidentes no Transporte Rodoviário de Produtos Perigosos no estado de São Paulo (CEPATRPP-SP) é apontado que os líquidos inflamáveis, compostos por produtos perigosos da Classe de Risco 3, são os que mais tiveram algum tipo de ocorrência, sendo 640 casos registrados, como apresentado no Gráfico 2 a seguir.

---

27. De todos os eventos, 40% foram causados por avaria mecânica e 488 casos não tiveram, como consequência, nenhum tipo de contaminação ao meio ambiente.
28. A SETCESP define que os acidentes são descritos como um evento ou uma sequência de eventos fortuitos e não planejados que dão origem a uma consequência específica e indesejada em termos de danos humanos, materiais ou ambientais. Os exemplos incluem colisões, abalroamentos, capotamentos, avarias em tanques, válvulas ou linhas que provocaram (ou poderão provocar) vazamento do produto transportado, dentre outros.
29. A SETCESP define que os incidentes, por sua vez, são eventos indesejáveis e inesperados que não resulta em danos às pessoas, ao meio ambiente ou ao patrimônio. Os exemplos incluem ocorrências do tipo pane seca, avaria mecânica, pneu furado, quebra de para-brisa, dentre outros.

Gráfico 2: Quantidade de ocorrências para o ano de 2021
por Classe de Risco estabelecido pela ONU.

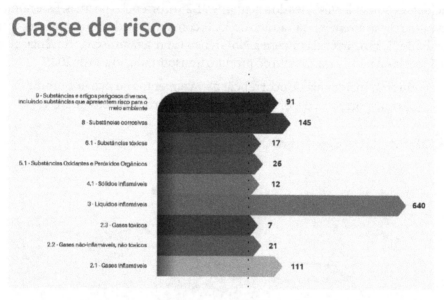

(Fonte: CEPATRPP-SP, 2022)

Outro dado apresentado no estudo de 2021 é de que 51,70% das ocorrências envolveram produtos combustíveis, conforme ilustração do Gráfico 3 abaixo.

Gráfico 3: Quantidade de ocorrências no ano de 2021
pela classificação ONU de Produtos Perigosos

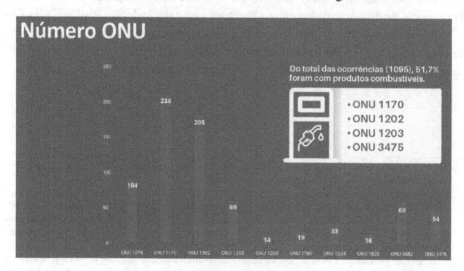

(Fonte: CEPATRPP-SP, 2022)

Relativo aos danos provocados ao meio ambiente, o Gráfico 4 mostra o resultado do estudo de um total de 567 ocorrências, sendo que 488 não houve relatos de danos diretos ao meio ambiente, e 79 ocorrências com registro de um ou mais de um tipo de meio afetado (água, ar, solo, flora, outros).

Gráfico 4: Quantidade das ocorrências no ano de 2021 segundo a classificação dos meios afetados

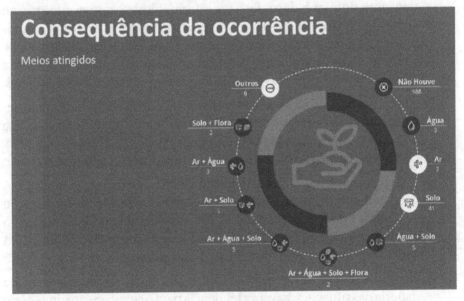

(Fonte: CEPATRPP-SP, 2022)

Os dados anteriores retratam o cenário para o estado de São Paulo no ano de 2021, mas evidenciaria também, caso houvesse um levantamento nacional, que os combustíveis seriam um dos produtos principais envolvendo acidentes rodoviários e com consequências ambientais, como verifica-se na prática em sinistros com apólice de riscos ambientais.

Ao longo destes anos de experiência na área de seguros com apólice de riscos ambientais em situação de transporte rodoviário as Companhias Seguradoras que tive a oportunidade de trabalhar nos indicaram para avaliação de sinistros complexos e/ou com valores expressivos apresentados pelos Segurados para o atendimento emergencial da ocorrência.

Em linhas gerais, observou-se que as ocorrências de sinistros ambientais envolvem na maioria dos casos cargas de combustíveis (diesel, etanol e gasolina), posteriormente óleos vegetais e depois uma diversidade de tipos de cargas, tanto de produtos perigosos (Ex.: corrosivos, oxidantes etc.) como aqueles não perigosos (Ex.: soja in natura, farelo de soja etc.).

CARLOS EDUARDO SATO

Neste contexto, como o tema é amplo, um capítulo inteiro poderia tratar das ocorrências envolvendo sinistros ambientais em situação de transporte. Buscou-se então apresentar pontos importantes que habitualmente são verificados numa ocorrência sobre o tema.

Logo após o acidente, alguns pontos deverão ser inicialmente avaliados, como:

A. Produto transportado: Necessita-se verificar as características do produto transportado através da sua Ficha de Informação de Segurança de Produto Químico (FISPQ), a fim de se conhecer as suas características e danos potenciais que poderá gerar ao meio ambiente. Além das características, também é importante obter a informação sobre a quantidade efetiva derramada\vazada para avaliar melhor a extensão dos potenciais danos;

B. Área afetada: Outro aspecto a ser avaliado logo após o acidente é a área afetada (quantos m^2 diretamente e indiretamente afetados) e a característica do local (se a área é de alagadiço, topografia, presença e tipo de vegetação, característica do solo, existência ou não de estruturas enterradas etc.);

C. Presença de corpos hídricos: Nas ocorrências, devem ser evidenciados danos ou potenciais desdobramentos envolvendo corpos hídricos ou nascentes, visto que, dependendo do produto derramado, poderá afetar o abastecimento de população próxima ao local da ocorrência e/ou atividades agrícolas (fonte de água para animais, irrigação, psicultura etc.); e

D. Condições climáticas: A ocorrência de precipitações pluviométricas, na maioria das situações, haverá a tendência para o agravamento do cenário da ocorrência, visto que poderá ocorrer uma maior dispersão do material contaminante, ampliando assim a área potencialmente afetada.

Avaliado o cenário da ocorrência, serão apresentados os aspectos gerais das possíveis etapas de um atendimento emergencial em situação de transporte:

I. Medidas de contenção: Nesta etapa são desenvolvidas medidas para conter e minorar os possíveis impactos ambientais gerados neste tipo de ocorrência, como medidas de interrupção de pontos de vazamentos, construção de diques para a obstrução da passagem do material contaminante para regiões críticas (ex.: corpo hídrico), instalação de barreiras de contenção e aplicação de materiais absorventes em pontos identificados com passagem de materiais contaminantes resultantes da ocorrência;

II. Limpeza da área afetada: Esta etapa existe o procedimento de retirada do veículo sinistrado e salvamento da carga residual que também pode ser realizada concomitante à limpeza do local afetado no entorno do acidente. Habitualmente utilizam-se equipamentos de hidrojateamento para limpeza de estruturas civis das vias (asfalto, sistemas de drenagem etc.), hidrovácuo para sucção dos efluentes gerados e verificados como resultantes do sinistro e para a remoção de solo e vegetação afetados na ocorrência, geralmente identificadas de forma visual pelas empresas que prestam este tipo de atendimento emergencial;

III. Remoção de resíduos sólidos e efluentes: Devido aos trabalhos de limpeza, dependendo do produto derramado e sua quantidade, podem ser gerados agrupamentos expressivos de resíduos sólidos e efluentes que deverão ser dispostos em locais ambientalmente adequados e habilitados para sua recepção. Esses espaços devem ser avaliados com base nas características do resíduo, podendo ser classificado como perigoso (Classe I) e não perigoso (Classe II), levando em consideração a Norma NBR 10.004 e as informações que constam no FISPQ do produto derramado;

IV. Remediação da área: Dependendo do produto envolvido, quantidade derramada e área afetada, há a possibilidade de execução de técnicas de remediação no local (*in situ*) ou em local externo (*ex situ*) através de aplicação de produtos remediadores químicos ou biológicos. Deverá ser avaliada de forma técnica a melhor metodologia e seus custos a fim de se otimizar e minorar o impacto ambiental e econômico da ocorrência;

V. Avaliação e monitoramento da contaminação: Em alguns casos há a necessidade da realização de coletas de amostras de solo e água (superficial e/ou subterrânea), principalmente quando há um corpo hídrico afetado pelo evento ou desdobramentos da ocorrência, ou pela demanda estabelecida por órgão ambiental. O tipo de estudo e os tipos de monitoramentos necessários dependerão do produto envolvido, quantidade derramada e área afetada, a fim de se estabelecer os próximos passos e em até qual fase deverá ser levada o processo de avaliação de áreas contaminadas, podendo ficar num estudo apenas de investigação e monitoramento, ou pela necessidade de trabalhos de remediação da área, seguindo as premissas estabelecidas pelas Resoluções do Conselho Nacional do Meio Ambiente (CONAMA) 420 e 460;

VI. Processos administrativos e\ou judiciais: Em alguns casos são observadas ações administrativas e judiciais movidas contra a empresa geradora da contaminação. Dependendo das condições da apólice e fundamento da ação, os processos são acompanhados pelo corpo jurídico da Companhia Seguradora; e

VII. Restauração do local: Nas ocorrências que afetaram os recursos naturais, como corpos hídricos e Área de Preservação Permanente (APP), verifica-se a necessidade da implantação de um Plano de Recuperação de Áreas Degradadas (PRAD) a fim de se restabelecer as condições similares prévias ao evento danoso.

CARLOS EDUARDO SATO

Nos casos de acidentes em transporte envolvendo danos ambientais, os atendimentos emergenciais possuem custos elevados pelo seu cenário que, em muitos casos, podem ser extremamente críticos, elevando substancialmente os valores dos atendimentos, podendo, inclusive, chegar na casa dos milhões de reais como já se pode verificar em alguns processos envolvendo as apólices de riscos ambientais de transporte.

Assim, ressalta-se a importância do acompanhamento da empresa segurada envolvida no acidente, pois, mesmo com o suporte econômico de uma apólice de seguros, os custos, dependendo do cenário, poderão ultrapassar os limites estabelecidos no contrato, além do fato de que uma parcela dos prejuízos é geralmente suportada pela própria empresa envolvida conforme estabelecido na franquia contratual. Neste contexto, para não incorrer em surpresas ao final de um atendimento, recomenda-se o acompanhamento "de perto" dos trabalhos no local, além de buscar, ao longo do processo, alternativas de prestadores que possam gerar redução nos custos[30] se comparados ao atendimento emergencial, quando o período de maior criticidade (primeiros dias) encontra-se controlado/estabilizado.

7. CONCLUSÃO

Destacou-se que os sinistros ambientais possuem especificidades observadas caso a caso, pois os tipos de contaminantes são distintos e as condições ambientais observadas também são variadas. Demanda-se conhecimentos técnicos especializados e recursos, em muitos casos de grande monta, para restabelecer o meio ambiente afetado.

Neste capítulo foram apresentados os aspectos gerais e as particularidades observadas em alguns sinistros ambientais envolvendo uma apólice de seguro, visto que cada evento possui suas particularidades demandando ações ou medidas específicas, não podendo ser estabelecida uma cartilha sobre o tema. Assim, ressalta-se a importância da experiência dos consultores e empresas envolvidas numa situação de sinistro.

Comparada às demais apólices comercializadas no mercado segurador, a apólice ambiental é um produto relativamente recente. Desta forma, existe ainda um campo grande a ser desenvolvido em todas as suas etapas, desde a avaliação de risco pelas Companhias Seguradoras; maior conhecimento do produto pelas Corretoras e Segurados; até o momento da ocorrência de um sinistro para esta temática, pois diferente de outros produtos das Seguradoras, um sinistro ambiental

---

30. Nesta situação deverão ser avaliados, além dos custos, os aspectos técnicos de qualidade fornecidos pela prestadora.

pode demandar um longo período de acompanhamento e análise do processo, desdobramentos técnicos que envolvem vários profissionais de variadas áreas (engenheiros, geólogos, advogados, biólogos etc.) e custos elevados devido à complexidade do tema.

Avalia-se que o seguro ambiental é um produto que possui perspectivas de crescimento, pois ainda se verifica que tem baixa adesão pelas empresas instaladas no país que ainda não possuem a devida percepção de risco e os potenciais desdobramentos que um sinistro ambiental pode gerar, principalmente se tratando do aspecto econômico.

8. REFERÊNCIAS

ASSOCIAÇÃO BRASILEIRA DE NORMAS TÉCNICAS (ABNT). Glossário de termos relacionados com a segurança contra incêndio. Norma NBR 13860, de 30.06.1997.

ASSOCIAÇÃO BRASILEIRA DE NORMAS TÉCNICAS (ABNT). Resíduos Sólidos – Classificação. Norma NBR 10004, de 31/05/2004.

BRAGA, Benedito et al. *Introdução à Engenharia Ambiental*. 2. ed. São Paulo: Pearson Prentice Hall, 2005.

BRASIL. Decreto-Lei 2.848, de 07 de dezembro de 1940. Código Penal. D.O.U de 31.12.1940, p. 2391.

BRASIL. Lei 12.305, de 2 de agosto de 2010. Institui a Política Nacional de Resíduos Sólidos; altera a Lei 9.605, de 12 de fevereiro de 1998; e dá outras providências. D.O.U de 03.08.2010.

COMPANHIA DE TECNOLOGIA DE SANEAMENTO AMBIENTAL (CETESB). Decisão de Diretoria 038/2017/C, de 07 fevereiro de 2017. Dispõe sobre a aprovação do "Procedimento para a Proteção da Qualidade do Solo e das Águas Subterrâneas", da revisão do "Procedimento para o Gerenciamento de Áreas Contaminadas" e estabelece "Diretrizes para Gerenciamento de Áreas Contaminadas no Âmbito do Licenciamento Ambiental", em função da publicação da Lei Estadual 13.577/2009 e seu Regulamento, aprovado por meio do Decreto 59.263/2013, e dá outras providências. Publicado no Diário Oficial Estado de São Paulo. Edição 127 10.02.2017.

COMPANHIA DE TECNOLOGIA DE SANEAMENTO AMBIENTAL (CETESB). Plano de Ação de Emergência (PAE). Disponível em: https://cetesb.sp.gov.br/emergencias-quimicas/tipos-de--acidentes/rodovias/plano-de-acao-de-emergencia-pae/. Acesso em: 07 ago. 2022.

CONSELHO NACIONAL DO MEIO AMBIENTE (CONAMA). Resolução 420, de 28 de dezembro de 2009. Dispõe sobre critérios e valores orientadores de qualidade do solo quanto à presença de substâncias químicas e estabelece diretrizes para o gerenciamento ambiental de áreas contaminadas por essas substâncias em decorrência de atividades antrópicas. Publicada no PUB DOFC 30/12/2009 000081 1.

CONSELHO NACIONAL DO MEIO AMBIENTE (CONAMA). Resolução 430, de 13 de maio de 2011. Dispõe sobre as condições e padrões de lançamento de efluentes, complementa e altera a Resolução 357. Publicada no PUB DOFC 16/05/2011 000089 1, pág. 89-91

CONSELHO NACIONAL DO MEIO AMBIENTE (CONAMA). Resolução 460, de 30 de dezembro de 2013. Altera a Resolução 420, de 28 de dezembro de 2009, do Conselho Nacional do Meio Ambiente-CONAMA. Publicada no PUB DOFC 31.12.2013 000153 1.

ELETÉRIO, Eliane Santos da Rocha. *Levantamento e identificação de cupins (insecta: isoptera) em área urbana de Piracicaba*, SP. Orientador: Evôneo Berti Filho. 2000. 101 f. Dissertação (Mestrado) – Ciência e Tecnologia de Madeiras, Escola Superior de Agricultura "Luiz de Queiroz", Universidade de São Paulo, São Paulo, 2000.

INTERNATIONAL ORGANIZATION OF STANDARDS (ISO). Fire Protection – Vocabulary – Part 1: General Terms and Phenomena of Fire. ISO 8421-1, de 1º.01.1987.

FUNDAÇÃO ESTADUAL DO MEIO AMBIENTE (FEAM). Plano de Auxílio Mútuo (PAM). Disponível em: http://www.feam.br/prevencao-e-emergencia-ambiental/plano-de-auxilio--mutuo-pam. Acesso em: 07 ago. 2022.

FUNDAÇÃO ESTADUAL DO MEIO AMBIENTE (FEAM). Manual de Classificação de Produtos Perigosos. Disponível em: http://www.fepam.rs.gov.br/emergencia/Manual_Classificacao_Produto_Perigoso.pdf. Acesso em: 21 ago. 2022.

MORAIS, Josmaria Lopes de; SIRTORI, Carla e PERALTA-ZAMORA, Patrício G. Tratamento de chorume de aterro sanitário por fotocatálise heterogênea integrada a processo biológico convencional. *Quim. Nova*, v. 29, n. 1, 20-23, 2006.

POLIDO, Walter. *Seguros para riscos ambientais no Brasil*. 5. ed. Curitiba: Juruá, 2021.

SÃO PAULO (Estado). Decreto 54.645, de 5 de agosto de 2009. Regulamenta dispositivos da Lei 12.300 de 16 de março de 2006, que institui a Política Estadual de Resíduos Sólidos, e altera o inciso I do artigo 74 do Regulamento da Lei 997, de 31 de maio de 1976, aprovado pelo Decreto 8.468, de 8 de setembro de 1976. Diário Oficial – Executivo, de 06.08.2009.

SÃO PAULO (Estado). Decreto 59.263, de 5 de junho de 2013. Regulamenta a Lei 13.577, de 8 de julho de 2009, que dispõe sobre diretrizes e procedimentos para a proteção da qualidade do solo e gerenciamento de áreas contaminadas, e dá providências correlatas. Diário Oficial – Executivo, de 06. 06.2013.

SARAIVA NETO, Pery. *Seguros ambientais* – Elementos para um sistema de garantias de reparação de danos socioambientais estruturado pelos seguros. Porto Alegre: Livraria do Advogado, 2019.

SINDICATO DAS EMPRESAS DE TRANSPORTES DE CARGA DE SÃO PAULO E REGIÃO (SETSESP). Levantamento estatístico de acidentes no Transporte Rodoviário de Produtos Perigosos no estado de São Paulo. Disponível em: https://setcesp.org.br/noticias/levantamento-estatistico-de-acidentes-no-transporte-rodoviario-de-produtos-perigosos-no-estado-de-sao-paulo/. Acesso em: 16 ago. 2022.

ANOTAÇÕES